中国职业技术教育学会
智慧文旅职业教育专业委员会推荐用书

专家指导委员会主任/韩玉灵
总 主 编/康 年
副总主编/卓德保

定制旅行管理与服务系列教材

定制旅行产品设计

龙 睿 董丽苹 徐 璐◎主编
王育峰 杨 璐 沈园元 李丛峻 左瑞芳◎副主编

立体化教学资源

旅游教育出版社
·北京·

图书在版编目（CIP）数据

定制旅行产品设计 / 龙睿，董丽苹，徐璐主编. --
北京 ： 旅游教育出版社，2022.8（2024.1重印）
定制旅行管理与服务系列教材
ISBN 978-7-5637-4457-2

Ⅰ. ①定… Ⅱ. ①龙… ②董… ③徐… Ⅲ. ①旅行社
—市场营销学—教材 Ⅳ. ①F590.82

中国版本图书馆CIP数据核字(2022)第128023号

定制旅行管理与服务系列教材

定制旅行产品设计

龙　睿　董丽苹　徐　璐　主　编

王育峰　杨　璐　沈园元　李丛崚　左瑞芳　副主编

总　策　划	丁海秀
执行策划	施云峰
责任编辑	施云峰
出版单位	旅游教育出版社
地　　址	北京市朝阳区定福庄南里 1 号
邮　　编	100024
发行电话	（010）65778403　65728372　65767462（传真）
本社网址	www.tepcb.com
E - mail	tepfx@163.com
排版单位	北京旅教文化传播有限公司
印刷单位	天津雅泽印刷有限公司
经销单位	新华书店
开　　本	710 毫米 × 1000 毫米　1/16
印　　张	16.5
字　　数	230 千字
版　　次	2022 年 8 月第 1 版
印　　次	2024 年 1 月第 2 次印刷
定　　价	59.80 元

（图书如有装订差错请与发行部联系）

定制旅行管理与服务系列教材
专家指导委员会、编委会

专家指导委员会

编委会

《定制旅行产品设计》
编委会

总序 PREFACE

随着人民群众对美好生活的品质化、便利化、定制化需求不断提升，我国逐步进入大众定制旅游时代。定制旅游是旅游业高质量发展的必然要求，是传统旅行业务的变革和更新，更是旅游产业的迭代与升级。近年来，我国定制旅游的市场规模快速增长，并呈现出大众化、个性化、技术化、体验化的发展趋势。

定制旅游的快速发展，对旅游市场的专业化能力提出了更高的要求，行业亟须旅行定制师、定制旅行管家等专门人才。为此，上海旅游高等专科学校在全国率先提出以快速、集中的微专业方式培养定制旅行专门人才。自 2019 年起，上海旅游高等专科学校与旅游行业头部企业携程集团合作开设定制旅行微专业，组建校企教学团队，研发课程体系和课程标准，出版教材，开发旅游定制师岗位标准和定制旅行服务技能与管理职业技能等级标准。2020 年，以携程集团为申报主体、联合上海旅游高等专科学校等单位申报的“定制旅行管家服务职业技能等级证书”，成功入选教育部第四批“1+X”证书制度试点名单。2021 年，教育部在《职业教育专业目录（2021）》中新增“定制旅行管理与服务”专业，上海旅游高等专科学校成功申报该专业，并于 2022 年首次招生。

新专业需要相应的教学资源做支撑，定制旅行管理与服务专业亟须一套与之相适应的专业系列教材。在教育部全国旅游职业教育教学指导委员会、旅游教育出版社的大力支持下，我们开始筹划全国首套定制旅行管理与服务系列教材的编写与出版工作。出版本系列教材的目的，一是科学引导定制旅行新业态的发展，为行业新兴岗位和业务标准提供相应的基础理论、知识体系和实践案例的支撑，促进我国旅游业高质量发展；二是对接行业需求，培养新型人才，为旅游类高职高专院校相关专业学生提供系统的专业教材，为从业者提供培训教材，更好地满足旅游产业发展对定制旅行专门人才的需求。

2021年6月，上海旅游高等专科学校和旅游教育出版社牵头组织了“定制旅行管理与服务”核心课程设置暨系列教材编写研讨会。来自全国30多家院校和10多家行业企业的近60名专家参加了研讨会。研讨会上，专家团队研讨了定制旅行管理与服务专业的核心课程设置，审定了该专业系列教材大纲，确定了教材编委会名单，并部署了教材编写的具体工作。系列教材编写团队历时一年多，完成了其中首批教材的编写，并将于2022年8月后陆续出版。

本套教材既可作为中高职旅游类专业教学用书，也可作为职业本科旅游类专业教学参考用书，同时可作为工具书供从事定制旅行管理与服务的企事业单位专业人员借鉴与参考。

作为全国第一套定制旅行管理与服务系列教材，书中难免存在缺陷与不足，恳请读者指正，我们将在再版过程中予以完善与修正。

总主编：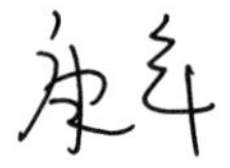

2022年8月

前言 PREFACE

本教材以定制旅行服务核心岗位定制师的职业能力培养为目标，以其典型工作领域“首呼落单、需求分析、产品设计、产品视觉呈现、行程完善”为载体，根据工作任务和工作过程设计体系和内容。

教材融合1+X定制旅行管家服务证书的《定制旅行管家服务职业技能等级标准》，将“引导问题”作为主线贯穿于完成学习任务的全部过程。二十一项学习任务中有具体的任务分析、相关知识、案例分析、实训活动设计和任务掌握评价。

本教材一共分为五个学习情景。

学习情景一：首呼落单，指定制师通过电话、网络或其他媒介，进行客户旅游需求信息收集，并将客户的需求信息最优化地转化为书面或电子文档形式记录在案。本部分主要学习两项任务，呼出电话、完善需求单。

学习情景二：需求分析，在定制师的工作过程中起到承上启下的作用。定制师根据首呼落单做好需求收集和整理，通过需求分析开始定制产品方案的设计。本项目主要学习三项任务，判断客户类型、调整需求、寻找产品资源。

学习情景三：定制旅行产品设计，是定制师最核心的工作内容。定制旅行产品设计是根据客户需求设计的出游行程，包括吃住行游购娱几个方面。本项目主要学习十一项任务，分别是：提炼产品标题、构思行程特色及亮点、安排交通、安排酒店及餐厅、安排景区及购物、设计体验旅游活动、设计宴会、设计团建活动、组合产品资源、计价与报价、撰写注意事项。

学习情境四：定制旅行产品视觉呈现，指如何优化定制旅行产品方案视觉效果。优秀的产品方案视觉呈现无疑是让定制产品锦上添花，凸显出定制师的专业能力及职业素养。本项目主要学习三项任务，使用图片及视频、凝练文字、排版。

学习情境五：定制旅行产品完善，是定制旅行产品设计的最后环节，这项工作也体现了定制旅行产品设计以客户需求为中心的思想。本项目主要学习两项任务，解读产品方案、调整产品方案。

本教材由上海旅游高等专科学校、携程旅游学院牵头，协同郑州旅游职业学院、浙江长征职业技术学院、长沙商贸旅游职业技术学院、山西旅游职业学院，以及新康辉国旅共同完成。龙睿、徐璐负责教材的框架及内容设计。学习情境一由左瑞芳、龙睿编写，学习情境二由杨璐、沈园元编写，学习情境三由董丽苹、王育峰、李霞、秦娟、邓娟娟、周洪波、沈园元、李丛岐、鱼珍妮、左瑞芳编写，学习情景四由董丽苹、李丛岐、鱼珍妮编写，学习情景五由沈园元编写。

孔文捷、殷顺麟、鱼珍妮、潘倪、潘佳慧、倪晓萌等共同参与资料收集、校对等工作。在写作过程中，参考和借鉴了许多专家、学者的相关著作和研究成果，以及来自企业、网站的素材和携程旅行网提供的产品案例，在此表示感谢！

由于编者水平所限，差错疏漏之处在所难免，真诚地请专家、读者指正。

编者

2022 年 6 月

目录 CONTENTS

学习情境一
首呼落单

学习目标

首呼落单是通过电话、网络或其他媒介，定制师首次进行客户旅游需求信息收集，并将客户的需求信息最优化地转化为书面或电子文档形式记录在案。以便后续需求分析及定制产品设计工作的开展。

本项目主要学习两项任务，第一项是呼出电话；第二项是完善需求单。通过学习，需掌握设计需求单、设计首呼、整理录音及笔记等知识点，能按照客户需求单设计首呼纲要并进行首呼动作；能整理收集到的客户需求信息并完善客户需求单。

思维导图

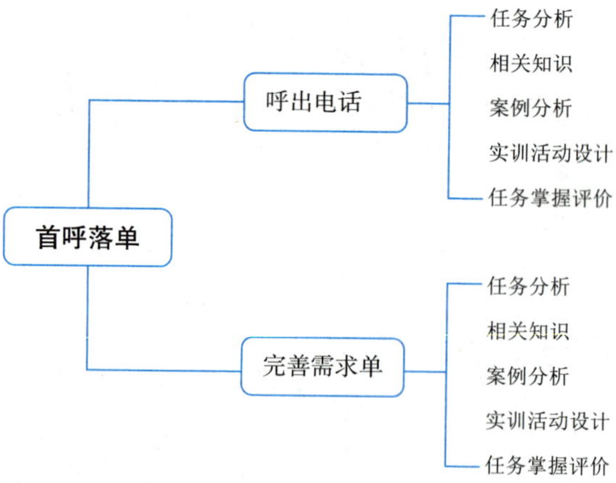

计划学时

4 学时 /32 学时

学习要求

认真完成每项任务的实训作业，客观地评价自我学习情况。在学习本章的过程中建议阅读语言沟通等方面的读物。

任务一　呼出电话

一、任务分析

定制旅行与传统旅行最重要的区别是：传统旅行是客户购买旅行社生产的固定旅游产品，而定制旅行是策划客户旅游产品的企业先明确客户的真实需求再为其提供服务。首呼作为定制师与客户沟通的第一环节，十分重要，呼出电话是工作人员具体的动作，呼出电话的质量直接影响后续对客户需求的准确判读以及后续的定制产品设计。所以，为了达到预期的效果，工作人员前期会做大量的准备工作。通过本任务的学习，需掌握设计需求单及首呼的方法，以便顺利完成定制产品设计的第一步。

二、相关知识

（一）设计需求单

需求单一般指客户在线上提交定制需求表格，定制师通过此表格接收客户的定制需求，对表格进行分析，做好首呼的前期工作。需求单既要收集到客户的一些基础信息，同时也要为后续的首呼做好内容延续的铺垫。

客户填写的需求单宜简单方便，不宜有过多烦琐的细节问题。仅需客户填写基础信息，其余需要明确的信息可在定制师与客户首呼时沟通收集。建议设计封闭式选项，而少以开放式填写。需求单应包含以下几项基础信息：

1. 目的地

此次旅行前往的目的地国家或者地区。拥有某种特定性质旅游资源，具有相应的旅游吸引力，拥有各种与旅游资源性质相适应的旅游设施及交通条件，且属于法定安全的旅游目的地。

2. 出发地

旅行起点城市，即从哪个城市出发。通常来说，如果是出境旅游，应将出发城市与出发地省会城市或最近的有直达航班的城市关联到一起。

3. 出行人数

此次旅行一同前往目的地的人数。一般来说，根据出行的人数可以判定此次旅游的目的、注意事项等。

4. 出发日期、返程日期

根据客户填写的出发及返程日期可以计算出游玩天数。

5. 人均预算

客户预计的按人头计算的旅行费用支出。

6. 联系方式

客户的需求单一般是在 App、小程序或公众号等平台提交，为了方便快捷地开启首呼工作，一定要让客户留下联系方式，方便后续跟进订单。

7. 其他需求

此处填写客户认为要告知定制师的需求，由客户自由填写。

（二）需求单收集渠道

1. 自营渠道

企业自有的线下办公场所以及线上运营的 App、小程序、微信公众号等。通常来讲，客户通过企业的自营渠道，只会将其需求提供给该企业，再由企业内部分配对应的定制师来承接定制旅行的设计工作。

2. 非自营渠道

非企业自我运营的渠道，通常指企业利用第三方在线旅游服务商平台获取客户需求订单的渠道。定制师所在的公司与在线旅游服务商签约合作，服务商提供客户的出行需求信息，客户无须与定制师见面，也无须前往定制师所在的公司。定制师与客户在线沟通、上传方案、确认方案，客户在线支付等，依托第三方服务商平台完成。

非自营渠道定制需求订单分配流程详见图 1-1。

目前，有以下两种非自营渠道：第一种，OTA 电商平台。比如行业巨头携程、飞猪、马蜂窝等，在 2016 年定制旅行开启时成立专门的事业部或项目组，并将定制旅行放在网页或者 App 最中心的位置。电商平台将收获到的需求信息分配至合作的定制旅行商家，再由商家的定制师来提供服务。这类 OTA 平台的特点是：客户先有需求，再打开平台或者手机 App，然后再搜索内容填写需求。即我们俗称的“人找货”。

第二种，其他自媒体渠道。一般指以短视频或笔记种草内容为载体的平台，如抖音、小红书等生活方式社交电商平台，这类平台的娱乐性强，客户平常上线多半以消遣或搜索某项技能或攻略为目的，而在娱乐中被某一个旅游宣传所吸引，从而激发出潜在的旅游意向。即我们俗称的“货找人”。

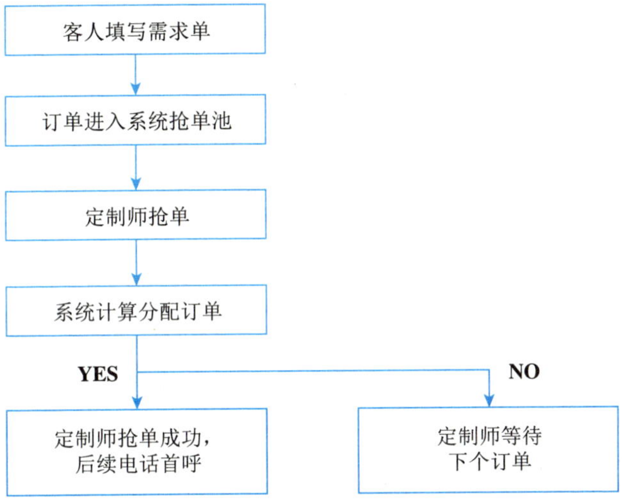

图 1-1　非自营渠道定制需求订单分配流程

（三）设计首呼

1. 首呼内容

需求单上客户填写的信息相对简单，定制师需要通过电话收集更多的、有效的客户需求。首先，定制师要对“问什么”做到心中有数。而首呼的内容就是指定制师具体问的内容及范围。定制师要把握好问的量以及问的度，既能保证收集到有效的信息又不会引起客户的不满。电话首呼的内容具体请见表 1-1。

表 1-1　电话首呼的内容

首呼内容	内容细化	理由	举例
出游目的地	计划出游的目的地，首选目的地，建议让客户根据重要性排序	影响大交通、酒店、餐饮、景点、活动项目的安排，影响报价	我看您填写的出游目的地是马尔代夫，您是想这个时间去海岛度假地旅行吗？ 根据您刚刚提出的需求，咱们这次出行可以考虑往返 6 天的时间，先抵达长沙品美食，之后前往韶山，接着游玩凤凰古城，最后从张家界乘坐飞机返回，行程不走回头路，不耽误时间。

续表

首呼内容	内容细化	理由	举例
出游人员构成	出游人员构成，主要内容有人数、出游人关系或特殊人群相关信息（如儿童、老人的年龄等）	影响大交通、酒店、餐饮、景点、活动项目的安排，影响报价	请问您这次旅行是家人出行还是朋友出行呢？ 有老人和儿童一起吗？
出游日期 / 天数	具体及可选出游日期、游玩天数	影响目的地选择、影响报价	您出行的时间计划是国庆节，节假日期间，机票、酒店等费用都比平日高，会不会影响您的预算？
出游目的	直接询问出游目的或根据出游目的地、出游人员构成进行判断并进行提示性提问	影响大交通、酒店、餐饮、景点、活动项目的安排，影响报价	您刚刚提出行程中有一天要求探访朋友，您看是安排在哪一天合适？半天时间是否好呢？这样的话我给您做方案的时候就把这段时间留出来您自由活动。
大交通要求	航班：航班时间（国际航班转机航段）、航司偏好 火车：班次时间、坐席等级	影响酒店、景点的安排，影响定制线路行程时间安排，影响报价，影响客户对服务体验的评价	您这趟是计划从北京前往三亚，因为距离比较远，推荐您乘坐飞机，请问您是方便从大兴机场还是首都机场出发呢？
酒店要求	位置、级别、房型、价格	影响餐饮、景点的安排，影响报价，影响客户对服务体验的评价	请问您这次出行计划住几星级酒店呢？喜欢住在热闹的街区还是喜欢安静一点的呢？
景点 / 活动要求	确认客户对景点或活动安排的偏好、进行景点或活动推荐	影响目的地选择，影响酒店和餐食安排，影响报价，影响客户对服务体验的评价	考虑到这次您是和爱人一起蜜月旅行，咱们旅行中有没有需要特别安排的活动或者仪式呢？
餐饮要求	菜系、口味、就餐环境	影响景点的安排，影响报价，影响客户对服务体验的评价	请问咱们一起出行的家人 / 朋友有没有对用餐的特殊要求？
证件信息确认	确认护照有效期、签证办理情况	影响是否可以出行，影响出行的时间	您刚刚说想尽快前往法国，但是现在护照和签证还没有办理，一般来说护照的办理时间是 7—15 个工作日，法国的签证准备时间要计划一个星期，当然您也可以利用等待护照的时间准备签证资料，法国签证的审理时间是 48 小时，再加上提交资料和节假日的时间，这样的话，从现在到出行起码要预留出 20 天以上的时间，您看咱们最早 8 月 20 日出发可以吗？

（编者整理）

2. 首呼沟通技巧

定制师知道“问客户什么”后，还要懂得“如何对话”。教材将从呼前准备、首呼时间建议、礼貌沟通、回复问题几点来说明。

（1）呼前准备

准备好首呼需要用到的物品，如纸笔、电话、电脑等。针对提前获取的客户需求单，准备好首呼纲要，包括：自我介绍、获取信息、专业介绍和结束语的沟通设计。

自我介绍：设计引起客户兴趣的开场白，表明身份、介绍自己，言简意赅。

获取信息：依据首呼的内容来设计首呼提问的问题。

专业介绍：针对客户出行的目的地，从自己的专业角度给客户介绍当地的情况，结合客户的出行人员构成等给客户介绍定制产品的设想。

循序渐进：定制师问客户的问题，建议采用一问一答式，定制师每次问 1 至 2 个问题，等待客户回答确认，再接着问其他的问题。不宜一次问很多问题，以防客户遗漏回答。

结束语：结束时答谢客户，留下微信或邮箱等方便沟通的联系方式，并预约好客户方便下次沟通的时间。

（2）首呼时间建议

定制师首呼时间应根据客户提交需求单的时间来安排。一般来说，在收到客户填写的需求单后越早首呼越好，但是尽量避开客户的休息时间或者需求单备注的不方便时间。接到需求单，建议在 5 分钟内首呼。客户填写需求单的时间若在前一天夜晚 22:00 后，定制师因休息错过了及时首呼，考虑到客户前一天休息比较晚，应在第二天的 08:30 后首呼。

（3）礼貌沟通

正式交流前，定制师需调整状态，将座椅调至舒适且端正的状态，背部挺直，抬头挺胸，避免躺趴等不雅姿态，通过电话传递给客户认真、专业的职业形象。

沟通过程中应态度谦逊，集中注意力，尽量不要重复客户回答过的问题，让客户感受到专业与用心。要使用礼貌用语，如“您好”“请”“麻烦”“不好意思”等词语，不管对方态度怎样，都要进行良好的情绪控制。言语清晰，语速不宜过快。

适当的时机可以模仿当地人的语气与客户进行对话，让客户有亲切感。以老乡的身份进行对话，能拉近与客户的距离感，提升电话销售的成功率。但特别注意请勿主动使用方言。

饱满的情绪让客户感受到满满的朝气和活力，适度的热情也让客户感觉到真诚和快乐，定制师通过语气和节奏的把握，将这种情绪传递给客户，让客户的心情放松舒适。

（4）回复问题

首呼是定制师主动发起与客户的沟通，在双方交流的过程中，客户也有关于出行的问题。客户的问题主要围绕两个方面，一是对定制师身份的确认；二是对定制服务的确认，例如：如何理解旅游产品差异，服务费的收取等。在客户提问时，不得轻易打断客户、插话或转移话题，甚至单方面中断话题。定制师接收到客户问题后不得回避客户提问，不要长时间不回应客户问题。表 1–2 中有供参考的提问和定制师回复话语。

表 1–2　首呼中客户常见提问列表

序号	客户常见提问	回复参考话语或话术技巧
1	你是哪位？你怎么会有我的联系方式？	您好，我是 ×× 公司的 ××，是您的专属定制师； 我是 ×× 平台为您推荐的，专门从事 ×× 路线的旅行定制服务。看到您在我们平台提交的定制需求，我想和您核对一下您的旅行需求……
2	什么是定制游啊？和跟团 / 自由行有什么区别？	定制游是根据客户的需求和预算来量身定制旅行方案，和跟团游的区别在于不和其他人拼团，没有购物和自费项目，以及行程不需要固定可灵活调整。和自由行的区别在于全程有定制师为您服务，以及旅行社有自己的资源采购优势，让您不花冤枉钱、不走冤枉路……
3	你是 ×× 平台的人吗？为什么你会有我的联系方式？（针对非自营平台派送的需求单）	我们是 ×× 平台的签约供应商，平台是监管机构，我是通过平台接到您的需求单，为您提供定制服务。
4	你看不到我的手机号码？（为了保障客户的隐私，非自营平台会屏蔽双方的真实号码）	为了保护您的隐私，×× 平台对您的号码进行了加密处理，所以还请麻烦您报给我一下。
5	定制方案需要收费吗？如果后期我们不找你们公司出行会收取服务费吗？	定制旅行的咨询是不需要收取费用的。 为您量身定制的方案不收取 / 收取服务费。 备注：定制方案的话可视各家公司的规定来与客户说明，如若收取服务费应提前和客户说明。
6	你这个行程为什么比跟团游贵很多？	可从多方面与客户对比说明。 团队人数，跟团游一般在 20 人以上；行程安排，跟团游的行程固定，且多为常规景点；定制游无购物和自费的困扰；用餐和住宿的标准……

续表

序号	客户常见提问	回复参考话语或话术技巧
7	出行过程中有问题我联系谁?	出行前我们会邀请您进一个微信群，我和负责您此行的各位同事以及我们公司处理投诉意见的负责人等都在群里，行程中有任何问题，您可以在微信群或打电话随时联系我们。
8	在游玩过程中如果需要临时调整方案怎么办?	一般来说，在出行前我们会根据您的需求来量身定制行程，就是为了避免可能需要临时调整的情况，但如果因特殊情况需要临时调整，我们会协助您处理，因为调整产生的费用我们按照实际多退少补。
9	价格还可以再优惠吗?	建议定制师先引导客户敲定大致行程，有了行程才能报价。可与顾客说明费用的构成情况，让顾客相信你的报价是合理实际的。针对价格敏感型客户可以适度给予优惠，满足客户的心理需求。
10	路书是什么?	路书一般是定制旅行的加分项，一本详细的专属彩印纪念版的路书，比起寥寥数张的几页出团注意事项，更能增强客户对定制师工作的认可。

三、案例分析

案例 1-1

定制师小吴是携程平台承接湖南线路的定制师，接到客户李先生的定制需求单。客户的需求单信息如下：

客户：李先生

出发地：上海

目的地：张家界、凤凰、韶山、长沙

游玩天数：5 天

人数：6 人（2 成人、2 小孩、2 老人）

其他要求：待沟通

定制师：您好，李先生，我是携程为您推荐的旅行定制师吴丽丽，您叫我小吴就行。

客户：你好，小吴！

定制师：刚刚接到您的需求定制单，请问您是计划下周一——8 号来我们湖南旅游对吗?

客户：是的。

定制师：我看到您的需求单的内容，您是从上海出发，8 号下午五点抵达长沙机场，请问您往返的交通定好了吗?

客户：我们来的票出好了，就是 8 号下午抵达长沙的。回去的票还没有出。回去的话，你推荐一下，我们从哪里回去比较好?

定制师：好的，李先生。我看到您想去的地方有岳阳、常德、张家界、韶山等，考虑行程不走回头路，建议咱们回程考虑从张家界返回，张家界有直飞上海的航班。长沙进，张家界返回上海，您觉得这样如何?

客户：可以，但是我只有 5 天的时间，我 12 号晚上必须要赶回上海。

定制师：好，那您的时间还是比较紧凑的，我看了您的要求，和您简单规划一下行程，第一天抵达长沙，第二天游玩长沙的景点，当天下午前往韶山，住在韶山，第三天从韶山前往凤凰，住宿凤凰，第四天从凤凰前往张家界，下午游玩，第五天继续游玩张家界，然后从张家界飞回上海。大概行程这么走，回头我给您一个详细方案，可以吗?

客户：可以。

定制师：对了李先生，我看到咱们的出行人数，有老人，有小孩，您方便告知一下老人和小孩的年龄吗?这样在安排行程方面，我们尽量考虑到老人、小孩的需求。

客户：小孩是 5 岁和 7 岁，老人的话，都是 60 岁左右。

定制师：好的，那我记录下来。另外，咱们在用餐和住宿方面有什么特殊的要求?比如住宿的酒店需要几星级，酒店还是民宿?住宿的话，小孩年龄不大，是否考虑不占床，和大人共用一张床。用餐的话，是否可以吃辣，要不要给您推荐一些当地特色菜?

客户：好，小孩不用另外安排房间，凤凰想住一晚吊脚楼，张家界可以考虑住民宿，其他的话住宿酒店就行。用餐的话，我们不太能吃辣，你帮我们安排一些不太辣的餐馆。

定制师：好的，收到，我根据您的要求给您来安排。请问费用方面您有预算吗?咱们这一趟 5 天的时间有没有计划每个人的花费大约多少钱呢?

客户：不算机票的话，我们计划每人花费 4000 元左右，如果不够的话，可以加。

定制师：好的，收到，那我把标准尽量往这方面靠，如果需要调整的话，我再和您沟通说明，定制旅行的话，我们的方案和标准都是可以根据您的需求来调整的。

客户：好的，我现在还有点事情，那先这样，有什么问题你再问我。

定制师：好的，李先生，那辛苦您告知您的手机和微信号，我这边做出初步的方案后发送给您。

客户：我的手机是 ×××××××××××，微信也是这样，你加我就行。我要忙了，先挂了。

定制师：好的。李先生，收到，我马上加您微信。祝您生活愉快！

【案例分析】

在定制师与客户沟通的礼仪方面，定制师全程使用礼貌用语，措辞标准，不急不慢；定制师与客户的首呼沟通内容，包括出行人年龄、酒店住宿星级及房型要求、美食用餐特色、各城市出港航班等，每一个细节沟通到位。在有限的时间获取了定制需求的信息，通过自身的专业知识与客户达成了初步的行程和各项标准共识，并且取得了客户的信任和认可。

案例 1-2

定制师小李与客户沟通赴欧洲考察的定制方案

……（前面是自我介绍及核对信息）

定制师：刘先生，根据刚刚沟通的需求，了解到您此行是要去瑞士考察医疗行业。请问对接的考察单位，您这边都联系好了吗？

客户：有两家我们之前合作过的，已经联系好了，还有一家需要你们帮忙联系一下。

定制师：好的，那请您把这三家公司的详细地址和考察时间告诉我，哪一家需要我们去联系的，还请把您公司的情况，以及此行考察的目的，到访的人员组成等详细的情况告诉我们，我们给对方公司写邮件联系。

客户：可以的，稍后微信发给你。

定制师：刘先生，咱们此行是以商务考察为目的，我们需要申请商务签证。需要被考察单位出具邀请函，您公司联系的这两家合作伙伴，还请您和对方公司说明一下，稍后我发送一个邀请函的模板给您，可以请他们参考一下。另外，请问咱们这边出行人员的护照都办好了吗？

客户：我们五个人，有两个人的护照还没有办。

定制师：好的，刘先生，咱们是计划 9 月上旬出行，现在离出行只有一个月的时间了，办理护照的时间需要 7—15 个工作日，瑞士的签证从准备到使馆审批要计划 7—15 个工作日的时间，遇到假期需要顺延，咱们出行人员的资料有的可能还需要做公证等，如果可以的话，建议咱们时间尽量留多一点，您看时间方面是否可以再宽松一下？

客户：好的，那我和公司以及合作单位商量一下。

【案例分析】

此案例主要是展示定制师的专业知识储备能力。出境要考虑到办理护照、签证等细节，尤其是遇到商务考察，还需要与考察单位预约时间等，定制师向客户详细地解释各种资料需要准备的时间，提前说明情况，避免了后期定制工作中双方措手不及的情形。此案例情景需要定制师对出境旅游的相关知识相当熟练，所以平时的知识积累很重要。

四、实训活动设计

（一）实训目标

1. 知识目标

了解需求单收集的渠道，掌握如何设计需求单，掌握首呼的内容及沟通技巧。

2. 能力目标

能根据客户的需求单，设计首呼的纲要；能运用电话沟通的技巧进行电话首呼来收集客户的需求。

3. 素质目标

通过设计首呼，培养学生的逻辑思维能力及良好的沟通能力。

（二）实训内容

1. 国内定制旅行需求单首呼实训题

接到前往北京的亲子需求单，具体内容如下：

出行时间：7 月 20 日

出行天数：6 天

人员构成：2 位妈妈带 2 个小朋友（年龄 8 岁）

费用预算：5000 元 / 人（不含往返交通）

特殊要求：要看升旗，安排一次古装旅拍，住宿 1 晚四合院，行程不能太累。

2. 境外定制旅行需求单首呼实训题

接到前往法国、意大利、瑞士的蜜月需求单，具体内容如下：

出行时间：2 月 10 日左右

出行天数：15 天

人员构成：1 对年轻情侣

费用预算：2.5 万元 / 人（含往返交通不含全程用餐）

特殊要求：①男士准备在巴黎求婚，请定制师设计求婚细节和地点。②男士是国际米兰球队的球迷，想在意大利看一场国际米兰的足球赛，城市和时间都可以根据球赛的日期地点做调整。③行程不想折返，请考虑国内飞法国，意大利返回国内，或者先到意大利，再从法国回来都可以。

要求：

（1）每位同学可选择其中一道实训作业，根据需求单内容设计电话呼出纲要。

（2）每两位同学一组，现场模拟定制师和客户。扮演定制师及客户的同学都需要按照以下实训考核标准评分，模拟定制师的同学结合自己和同伴的评分情况，进行反思。

表 1-3　电话首呼实训考核标准

评分项	考核内容	考核标准	分值
通话礼仪（25 分）	称呼与问好	礼貌地称呼客户 主动向客户问好	2 分 / 项
	规范的自我介绍	自我介绍完整，介绍内容包含：平台 / 公司名称，定制师身份、本人称呼 示范：我是 ×× 平台向您推荐的定制师，×××	4 分 / 项
	态度友好，语气热情	态度冷淡，语气生硬 态度平淡，语气平淡 态度热情，语气亲和	0—1 分 2—3 分 4—5 分
	友好道别并约定下次联系时间	亲切道别、预告方案制作时间或约定下次联系时间	2 分 / 项
信息确认完整度（33 分）	出游人员组成	出游人员构成，主要内容有人数、出游人员关系或特殊人群相关信息（如儿童、老人的年龄等）	2 分 / 项
	出游日期 / 天数	具体出游日期、游玩天数	3 分 / 项

续表

评分项	考核内容	考核标准	分值
信息确认完整度（33分）	大交通要求	航班：航班时间、航司偏好 火车：班次时间、坐席等级	3分/项
	酒店要求	位置、级别、房型	3分/项
	景点/活动要求	确认客户对景点或活动安排的偏好，进行景点或活动推荐	3分/项
	证件信息确认	确认护照有效期、签证办理情况 备注：境内目的地不做考核	2分/项
专业技能（27分）	普通话标准，吐字清晰	咬字清晰 无地方口音	3分 2分
	目的地熟悉度	无法解答或支吾回答客户提出的目的地相关问题 能解答客户提出的大部分目的地相关问题 能解答客户提出的所有的目的地相关问题	（0—3分） （4—7分） （8—10分）
	有效回答客人提出的问题	能有效、完整回答客户的问题（参照首呼提问列表，考官会随机抽2道进行提问）	6分/道
沟通技巧（15分）	沟通顺畅	表述内容清晰准确、措辞得当 能有效回答客户的问题（点位完整、内容准确）	5分/项
	逻辑清晰	沟通有条理，所有信息点位可以有条不紊地向客户确认完毕	5分

五、任务掌握评价

（一）学生自评

（已完成和可胜任的内容请在括号中打“√”）

（1）能独立完成设计电话首呼纲要。（　　）

（2）能与小组成员配合完成首呼模拟。（　　）

（二）老师评价

任务二　完善需求单

一、任务分析

定制师在设计首呼时是按照较强的逻辑性询问，但不能保证在二者沟通的过程中不会出现无用信息以及所答非所问等情况，所以需要对收集到的客户信息进行整理及判断。对于初级定制师来说，“完善需求单”是一项必备工作。对于中高级定制师来说这不一定是必备工作，因为中高级定制师完全可以在收集的过程中就能做到整理及判断。完善需求单主要包括的任务是掌握整理录音及笔记的方法，结合整理好的录音记录和笔记完善客户的需求单。

二、相关知识

（一）记录及整理录音

定制师在与客户的首呼过程中，笔记和录音非常重要。

1. 认真倾听

定制师在记录时不需要一字不落，要挑重点记，注意字迹清晰。如果在记录要点的过程中，发现明显矛盾和无法实现的地方可以寻找合适的机会向客户说明。

2. 梳理录音

定制师切勿别出心裁甚至生编硬造，凭着自己对这个问题的理解，对整理稿进行修改。正确的做法应该是客户说了什么就原汁原味地变成文字，如果觉得表述明显不清楚甚至有些是错误的，则可以删除。在“原汁原味”的基础上，去掉明显的语气助词和重复表述。

（二）完善需求单

定制师根据整理好的录音记录和笔记整理出一份详细的客户需求单。整理时可按照自己设计的首呼内容进行信息填充，整理完毕后，客户的定制产品方案的雏形大致形成。首呼落单的工作全部完成，接下来将进入需求分析阶段。

三、案例分析

案例 1-3

某定制师首呼

1. 定制师收到需求单

表 1-4 需求单

出行时间	6 月 23 日
目的地	西北省份，如青海、甘肃
费用预算	6000 元 / 人
出行人数	8 人
其他要求	要求住宿好一点，不和其他人拼车

2. 定制师首呼

定制师：您好，刘小姐，我是 ×× 旅行网的定制师杨甜，刚刚收到您的定制需求单，请问您是计划去西北旅游吗？

客户：是的，我们同学一起 8 个人，都在 26 岁左右，想一起去西北旅游。

定制师：好的，刘小姐，那耽误一下您的时间，我和您核对一下您的出行信息好吗？

客户：好的，你说吧！

定制师：您是计划在 6 月 23 日出发对吗？请问计划玩多少天呢？

客户：我们计划在 6 月 23 日至 25 日之间出发，在当地玩 7 天左右。

定制师：好的，刘小姐，请问咱们 8 位都是从同一个城市出发吗？去西北旅游的话，可以飞到兰州，也可以飞到西宁。往返兰州的机票一般会便宜一点点，但是如果考虑到行程安排的话，从西宁往返会比较节约时间。

客户：我们全部从上海出发，飞西宁就好了，节约时间，不考虑兰州了。

定制师：好的，西宁往返确实是最不浪费时间的。咱们 7 天的时间，又是单独包车游，可以考虑走个西北环线。我给您推荐一个不走回头路又能看到西北美丽风景的行程。从西宁出发，前往茶卡盐湖，柴达木盆地，大柴旦翡翠湖，然后可以经南八仙雅丹，走最美 66 号公路抵达敦煌，在敦煌住两个晚上，深度游玩莫高窟、鸣沙山月牙泉。敦煌游玩后前往嘉峪关登城楼，张掖看七彩丹霞，最后走祁连大草原回到西宁。这条环线一路上都是风景，且不走回头路。您看有没有需要修改的地方？

客户：嗯，我们想去看的景点，基本都游玩到了，听着还不错。但是不知道坐车的时间长不长。回头你给我把每天坐车的时间都列出来。

定制师：好的，刘小姐。请问您的微信是多少呢？稍后我加上您微信，给您发送一份完整的行程文档，把每天的行车距离和时间都标记出来。

客户：我的微信是 ×××××。

定制师：好的，收到，我马上加您。那接下来，我再和您核对一下咱们其他的安排。我看到您在后台填写的预算是 6000 元一位，请问咱们 6000 元是包含了机票和餐宿、门票、交通等所有的预算吗？

客户：嗯，我们肯定是想包含机票的，但是如果不够的话，也可以再加一点。

定制师：因为咱们定制的话，是没有购物和自费等二次消费的。而且我们也不给您安排与其他陌生人拼团，咱们 8 个人全程都是单独用一台车。我刚刚给您查了一下 6 月 23 日附近上海往返西宁的航班，大约在 3500 元左右，6000 元减去 3500 元的机票的话，还剩下 2500 元，在当地用车、吃饭、住宿 7 天的话，2500 元会略有点紧张哦！

客户：哦，那也是的，那就不算机票。当地的费用加在一起不要超过 6000 元。

定制师：嗯，不算上机票的话，那这个费用是足够的。那接下来，我和您核对一下咱们吃、住和交通的安排。请问咱们住宿想用几星级标准呢？西北当地的话，大城市像西宁，酒店条件还是不错的。但是旅途中像一些比较偏的景区，住宿条件可能差一点，按照咱们的标准，我建议您考虑四星级住宿。

客户：四星可以，选有特色的酒店。

定制师：好的，这个没有问题。那交通的话，咱们 8 位，可以考虑 9 座的商务车，但是 9 座没有行李箱存放空间，会要占掉一些乘坐的空间，如果行李多的话，咱们可以考虑用 15 座的小巴车。费用的话，全程下来大概相差 2000 元左右。

客户：行李不多，9 座车够了。

定制师：好的，那我给您先按照 9 座车来做方案。关于用餐呢？请问咱们对于用餐标准的要求。我的建议是咱们去西北可以品尝一下当地的美食，就不安排去旅游团的餐厅用餐。我们在行程里面给您列上当地的特色餐厅，帮您提前订好座位。您到了自己点着吃如何？

客户：可以，那就按照这个吧。我们也不想吃团队餐。

定制师：好的。那根据上述我和您核对的这些信息，请问还有没有需要补充的？

客户：没有了，等你的方案出来，我们先看一下。到时候再做调整。

定制师：好的，刘小姐。那我先不打扰您了，我会根据您的要求尽快把方案做好。争取今天下午发给您。

客户：行，那先这样，其他的微信联系！

定制师：好的，谢谢您！

3. 定制师完善需求单

表 1-5　完善需求单

首呼内容	内容细化
出游目的地	西北地区，跨青海、甘肃两省
出游人构成	8 位同学，年轻人，均在 26 岁左右
出游日期 / 天数	6 月 23 日左右出发，7 天行程
出游目的	旅游观光
大交通要求	飞机，上海往返西宁
酒店要求	四星级，具体有待初步方案后和客户第二次沟通
景点 / 活动要求	西宁往返，经典大环线行程，不走回头路
餐饮要求	不吃旅游团餐厅，定制师推荐餐厅，自己点菜结账
费用预算	往返机票 3500 元左右 其他所有费用合计不超过 6000 元

【案例分析】

定制师根据客户提交的首呼单，与客户首呼确认详细的标准与需求，在首呼过程中，全程使用礼貌用语，向客户提问循序渐进，通过专业的介绍和分析，能引导客户在首呼过程中迅速做出选择，节省时间。定制师给客户推荐行程时体现了定制师的专业水平，尤其是在为客户介绍车型时，脱口而出两款车型的大致差价，给客户留下良好印象；而在介绍用餐时，定制师能根据客户预算和对客户需求的分析，判断出客户的预算足够去本地特色餐厅用餐而做出推荐，正合客户心意。

四、实训活动设计

（一）实训目标

能根据首呼的信息，进行录音及笔记的整理，形成一份完善后的需求单。培养学生认真、严谨的做事态度，提高判断力。

（二）实训内容

请同学们练习任务一中的实训作业，将你的搭档模拟定制师的首呼内容进行整理，形成一份完善后的需求单。

五、任务掌握评价

（一）学生自评

（已完成和可胜任的内容请在括号中打“√”）

（1）能独立整理电话录音及笔记。（　　）

（2）能独立完成完善需求单。（　　）

（二）老师评价

拓展视频：
为公司客户定制行程

拓展视频：
高端旅行产品设计与服务（摩洛哥案例）

学习情境二 需求分析

学习目标

需求分析是定制师根据客户需求单的内容以及客户在首呼过程中传递给定制师的印象，来对客户的类型、客户需求的合理性进行判断，通过适当地调整来达到定制师在满足客户核心需求点的基础上兼顾产品资源供给与满足客户期望的平衡。需求分析在定制师的工作过程中起到承上启下的作用。定制师根据首呼落单做好需求收集和整理，通过需求分析开始定制产品方案的设计。

本项目主要学习三项任务，第一项是判断客户类型；第二项是调整需求；第三项是寻找产品资源。通过学习，需掌握客户的类型及特征、需求合理性的判断因子、产品资源的获取渠道等知识点，能根据需求单及电话首呼来判断客户的类型；能判断客户需求的合理性以调整需求达到或超出客户的预期，能根据客户需求寻找适当的产品资源。

思维导图

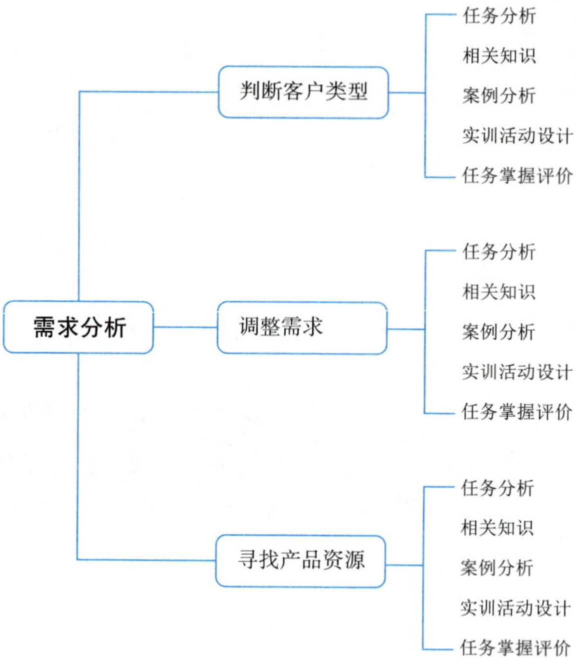

计划学时

6 学时 /32 学时

学习要求

认真完成每项任务的实训作业，客观地评价自我学习情况。在学习本部分内容的过程中建议适当自学消费者心理学等读物。

任务一 判断客户类型

一、任务分析

在定制旅行方案设计过程中，判断客户类型是必备工作。由于相同类型的客户具有相似的特征，确定客户类型后，定制师能更精准地把握什么样的定制旅行方案可以打动客户。因此，本任务主要从产品和心理两个维度对客户进行分类，并总结出每种客户类型的特征。相应地，定制师可以根据客户需求单内容和首呼表现所归纳出的客户特征，合理地判断出客户类型。

判断客户类型主要包括以下三个方面的任务：

（1）掌握从产品维度划分的客户类型及特征；

（2）掌握从心理学维度划分的客户类型及特征；

（3）掌握根据需求及性格提取客户特征、对标客户类型的方法。

二、相关知识

（一）从产品维度划分的客户类型

通常依照人口统计情况，可将旅游市场细分为儿童、青年、中年和老年市场，其中最具经济实力的是中年市场，也是定制旅行的主力市场。在实际操作中，依据客户的组织形式将定制旅行分为散客定制旅行与企业定制旅行。具体来说，按照旅游产品主题划分，可将散客定制旅行分为婚礼旅游、蜜月旅游、摄影旅游、游学旅游、美食旅游、购物旅游、户外旅游等。将企业定制旅行分为商务旅游、奖励旅游、团建拓展旅游、会议旅游、疗休养旅游等。

1. 散客定制旅行

（1）婚礼旅游

婚礼旅游不仅仅局限于夫妇结婚旅游的表层内涵，还包含新婚夫妇的婚礼旅游，已婚夫妇的结婚纪念游，老年游客的金婚、银婚、钻石婚礼游。婚礼旅游作为一种文化旅游，实质是通过一系列有意义的旅游活动，使结婚这一人生中最重大的事情体现出浪漫的情调，在人们的心中留下永恒美好的回

图 2-1　婚礼旅游

忆。定制婚礼旅游核心内容包括婚礼仪式、婚纱照拍摄、蜜月酒店、酒店蜜月礼遇等。

（2）蜜月旅游

蜜月旅游是指新婚后以庆祝新婚而进行的短暂而丰富的度假旅游经历。与婚礼客户不同的是，在旅游主体上，蜜月旅游外出旅游的对象，多为青年客户；出游时间上，仅限于新婚后某一段时间内；在旅游动机上更多是庆祝新婚的旅游活动。

（3）摄影旅游

摄影旅游是指客户以摄影为主要目的，且摄影行为贯穿整个旅游体验过程的旅游活动。需要注意的是，并非所有携带相机拍照的客户就是摄影客户，只有当客户以摄影为主要目的，且摄影行为贯穿旅游体验全过程的出游活动才能称为摄影旅游。

（4）游学旅游

游学旅游着重强调在游中学，强调跨文化体验式教育与旅游融合模式。指的是客户离开熟悉的环境，以拓宽学习者视野、扩展知识储备、感受文化差异、提升综合素质与能力为目的，前往新环境中进行的学习与旅行的过程。作为素质教育的重要形式，目前我国游学旅游主要包括国内游学、入境游学和出境修学三种。

（5）美食旅游

美食旅游指的是客户离开常住地到异地，以参与美食品尝、消费、制备、展示等与美食相关的活动为主要动机，利用当地的自然与人文景观来辅助美食旅游所开展的一系列活动。

（6）购物旅游

购物旅游是指以到异地“购物”为主要出游目的，并由购物引发的一系列相关行为组成的一种特殊旅游形式。作为旅游六要素之一的“购物”，本身就是一种独特且具吸引力的旅游资源，在满足客户的购物体验需求基础上，还能带动传播旅游目的地的历史与地域文化特点。

（7）户外旅游

户外旅游是户外运动与旅游的结合，指的是客户为释放身心、张扬个性而离开常住地前往不知名或未开发的旅游目的地，在大自然中亲自体验一项或多项户外活动的过程。主要包括徒步登山、潜水、游艇帆船、越野自驾、骑行、马拉松、露营、雪地项目（滑雪、雪上摩托等）、水上项目（冲浪、摩托艇、游艇拖伞等）、高空项目（跳伞、蹦极、攀岩、飞机驾驶、高空踏板等）、射击等。

2. 企业定制旅行

（1）商务旅游

商务旅游是以商务为主要目的，包括会议、展览、谈判、考察、管理、营销等活动的复合型旅游活动。传统的商务旅游包括狭义的公务旅游和商务活动（包括商务洽谈、商务考察、投资考察、贸易展览等）；新兴的商务旅游包括会议旅游、奖励旅游以及大型商业活动（包括大型国际博览会或交易会、大型国际体育比赛活动、大型纪念活动等）。

（2）奖励旅游

根据国际奖励旅游协会的定义："奖励旅游是一种现代化的管理工具，目的在于协助企业达到特定的企业目标，并对于达到该目标的参与人员给予一个非同寻常的旅游假期作为奖励；同时也是大公司安排的以旅游为诱因、以开发市场作为最终目的的客户邀请团。"[①] 奖励旅游本质是现代企业的一种管理手段和激励措施，形式既表现为一项特殊的旅游活动，又具有会展活动的显著特征，是旅游与会展的综合体。参与主体包括奖励客户、奖励旅游主办者和奖励旅游服务商。

（3）团建拓展旅游

作为一种新兴的团队建设旅游形式，团建拓展旅游以旅游作为依托，通过团队的形式，将拓展训练活动与观光旅游活动有机结合起来，让游客在享受自然人文风光的同时，通过参与富有刺激性、趣味性的拓展训练项目，提高客户的心理素质与团队意识、沟通能力和人际交往能力，同时通过体能与心理素质的锻炼，身心得到放松并获得成长。细分市场主要有青少年团体、企事业单位、亲子人群、散客型的成功人士和互联网"驴友"等。

（4）会议旅游

会议旅游作为会展旅游的一部分，指的是人们由于参加会议的原因离开自己的常住地前往会议举办地的旅行和短暂逗留活动，以及这一活动引起的各种现象和关系的总和。其本质是以会议为吸引物的一种旅游产品，客户的体验过程既包括与会议本身直接相关的旅游体验食、宿、交通等，

---

① 罗松涛. 会展管理实务［M］. 北京：对外经济贸易大学出版社，2007：204.

又包括由参加会议活动而延伸的其他旅游体验观光、娱乐、购物等。

按照主办单位可以分为公司类会议旅游（会议主办者为一家企业或多家同行业、同类型及行业相关的企业的会议旅游活动）、协会类会议旅游（会议主办者为由具有共同兴趣和利益的专业人员或机构组成的社团组织的会议旅游活动）及其他组织类会议旅游（主要包括政府会议旅游、工会和政治团体会议旅游、宗教团体会议旅游、慈善机构会议旅游等）。本书的会议客户以部门管理会、公司高管战略会为主。

（5）疗休养旅游

随着生活节奏的加快，人们对自身健康状况日益关注，出现了一些疗养胜地。而疗休养旅游是指人们以治疗疾病、康复疗养为目的的特殊旅游形式，是集休闲、观光与休养为一身的健康旅游。疗休养旅游已经成为众多客户，特别是党政机关和国有企事业单位职工的时尚休闲活动。

（二）分析不同类型客户的特征

定制旅行不能简单理解为特殊的交通工具、单独的住宿和个性的餐饮，其精髓在于提供客户理想中与众不同的旅行体验。而不同类型的客户特征有所差异，下面分别作以说明。

1. 散客定制客户的特征

（1）婚礼客户

①消费水平高，重视产品品质

结婚是人生大事，婚礼一生一次，每个人都希望自己的婚礼能留下美好的回忆，所以都比较注重体面，不愿意比别人差，都愿意花费大量的金钱来求得心理上的满足。一般旅行持续时间相对较长，集中在一周左右。愿意选择高端住宿或特色奢华酒店，倾向于选择飞机、邮轮作为出游交通工具。

②在意目的地，寻求私密空间

婚礼客户对目的地的资源要求比较高，在人文氛围方面比较喜欢轻松自在的旅游行程，大多倾向于待在一个地方感受婚礼旅游带给他们的独特气氛。倾向于选择具有优美自然环境、浓郁民俗风情的目的地，如浪漫的海滨地区和设施完善的度假地。或者选择那些曾经给他们留下深刻印象的地方。此外，对生活设施的安全、完备、便捷程度要求高，不管是新婚夫妇还是中老年再婚客户，都会热衷温度适宜的旅游目的地，享受惬意温暖的气候，不大会选择酷暑或严寒。在游览和住宿的时候，希望有私人空间，能在宁静氛围中感受二人世界，从而升华感情。

③情感需求强烈，重视服务细节

婚礼客户大多年轻并且有追求浪漫的情结，喜欢有创意、个性化的产品。他们注重旅游过程中的细节，兴奋性需求欲望较为强烈。在具体细节方面，需要用一个特有的主题贯穿整个婚礼的始终，每个细节都要完美体现婚礼主题，包括整个婚礼的环节策划、场地布置、婚礼花艺、婚礼LOGO、餐具、请柬、签到本、糖盒、回礼等都围绕这个主题展开。

④活动安排个性化，注重参与过程

随着婚礼客户购买力不断提升，出游意愿强烈，消费者对个性化消费有强烈需求，渴望能够物超所值，他们要求有专业婚礼策划师，定制独一无二的婚礼流程，有一次完整的、与众不同的婚礼仪式，细节还包括化妆造型、场地布置、婚礼全程录像、结婚证书／纪念性结婚证书等，在目的地的活动安排注重个性化体验活动，彰显品质与档次。

（2）蜜月客户

①目标市场聚焦，女性意见主导

蜜月旅游的旅游主体主要集中在适婚年龄的新婚夫妇，年龄构成主要集中在青年至中年，具有较为相似的生活观与价值观。一般来说，从蜜月旅游购买决策主体的特征分析来看，夫妻开始各有自己的目的地选择组合，最终目的地的选择在考虑经济、时间等客观因素的基础上，由影响力较大的一方做出决策。通常女性对蜜月旅游的投入和重视程度较男性高，在决策中也起到关键作用，她们在需求识别至蜜月购买意向的形成过程中更注重的是情感与心理上的满足。因此在产品设计、营销宣传等方面应着重研究女性蜜月客户的特点。

②消费水平高，重复购买率低

大多情况下，新婚夫妇为蜜月旅游准备了充足的预算与时间，青年人通常有猎奇和求异心理，渴望能离开熟悉的常住地，向往在梦寐以求的浪漫度假旅游地共同享受难忘的蜜月旅游经历。因此，计划的出游时间更长，出游距离更远，消费的时空范围更大。作为一生中一次极为重要的旅游活动，它强调了新婚夫妇共同拥有的独特体验，所以重复购买率较低，但蜜月客户的价格敏感度更低。

③出游时间集中，追求浪漫与细节

在出游时间上呈现季节性与集中性的特点，蜜月客户愿意用充足的时间进行蜜月旅游，加之季节气候等因素，一般会选择在元旦、春节、“五一”和“十一”黄金周等法定休假日与长假出游。在细节安排上，要注意行程的浪漫主题，安排酒店房间蜜月礼遇；推荐浪漫餐厅，并提供预订服务；行程结束后赠送蜜月旅程纪念，如纪念相册、纪念视频、旅行奖章等可长久持有的定制型纪念品。

④产品要求个性化，渴望私密空间

蜜月旅游也有更加细分的市场，有他们更加个性化的需求，如：休闲玩乐型蜜月客户希望有体验性项目和逗留型景点；新奇刺激型蜜月客户要考虑品质与价格平衡，更喜欢自由行旅游产品；情感型蜜月客户更加注重“婚”和“游”的结合，将蜜月浪漫元素融入整个过程中；体验型蜜月客户对旅游中的体验娱乐需求更高。此外，新婚夫妇也期望在蜜月旅游的过程中享受更多的私人空间。

（3）摄影客户

①男女比例失衡，花费较高

摄影客户中男女性别比例失衡，年龄跨度从 36 岁到 60 岁，以男性居多，而男性比女性更喜欢在旅行中进行专业性的拍摄，女性更多表现出对摄影图片效果的高度关注。摄影客户在设备器材与旅游吃住行等方面消费水平较高，对支付能力和认知结构有较高要求，他们的受教育水平普遍较高，也具备一定的摄影素养，专业性很强。专业的摄影旅游酒店和家庭旅馆是摄影旅游爱好者偏好的选择住处。在保健和娱乐层面上的消费较高。

②文化内涵丰富，参与性强

摄影客户对视觉表达有执着追求，试图用视觉传达来表达对客观世界与主观世界的理解与感知，这必须以丰厚的文化内涵为基础。他们借助镜头感受自然风格、体验民俗风情并观察社会变迁、体会历史沉淀，摄影客户的积极参与性与旅游业的发展方向一致，他们能够通过亲身体验采点、调整设备、选择角度、拍摄照片、收获照片等获得满足感。

③旅游需求多样，专业性强

摄影客户扮演着参与摄影活动和旅游活动的双重角色，而摄影是他们的主要目的，他们期望能拍摄出优秀的作品，一方面增强摄影能力，另一方面可以丰富精神世界。还有一些摄影客户希望通过摄影来完成自我实现的需要。他们期望可以在旅行时享受自然风光，了解当地民族风情，提高自己的知识水平，感受新奇的事物，放松心情。他们也想借助旅游的方式，品尝旅游目的地特色美食，结交志同道合的朋友。

④季节性明显，重游率高

摄影旅游基地如雨后春笋般出现，如黑龙江雪乡、福建霞浦滩涂、新疆禾木、江西婺源、内蒙古额济纳胡杨林、云南元阳哈尼梯田等。这些地方摄影旅游资源丰富、稀缺而独特，但具有一定的季节性。这些地方摄影客户的出游频率明显高于其他游客，他们的旅游经验更加丰富。摄影旅游具有突出的个性，且自由性表现突出。此外，由于他们较为熟悉目的地的基础环境，他们更愿意选择再次前往旅游地进行摄影旅行。他们倾向于和兴趣一致的伙伴一起旅行，喜欢跟着自己所在摄影协会共同旅游。

（4）游学客户

①本质是学与游的融合

游学旅游是一种具有目的性的、将学习融入旅游当中的活动。游学客户希望能通过游学旅游唤起好奇心、开阔眼界并增长见识、提升语言能力、学习新技能等。应合理安排“游”与“学”的比重，增加旅游活动的参与性和体验性，如安排外国友好家庭的寄宿，使游学客户真正融入旅游活动中，与当地学生一起学习、生活，寓教于乐，深度感受外国文化，从而获得真正的收获。

②产品的购买与消费分离

游学旅游的购买者是家长，但消费者是学生，产品的购买与消费相分离。并且购买者与消费者的关系在整个过程中不断变化又相互制约。在购买阶段，家长作为购买者占据主体，而学生作为旅游消费者间接影响购买者；在旅游的核心体验阶段，学生是主体，父母事先购买旅游产品，却不参与其中；旅游结束后二者并存，父母通过询问消费者学生的感受来进行间接旅游反馈，无论是消费者还是购买者，都能将此次游学旅游的信息传递给旅游产品提供者。

③目标人群相对集中

受经济条件、受教育程度、升学压力等条件影响较为明显。通常，随着升学压力不断上升，经济条件较好且受教育程度较高的家庭才会参与游学旅游。客户希望从游学旅游的经历中获得人际交往和自我能力的提升，可以让青少年得到锻炼，培养他们的自我认同感、自立能力及适应社会的能力。同时，游学旅游也是社会地位及身份的彰显。

（5）美食客户

①文化层次高，享受愿望强

中国饮食文化源远流长，地域差异明显，形成了各具特色的地方菜系，并积累了精湛的烹调技艺。美食是客户了解旅游地的人文风貌与当地文化最为便捷的方式。美食客户的动机契合马斯洛需求层次理论，游客在旅游过程中除了需要通过饮食来满足基本生理需求，通过养生美食旅游达到强身健体等安全需求，通过旅游增加社交和人际交往的需求外，还有包括追求获取知识、身心愉悦等自我实现的需要。这些需求贯穿于整个美食旅游过程，充分满足了客户期望享受的愿望。

②重旅游体验，重游率较高

美食旅游充分调动了游客的视觉、味觉、嗅觉、触觉，虽然美食客户也有不同的细分，偏好略有差异，但是都比较重视旅游体验。如新奇探索者渴望现场向手艺人学习，并亲自参与美食制作，比较享受美食带来的新奇感受；体验型游客希望在美食旅游中放松身心，在意美食所带来的感受，喜欢观看带有艺术性的烹饪表演；而美食狂热者对各类与美食相关的活动都很热衷，且会因美食旅游资源的吸引而多次重游，他们是美食旅游的重点开发游客。

③消费能力较高，以女性为主

通常美食客户具有较高的消费实力和消费潜力，美食客户的消费水平较高。女性作为美食旅游的主导，更在意旅游过程中的美食体验，因此在美食旅游中女性比例稍高于男性；他们更倾向于好友结伴或家庭亲子的多人出游组织方式。2 月和 10 月是美食旅游出游最多的两个月份，客户一般会停留 2 到 3 天。

（6）购物客户

①消费水平高

购物客户对旅游目的地经济贡献很大，他们大多来自经济发达地区，他们在意目的地商品价格，但对旅游产品本身价格并不敏感。女性购物客户总体旅游花费高于男性游客，其中用于购物方面的花费也较多。在年龄结构上，中青年的旅游消费水平较高。

图 2-2 法国巴黎老佛爷百货

②关注范围广

购物客户选择目的地时，从单一的实效功能转向注重实效、享受双重功能。他们不仅考虑商品的产地优势、价格优势、名牌优势，还特别在意购物目的地的社会治安环境，以及便利的交通、进出境手续的繁简等；目的地优美的自然环境和人文风情也是他们考虑的重要因素，在满足购物欲的同时，还能进行观光游览活动。

③季节性不明显

购物客户全年都可以进行购物旅游活动，季节和时间制约性并不强。如国内的上海、北京、广州、武汉、“购物天堂”——中国香港，以及国外的巴黎、纽约等商业发达的城市，常年都有众多旅游购物者的到来。

④购物倾向明确

倾向于在购物商场（迪拜 Mall、巴黎春天、老佛爷百货等）、奥特莱斯、当地特色市场（当地集市、夜市等）、免税店等购物，希望了解当地特产、特色商品介绍，及推荐购买地址、购物地理位置、往返交通推荐、购物优惠折扣信息、退税办理方式和流程、购物注意事项。

（7）户外客户

①具有鲜明的标识

户外客户一般常身着冲锋衣、脚蹬户外登山鞋，自称“驴友”。在旅游过程中强调体验与自我实现，通常以放松身心、缓解压力为目的，寻求探险、挑战、刺激，习惯群体出行，坚持可持续发展与适度、环保的原则，注重人与自然和谐相处，具有公益、慈善、乐于助人之心。

②性格与年龄特征明显

一般来说，户外旅游的男性参与程度高于女性，因为男性好奇心较强，更具有冒险精神。加之社会赋予男性的压力通常大于女性，所以男性比女性更渴望户外的体验，释放工作生活压力，实现自我。年龄层主要分布在青壮年，此年龄段的人群精力相对充沛，是户外旅游主要市场。此外，中年人群也有部分参加者，但不是户外旅游活动的主流。

③渴望个性化体验

如今，参加户外旅游的人群受教育程度和素质越来越高，他们绝大部分经济实力雄厚，渴望高品质、自由化、个性化旅游产品，倾向于跟随俱乐部出游。户外旅游这一新型旅游方式满足了客户个性化的需求，为客户真正实现体验、展示自我提供了良好的平台。

④选择非热门目的地

户外客户具有生态冒险精神，一般在选取目的地时通常以尚未开发或知名度较低的地区为主，食宿主要依靠自带食物与帐篷解决，而这些地方因缺乏宣传使得游客对其知之甚少，大多靠“驴友”口碑相传。

2. 企业定制客户的特征

（1）商务客户

①消费水平高，重视效率

一般商务客户具有时间限制强的特点，出自一种贸易、考察或访问的独立活动的旅游动机，加之费用通常由其单位或组织内部统一支付或核定报销，相对来说消费能力较强。商务客户对商务配套设施需求大、要求高，对价格不太敏感。他们对旅行中的交通工具及下榻饭店非常讲究。交通工具首选的是飞机，在饭店方面着重考虑的是商务设施是否完善和服务人员是否能随时提供高质、高效的服务。

②目的地重游率高，自主选择性较小

公司或相关机构的中高层管理者以及市场业务人员是商务旅游的主要客户，客源相对稳定，由于国家、地区之间的经济关系大多具有长期性，公司跨地区的营销、合作以及投资项目的运作都存在较长的周期，在这期间需要大量重复性的商务旅游，甚至很多重复性商务活动是由同一人承担的，所以他们进行的商务活动及目的地相对稳定，多次进入同一个目的地。外出旅行的时间、旅行方式、目的地更多的是公司意愿的体现，并非本人能决定。外出旅行对他们来说更像是常态工作，商务是首要，旅游是次要。

③出游受季节影响小，涉及服务行业多

一个国家或地区政治、军事、治安局势的恶化或者疫病的流行会使旅游数量大幅度减少。但由于经济活动的惯性，异地交往、当面敲定、现场交割的商务行为依然不能被日益发达的互联网业务替代，商务旅游的减少略显平缓。此外，商务客户较少受季节气候影响，作为发展大旅游的重要基础，利于平衡旅游淡旺季。商务人士在商务活动过程中所产生的旅游行为或附带进行的旅游消费活动，要求既要具备基本的商务配套设施，也要具备能够提供高效、健全、舒适的服务供应链。

（2）奖励客户

①需求档次高，消费高

奖励客户无论在交通、住宿、餐饮、接待、游览、娱乐等各方面的需求均体现出高档次的特点。对于实施奖励旅游的企业来说，价格不是重要的考虑因素，为了对优秀员工达到很强的激励效果，消费一般都比较高，奖励旅游过程中的每一个环节都要求提供最优质的服务，最终在活动内容、组织安排以及接待服务上达到尽善尽美。在奖励旅游目的地选择上，热衷国内知名城市及附近地域，在对国外目的地选择上则更偏好于距离较近的新加坡、马来西亚和泰国等国家。

②季节性不强，专业化高

在出游时间选择上，奖励旅游比较重视旅游活动效果，通常选择错开旅游旺季出行，但有时候也会选择旺季出游凸显公司实力。作为一种高标准、高品质的专项旅游产品，旅游活动的安排是与公司的企业文化相适应的，奖励旅游充满着富有浓厚人情味和深寓文化气息的活动项目，具有鲜明的企业文化特征。需要奖励公司有相关的专业知识和专业操作技术，进行深度、充分的市场调研，将企业文化与精神融入到奖励旅游产品中来满足他们设计专业化高的需求。

③激励作用明显，创意性强

员工普遍认为参加奖励旅游是一件荣耀的事件，极大满足了个体的成就需求。作为一种创造性的旅游活动，奖励客户渴望获得与众不同的体验。奖励旅游并非简单的提高接待标准的豪华旅游，而是融入了企业管理目标的具有创意的旅游形式。希望在旅游过程中通过各种主题活动的巧妙策划和精心安排，把各个旅游要素有机组合在一起，从而满足奖励客户的需求和实现企业的奖励目的。质量和创意才是衡量奖励旅游是否成功的关键。

（3）团建拓展客户

①功能性需求强烈

团队拓展旅游作为旅游的一种新方式，具备愉悦性这一旅游的本质属性，客户在参与拓展旅游的过程中渴望享受到旅游带来的身心愉悦。除此之外，团队拓展客户在旅游过程中希望能感受到拓展旅游所带来的教育意义，从团队拓展旅游的功能来看，参与者个人希望能增强自信心、锻炼身心素质、开发个人潜能、改善社会人际关系等。而对于企事业单位的组织者来说，希望通过团队拓建培养员工的协作和团队精神、克服员工的惰性、激发员工的想象力和创造力等。

②团体协作性要求高

团建拓展旅游的各个项目活动不仅是需要成团才能开展，更重要的是团队拓展旅游对团体的要求高，参加拓展旅游的团体，其成员之间应形成一定的社会关系，彼此之间能相互鼓励、互相信任、共同前进，只有这样才能让团建拓展活动卓有成效地完成。

③强沉浸式体验性

传统旅游活动中，客户在旅游地进行观赏、休闲，也会安排参与性活动，但与团队拓展旅游相比，传统旅游活动的参与仅仅是整体旅游活动中极少的一部分，且并不要求所有客户都参与其中，不感兴趣的客户可以自由选择。然而，团队拓展旅游的项目需要全体客户必须积极参与其中，在生理上、心理上对客户都是挑战，具有强沉浸式体验性。

（4）会议客户

①数量庞大，范围广泛

会议客户包括会议主办者、策划者、参会代表以及会议展览商。会议旅游通常是一人开会，多人出游。很多会议代表都会有陪同人员同行来协助其完成与会事务，像秘书和助理等。同时也有一部分会议代表会携带家属。此外，还有一大批会议旅游的附属活动参与者，如在大型会议活动中，对会议进行追踪报道的网络、杂志、电视台等媒体工作人员。

②消费水平高，以信息交流为主

消费水平高是会议客户的普遍特征，由于大部分费用由公司支付，客户对交通、住宿及餐饮费这三项的消费价格并不是很敏感。会议客户拥有更多的自主消费能力，乐意将资金用在观光、购物、娱乐等旅游项目上。另外，会议游客选择下榻的酒店代表了公司形象，因此，会议游客对接待设施的消费水平要求高于其他客户。不同于以休闲为主要目的的旅游形式，会议游客虽然会借会议之机进行观光游览和娱乐活动，但是决定会议游客的关键在于会议本身，是要通过参加会议获取有利于组织和自身发展的新思想，开阔眼界与思路。会议组织的权威性、会议主题的创意性、参会人员的知名度等是决定会议吸引力的关键因素。

③旅游时间短，缺乏自主性

由于会议客户到达目的地主要是为了参加会议，所以在旅游的时间上必须要根据会议安排确定，缺乏自主性。通常出游时间集中在会议结束后期，少数人会提前几天到来进行会议旅游，绝大部分会议客户都是会后进行旅游的，也有极少部分人趁着会议休息的时间出去旅游（比如午休或晚上的时间）。

④重游率高，弥补淡旺季波动

由于会议的召开很多都具有一定的周期与规律，加上部分会议会址固定，或者会在几个地区中轮换选择，所以会议游客的重返率要明显高于观光与休闲度假游客。这样便能为会议旅游目的地带来不少固定客源。从会议组织的角度而言，为获得交通和住宿的保障，保证会议顺利进行，常常避开旅游旺季召开，而且旅游接待企业为了避免淡季设备闲置，也会在淡季加大对会议游客的宣传与促销力度。这样在一定程度上可以弥补淡旺季波动。

（5）疗休养客户

①年龄覆盖范围广，需求有差异

处于不同年龄段的人身体会出现不同变化，存在不同方向和程度的疗休养需求：年轻人比较在意塑形、美容等外在健美，中年人精神疗养需求强烈，老年人则更倾向选择侧重疗养、治疗功能的产品。因此在疗休养客户的定制中要考虑年龄因素。此外，不同职业类型的疗休养客户对定制产品也存在不同需求。而且，客户受教育程度和其旅游需求正向相关，但性别因素对养生客户的购买意愿并无显著影响。

②停留时间长，活动安排多样

疗休养旅游按照类型可以分为健康疗养、老年病疗养、职业病疗养、骨伤康复慢性病疗养等。一般疗养周期为一周起，有些需要一个月甚至更长时间。各个基地疗养科目非常规范，一般会安排体能训练，如日常的出操、爬山、散步、讲座、球类运动，还配备理疗、泡温泉和体检及治疗项目。除了日常的疗养安排外，还有休闲度假的旅游活动安排。

图 2-3　温泉养生

③出游意愿高，注重安全性

职工希望通过疗休养旅游活动达到开阔视野、消除病痛、修身养性、放松身心等目的，企业则希望通过职工疗休养旅游活动，进一步增强企业凝聚力，提高职工的工作积极性、主动性与创造性，为企业创造出更大财富。因此职工一般都愿意参加企业安排的疗休养旅游，而且退休的老年人在身体允许的情况下，通过旅游丰富生活体验、增长阅历的需求并没有随着年龄增长而消磨。他们在时间选择上灵活多样，并呈现出“错峰”趋势。疗休养旅游类定制产品属于新兴旅游产品类型，与大众旅游产品相比，人们对其认知程度有限，对其安全性存在疑虑的可能性比较大，安全规范对养生客户的定制意愿产生显著影响。

（三）心理学维度的客户分类

美国著名心理学家威廉·莫尔顿·马斯顿博士把人的性格大致分为老鹰型、猫头鹰型、孔雀型、考拉型、变色龙型五类。不同类型客户关注的重点、说话方式各有特色，根据客户的言行举止判断他们的性格类型，以便下一步根据客户性格特征有针对性地进行需求分析与产品设计。

1. 老鹰型客户（支配型）

老鹰型客户对自己总是充满信心，强势，说一不二。他们喜欢冒险，个性积极，竞争力强，有对抗性。他们做事非常直接，不喜欢废话，只要觉得你的产品能够满足他们的需求，就会立马做出决策。但他们一旦对定制师或定制产品有一点不满，也会立即表现出来，毫不犹豫地拒绝你，不给你任何说话的机会。面对老鹰型客户，我们定制师要做足准备，在交谈时思路清晰，直入主题，简明介绍产品有什么优势，这有助于他们更快地与你签单。讲话时语速可以稍快，以显示出自己的专业度和权威性，这样更能赢得对方的信任。

2. 猫头鹰型客户（精确型）

猫头鹰型客户话不多，比较冷漠、理智，注重细节，责任感强，重视纪律。猫头鹰型客户办理业务时态度比较谨慎，喜欢通过大量的事实、数据来做判断，以确保自己做出正确的选择。和猫头鹰型客户合作，要特别认真仔细，不断完善细节、检查方案，用数据向他们证明定制师的专业度，获取客户信任。

3. 孔雀型客户（表达型）

孔雀型客户外向、乐观且活力充沛。他们待人热情，口才好，人际关系能力极强，富于同理心，具有很好的亲和力。他们看重关系，人情方面压力大。另外，孔雀型客户虚荣心较强，表现欲强。定制师在与其沟通时，不能直入主题，可以先热情地和他们闲聊一会儿，与他们建立起融洽的关系后再说正题，并且注意要将赞美运用得合理，能够起到非常好的效果。

4. 考拉型客户（耐心型）

考拉型客户比较感性，性格随和，不好冲突，行事稳健，强调平实，有过人的耐力，但经常摇摆不定，心思比较细腻，一般都会在认真比较、深思熟虑之后才做出购买决定。考拉型客户喜欢与人愉快相处，有时尽管心里对你的产品感到担忧，也不会主动表达出来。面对考拉型客户，定制师一定要积极探寻他们的疑虑、主动解决他们的担忧，多次跟进，探索需求点，帮助他们分析利弊。

5. 变色龙型客户（整合型）

变色龙型客户是老鹰型、猫头鹰型、孔雀型、考拉型四种特质的综合体。他们看似没有突出的个性，但擅长整合内外资源；没有强烈的个人意识形态，是他们处事的价值观。面对变色龙型客户，定制师应当努力提升自己的服务质量，优化客户体验，让变色龙型客户真切地感受到我们的周到与体贴。如果合作的过程中出现问题，应该及时与客户进行沟通，并尽最大努力帮助他们解决困难。如果变色龙型客户变来变去，就需要从客户的角度出发，分析他们的具体情况，思路要清晰，不要被变色龙型客户牵着鼻子走。

（四）根据需求判断客户类型

1. 根据散客需求单初步判断客户类型

定制师一般通过分析客户在线上提交的定制需求表格来初步根据客户特征来判断其类型，由于客户填写的需求单简单方便，所以定制师一般都是根据经验和专业进行初步圈定。

表 2-1　散客需求与客户类型对照表

客户需求单内容	客户信息	判断类型
目的地	海岛类	蜜月　婚礼　摄影
	山体类	户外　游学　摄影
	城市类	购物　美食　游学
	乡村类	摄影　美食
出行时间	2 日	摄影　美食　户外
	3-5 日	购物　美食　户外
	6-7 日	蜜月　婚礼
	7 日以上	蜜月　游学
人员组成	2 人	蜜月　婚礼
	3-5 人	摄影　购物　户外　美食
	5 人以上	摄影　户外　美食　游学
费用预算	小于 300 元 / 人 / 天	摄影　美食　户外
	300-500 元 / 人 / 天	美食　户外
	大于 500 元 / 人 / 天	婚礼　蜜月　购物　游学

客户的需求单内容比较简单，一般包括出发地、目的地、出行时间、出行人员和预算。由于客户有求新求异的心理，所以出发地除了可以确定交通费用外，也可以初步判断他们的旅游目的地倾向，这里重点对后四项需求单内容进行对标分析。一般来说，企业客户的类型可以根据人数和出游目的很快区分。因此，我们主要根据需求单来分析散客的类型，可以简要地把客户目的地分为海岛类、山体类、城市类、乡村类四类，不同类型的客户对旅游目的地有不同的倾向，如目的地是海岛类的游客可能是蜜月旅游、婚礼旅游或者摄影旅游，而乡村类的游客有可能是摄影旅游或美食旅游；我们根据他们出行的时间较长、2 人出游、费用预算比较高就可以基本判定他们是蜜月或者婚礼旅游。也就是说，定制师根据客户需求单上简

单的信息，结合以往的经验，可以逐项核对，初步进行游客类型的判定。

图 2-4　浙江兰溪诸葛八卦村

2. 根据首呼沟通确定客户类型

通过客户需求单，简单圈定客户类型范围后，定制师迅速做好呼叫前的准备工作，通过电话核实与记录客户相关出游信息。在这个首呼的过程中，可以根据其声音特性及电话沟通中的具体表现确定客户的类型和身份。

表 2-2　首呼表现与客户类型对照表

声音特性	具体表现	判断类型	身份
1. 语速很快，音量较大； 2. 音调变化不大； 3. 不表示友好。	通话时间短，干脆利索，坚持自己的想法，直接安排定制师设计行程，不太愿意接受建议。	老鹰型	企业主、老板
1. 语速很快，音量较大； 2. 音调富有变化，抑扬顿挫； 3. 表现得很热情，态度友好。	通话时间较长，他们善于积极表现自己，往往对定制师提出的建议反应迅速，有时会打断说话，爱主动对旅游活动安排提出自己的想法，也会在电话中同定制师开玩笑，能感觉到他们喜欢在通电话时走来走去。	孔雀型	各类“白领”
1. 声音不大，语速不快； 2. 不太爱互动，不表示友好； 3. 不管你说什么，经常会以“嗯，嗯”应答。	他们说话比较少，但是会给定制师机会，不轻易挂断电话，心里有主意，有防范，不喜欢定制师夸大宣传，喜欢听具体的旅游活动细节，依细节来做出判断，不喜欢定制师过分热情。	猫头鹰型	教师、工程师、高精尖人才

续表

声音特性	具体表现	判断类型	身份
1. 说话慢条斯理，声音轻柔； 2. 不主动提出心中疑惑。	接听电话的时候具有高度的耐心，说话比较随和，对于定制师提出的建议摇摆不定，不肯拿主意，即使不喜欢这个设计也不会直接表达，需要定制师揣摩其需求点，分析利弊，帮助决定。	考拉型	家庭主妇
1. 善解人意，反应快； 2. 说话圆滑、留有余地。	接听定制师电话的时候具有高度的应变能力。既不会快速决定，也不会直接拒绝。	变色龙型	明星、“大腕儿”

要想从心理学角度确定客户性格类型，需要定制师在首呼的时候具备专业规范，用心感受客户的声音特性及沟通中的互动表现。识别方法很简单，在你和客户说话时，哪怕是在电话交谈的一瞬间，就可以分辨出客户的语言节奏，如果某客户说话声音大、音量高、语速快，初步可以判断这个人不是老鹰型就是孔雀型，左右象限分开后，接下来是划分上下象限，我们在和客户交流中就可以感受到他们社交能力的强弱，如果这个人不理不睬，半天不说一句话，基本可以判定这个人是老鹰型的客户；如果表达流利、表现欲强，则是孔雀型的客户。

如果客户的声音比较小、音量低、语速不快，初步可以判断这个人不是猫头鹰型就是考拉型，确定了左右象限后，根据在和客户交流过程中感受到的他的社交能力来判断他的上下象限，如果防范性比较强、不太友好，通常是猫头鹰型客户；如果比较随和，虽然有异议也不提出，比较在意定制师的感受则是考拉型客户。还有一些人说话不急不缓，说话圆润，应变能力强，兼具老鹰、孔雀、猫头鹰、考拉四种类型特征，则为变色龙型客户，这类人沟通起来难度最大，需要定制师提前做好充分准备来应对他们突如其来的问题。通过这样的策略我们就能对客户的性格特点进行定位。

在实际操作中，要注意对等模仿，要与客户的节奏、社交能力形成一致，客户说话声音大，语速快，你也要提高音量，加快说话速度；客户对你非常热情，你也要对他充满激情，总而言之以客户的性格特点为标准，努力地去适应客户。在实际操作中，通过需求单和首呼电话，从旅游产品维度和心理学的角度判断客户类型，就可以根据客户类型进行下一步的需求分析，明确哪些需求是合理的可以实现的，哪些需求不能满足，通过调整需求，制定出适合客户性格特点与个性化需求的产品策略。

三、案例分析

案例 2-1

表 2-3 李先生需求表单

客户信息	李先生
出游人数	2 大
出发地	洛阳
目的地	海南
往返日期	10 月 22 日至 10 月 28 日
预算	10 000 元 / 人
备注	要求客房布置有浪漫氛围

请试着运用旅游消费者类型及特征知识，根据李先生的需求单判断其属于什么类型的定制客户。

（资料来源：携程旅游网站后台资料）

【案例分析】

从李先生的需求单中，我们可以根据出游人数 2 个大人，初步判断其是情侣出游；从出发地洛阳到目的地海南，属于海岛游，基本就是婚礼、蜜月或者摄影旅游；旅游时间长达七天，预算一人 10 000 元的标准比较高端，基本排除了摄影旅游。而最后在备注里面要求客房布置有浪漫氛围，没有强调举办婚礼，可以基本确定是蜜月旅游。

案例 2-2

高女士首呼录音

请试着从心理学的角度，根据定制师与高女士的电话首呼录音判断她属于什么类型的定制客户。

（资料来源：携程旅游网站后台资料）

【案例分析】

从定制师与高女士的首呼沟通中可了解到，高女士语速很快，音量也较大，说话干脆利索，初步圈定其为老鹰型和孔雀型；而一开始说话就表明自己还有两分钟开会，不够友好亲近，很像老鹰型；后面定制师问到旅游出发时间是否可以调整也是很坚决否定，对于自己想去的地方非常坚持，一定要去普吉岛、皇帝岛、大皇宫、曼谷，坚决不要看人妖表演、不骑大象。当定制师提出“您还想去曼谷，是吗？”这样的疑问时，客户明确指出普吉岛和曼谷间有机票，并再次表示一定要去大皇宫。当定制师提出自己的行程规划的时候，客户很坚定地提出自己的意见——可以普吉岛进曼谷出，或者普吉岛和曼谷来回，并命令定制师根据机票预算来定。定制师根据预算6000元的标准询问客户是否能接受拼车拼导的时候，客户也是直截了当说本来就是这样的，态度生硬。客户自己直接说出人数和年龄及住宿标准，目的明确，让定制师按照她的要求做出来后定出最低的价格，她会根据定制师的行程自己来调整。整个过程中客户基本都不听定制师的建议，定制师也不太有机会表达自己的想法，结束时候也是表明自己要开会，匆匆挂线。根据这些强势的表现，可以确定这位客户就是典型的老鹰型性格。对于这类人，我们定制师要事先做足准备，直入主题，表现出专业性，以赢得客户信赖。

四、实训活动设计

（一）实训目标

1. 知识目标

熟悉内容：从产品角度，定制旅行客户的类型分为散客与企业两类，其中散客包括婚礼、蜜月、摄影、游学、美食、购物、户外旅游；企业包括商务旅游、奖励旅游、团建拓展旅游、会议旅游、疗休养旅游等。了解内容：从心理学维度定制旅行客户类型分为老鹰型、孔雀型、猫头鹰型、考拉型和变色龙型，掌握他们各自的特征。

2. 能力目标

能熟练从产品角度和心理学角度划分定制客户，并能说出各种类型客户的特征。根据客户需求单凸显出的客户特征从产品角度初步判断客户类型，根据首呼沟通中客户表现出来的特征从心理学角度确定客户类型。

3. 素质目标

通过需求单提取客户特征分析判断客户类型，培养逻辑思维能力，提高自身的专业素养；通过首呼沟通中客户的表现，确定客户类型，培养观察能力与沟通意识，提高服务思维与职业自信。

（二）实训内容

（1）能通过小组讨论，用思维导图呈现定制旅行的客户分类及各自特征。

（2）能根据郭先生的定制旅行需求单，初步判断客户的旅游类型，并说出判断理由。

表 2-4 郭先生需求表单

客户信息	郭先生
出游人数	8 大 6 小
出发地	广州
目的地	新疆
往返日期	10 月 2 日至 10 月 6 日
预算	8000 元 / 人

（资料来源：携程旅游网站后台资料）

郭先生首呼录音

（3）能根据定制师与郭先生的首呼录音，进一步确定客户的旅游类型，并说出确定理由。

（资料来源：携程旅游网站后台资料）

五、任务掌握评价

（一）学生自评

（已完成和可胜任的内容请在括号中打"√"）

（1）实训能够按照要求完成。（　　）

（2）积极参与小组讨论。（　　）

（3）实训的过程中主动查阅资料。（　　）

（4）可以与小组成员合作完成具有创意的思维导图。（　　）

（5）能掌握定制旅行客户类型的分类及各自特征。（　　）

（6）能依据客户需求单从产品角度初步判断客户类型。（　　）

（7）能根据首呼录音，进一步确定客户的旅游类型。（　　）

（二）老师评价

任务二　调整需求

一、任务分析

定制师根据客户的需求单及电话首呼收集到的详细信息来判断需求，客户的需求信息量越大，客户的需求越细化，存在着调整需求的可能性就越大。在此任务中，判断需求的合理性至关重要，如合理将进入到产品设计步骤，如不合理将调整需求再进入下一个步骤。所以，本任务从供给和需求的角度告诉学习者如何判断需求是否合理以及不合理需求如何进行调整。

调整需求主要包括以下三个方面的任务：

（1）理解需求合理性的概念；

（2）掌握需求合理性的判断因子；

（3）掌握调整客户需求的目的、内容与方法。

二、相关知识

（一）需求合理性的概念

为了给客户提供量身定制的特色行程方案，定制师必须以客户需求为设计出发点。但在实际工作中，并非盲目迎合客户需求，只有在供给和需求上都合理的需求才能够满足。在这里，需求合理性是指定制师从客户需求实现及产品资源供给两个角度，综合判断客户的旅行需求描述可最终呈现为个性化旅行定制产品方案的合理性。

（二）需求合理性的判断因子

客户价值的最大化是实现他们满意的前提，对于客户来说，价值越大，满意度肯定越高。定制师在设计产品之前通过对客户需求进行合理性分析，会保留其合理需求，调整其不合理需求后再进行产品设计。因此，定制师提供的产品相较于竞争对手的更能满足客户需求，客户满意度更高。具体来说，定制师主要从供给角度判断客户需求是否可以实现，从需求角度判断客户需求是否自相矛盾。

1. 客户需求是否可以实现（供给角度）

从供给角度看，定制师必须清楚辨别出客户的需求在客观上是否有资源供给，在主观上是否有匹配资源来满足。

（1）客观上是否有资源供给

定制师通过调研实事求是地判断客户需求在客观上是否有资源供给，例如提出奖励员工去月球旅游，当下在客观上不可实现。如客户提出在某个景区游玩时要入住当地的五星级酒店，而当地最高只有四星级酒店，则在供给方面没有相关资源满足客户。

（2）主观上是否有匹配资源

每位定制师都有自己的独门秘笈，拥有资源控制渠道，如独有卢浮宫闭馆后参观的资源、独有大英博物馆馆长亲自讲解的资源等，尤其是很多资源都是由某位定制师垄断的。虽然定制师有一定的资源控制渠道，但不可能面面俱到，如拓展团建的客户提出在山中蹦极的需求，而定制师在此山控制的户外资源是攀岩，主观上控制的资源不能满足客户需求。

2. 客户需求是否自相矛盾（需求角度）

（1）需求与客户类型的特点自相矛盾

按照常规来说，相同客户类型应有相似的特征，但有时客户提出的个别需求与此类型的客户特征完全相悖。如一群老年人提出北戴河疗休养的需求，通过首呼了解到他们都是 70 岁左右的老人，但他们要参加南戴河的滑沙、滑草、滑翔机等刺激性项目。疗休养旅游是以治疗疾病、康复疗养为目的的特殊旅游形式，是集休闲、观光与休养为一身的健康旅游，而他们提出的参与刺激性项目的需求是与客户类型特点相互矛盾的。

（2）同一需求点前后矛盾

客户通常会对餐饮、住宿、交通、景点、娱乐、购物等有自己的想法，但是对于同一需求点有时候也会出现要求前后矛盾的现象。例如客户对于航班要求必须是某一航空公司的，同时要求时间是早上起飞，但实际上此航空公司供选择的只有晚航班。这就出现了同一需求点的前后矛盾。

（3）需求匹配的产品资源安排出现时空矛盾

客户的需求有时候在时间与空间安排上，会出现不合理的情况。例如客户的需求中提到，一天要深度游玩 2 个景区后再返回市区用餐，但景区之间以及景区距市区餐厅的距离较远，定制师在安排时会出现矛盾。

（三）调整需求单

定制师通过需求单及电话首呼可判断出客户的核心需求，以便后续匹配产品资源来满足其核心诉求点。但不是客户所有的需求都是合理的，在前期如果定制师发现需求不合理，不管是供给方还是需求方的问题，都应当积极调整，否则会造成客户对定制方案不满意或者为后期的行程埋下隐患。

1. 调整的目的

定制师需要就需求不合理的地方及时与客户沟通调整。满意作为一种心理感受，是指客户需求被满足后的愉悦感。客户对商品或服务的预期与使用之后的感受进行比较，如果实际感知超出预期，那么客户的满意度将会提高，反之则会下降。客户价值是客户希望从某一特定产品或服务中获得的一系列利益，包括产品价值、服务价值、人员价值和形象价值等；客户成本是指客户为购买某一产品或服务所付出的成本，包括货币成本、时间成本、精力与体力成本等。而客户让渡价值是客户购买价值与客户购买成本之差，它是衡量客户满意的标准，一般来说，差额越大，让渡价值越大，客户越满意。可以用三种途径来提高客户让渡价值，提升客户满意度。第一，增加客户购买价值；第二，减少客户购买成本；第三，增加客户购买价值的同时减少客户购买成本。

定制客户感知价值可以理解为客户对定制师提供的旅游产品和服务进行感知，通过对个人成本和价值的评估，得出的总体心理评价。定制师调整客户不合理需求，为的就是在提高客户获得价值的同时，降低客户购买成本，实现客户价值的最大化，从而达到客户预期或者超过客户预期，提升客户满意度。要注意的是，客户价值是基于客户自身的感知，并不是基于企业对产品所期望的价值，也不是基于产品的客观价值，客户对获得价值与购买成本的各要素关注程度不同，因此需要定制师围绕客户特征，在首呼后及时调整需求单中不合理的地方，坚决避免出现客户感知小于期望而引发不满的情况。保证满足需求，让客户感知与期望一致从而获得客户满意度；超过需求，让客户感知超过期望，实现客户忠诚度。

2. 调整的内容

在调整需求内容的时候，定制师解决的就是通过需求合理性判断后对不合理的地方如何进行调整的问题。如何通过调整需求去解决客观上没有的产品资源供给？怎样解决客户提出的需求出现的自相矛盾的现象？怎么防止由于主观上没有匹配的产品资源而导致的订单流失？主要表现在以下两个方面：

（1）在可掌控产品资源的基础上，解决客观的问题和自相矛盾的问题

主要从餐饮、住宿、交通及景点、活动安排这些资源入手。

①餐饮需求不合理

如果定制师发现客户餐饮需求不合理，可以从餐厅位置、类型入手进行需求调整。如客户要求在某景区吃上米其林大餐，但景区所处位置比较

偏远且没有高档餐厅，客观上不能实现其需求，要么引导客户吃当地的风味餐，要么将用餐地点由偏远地区转移至市区米其林餐厅。

②住宿需求不合理

定制师可以通过调整酒店的位置、星级及类型来调整需求。若因为主观上自己手头没有匹配资源，则一定要选择与客户原本需求近似的资源升级送给客户，获得客户好感。如一对公司高管情侣想利用周末去燕子沟住一晚上五星级酒店，由于周末满房，定制师和山上的五星级酒店供货商没有合作，便与客户商量将住宿改成了跟其有合作的山顶特色气泡酒店，白天一起看云卷云舒，夜晚相伴赏满天繁星。气泡酒店较难预约且文艺浪漫，这样的安排实际上提升了客户的满意度，客户当即就确定了订单。

图 2-5　茶马古道民宿

③交通需求不合理

由于客户对于各类资料了解不够，所以关于同一需求点前后矛盾在日常操作中经常出现。对于这种无法满足的矛盾，定制师应当根据实际情况，先找到几种解决方案，再向游客进行解释沟通。在交通方面，主要靠调整大交通，如航班、航空公司、转机航空衔接等来满足客户需求，如客户指定要求坐某一航空公司且早班出发，若两者不能同时满足，我们就试着拆分，更在意航班还是更在意早晚出发？依此更换航班时间或者改变航空公司，也可以通过迂回转机来帮助客户在可能的范围内选择最满意的航班与时间。

④游览需求不合理

当客户的游览需求不合理时，我们要尽量根据客户产品类型，去调整景点之间的时间和空间的联系。很多定制客户会在自己设想旅游线路的时候，想当然地安排。但是在实际操作中，时间、空间的分配通常会出现不合理的情况。定制师需要做的是帮助客户找到这些需求矛盾点，根据自己手头掌握的资源，结合客户类型，为其推荐游旅比高的旅游线路。所谓游旅比指的是客户从出发地到目的地再回到出发地的旅游线路全过程中，游览总时间与交通总时间的比值。游旅比的高低直接影响客户的旅游质量和出游效率，定制师设计游旅比高的线路便于降低不必要的交通时间损耗，优化旅游线路。如客户要一天深度游玩两个景区后再返回市区用餐，由于景区与市区以及两个景区之间距离较远无法实现，定制师可以根据客户需求提出游玩一个景点加市区用餐，或者游玩两个景点并推荐景点附近特色农家餐，实现时间和空间上的合理化。

⑤活动需求不合理

如果客户的娱乐活动需求与本身类型特征有自相矛盾的地方，定制师应当再次确认客户类型，看是否前期有误判。如果有误，重新分析需求即可。若判断正确，就应当与客户充分沟通，提前告知这种矛盾的需求与客户原本的旅游期待是相违背的，极大可能会造成旅行不满意，最后建议客户选择更加适合自身需求的安排。如要求去南戴河做刺激运动的老年疗休养客户，我们可以从客观项目的限制年龄条件以及主观身体健康的角度劝说老人放弃这些项目，并给老人建议增加山海关的历史观光活动，让老人的疗休养旅游活动更加丰富有意义。

（2）在产品资源客观不存在或者是定制师不可掌控的情况下，调整为可解决需求的同类型产品资源

判断同类型的产品资源是否能解决需求问题，若能，便可将其调整为同类型的产品资源。这里需要注意的是，如果没有掌控的产品资源恰好解决的是客户的核心需求点，那么通过调整产品资源后需超出客户期望，才有机会拿下订单。而没有掌控的产品资源如果解决的是客户的其他需求点，调整产品资源后至少应当达到客户的预期，客户才会认可。当然，如果定制师掌控的同类型产品资源实在无法解决客户需求问题，可以果断放弃订单。

在实际操作中，如果客观上没有相关的产品资源，定制师还要本着遵从客户类型特征，挖掘客户需求，从客观情况出发，劝说客户重新选择资源，如月球旅游由于没法控制资源，加上身体素质要求高，目前不具有普适性和现实性。根据他们的选择能看出客户经济实力强、喜欢探险、敢为人先，定制师可以有针对性地引导客户参与一些高端探险旅游，如极地探险等。

除此以外，也可以建议客户更换同类资源，必要时可以通过弥补或者升级来提高客户满意度。如前面摄影客户想要入住五星级酒店但目的地只有四

星级酒店，住宿没办法满足的情况下，分析出住宿不是他们的核心需求，可以通过餐饮的质量与分量来弥补，以达到客户需求。再如拓展团建的目的地网络信号不佳，且不具备露营条件，而露营是他们拓展训练的核心需求，定制师应当及时与客户沟通，尝试更换目的地或者增加外挂网络信号器，升级山顶特色民宿或增加私人庄园探秘等来弥补客户，以超出客户预期需求。

3. 调整的方法

具体来说，定制师在调整需求单的时候应该如何做才能达成或超出客户的期望，我们结合卡诺（KANO）模型来进行说明。

（1）卡诺模型（KANO 模型）

卡诺模型是东京理工大学教授狩野纪昭（Noriaki Kano）发明的，1984 年，他首次提出满意度的二维模式，构建出卡诺模型。它是对客户需求进行分类和优先排序的有用工具，以分析客户需求对客户满意的影响为基础，体现了产品性能和客户满意之间的非线性关系。根据不同类型的质量特性与客户满意度之间的关系，狩野教授将产品服务的质量特性分为五类：基本（必备）型需求、期望（意愿）型需求、兴奋（魅力）型需求、无差异型需求和反向（逆向）型需求，前三种需求根据绩效指标分类就是基本因素、绩效因素和激励因素。

（2）客户需求类型分析与调整

卡诺模型（见图 2-6）对客户需求进行分类，并对客户的不同需求进行区分处理，帮助定制师找出提高客户满意度的切入点，识别使客户满意的重要因素。根据影响满意度的因素，将客户需求分为五个类型，下面分别进行分析说明。

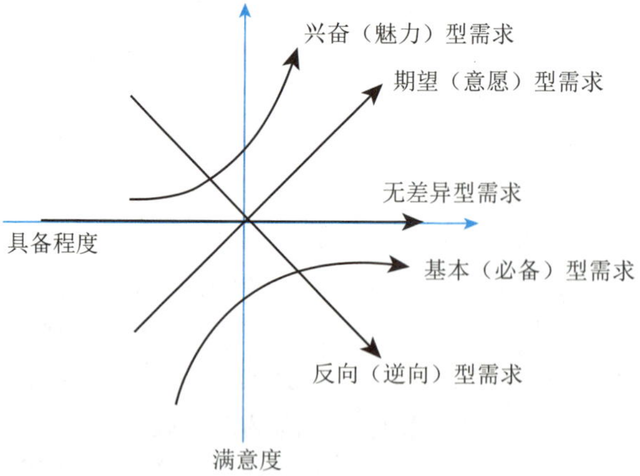

图 2-6 卡诺模型（KANO 模型）

①基本（必备）型需求

基本型需求也称为必备型需求，指的是客户对定制师提供的服务和产品的最基本要求。虽然这些基本型需求超过了客户需求客户认为是应该的，优化此需求客户满意度不会提升；但如果不能满足客户需求，客户会非常不满意。在定制旅行中，吃住行游这些需求是必须要满足的基本需要，而购物和娱乐不是必须的，但是客户如果提出这些方面的要求，就也被视作基本需求。一旦没有识别出客户这些基本需求就去设计产品，必然会造成客户不满。所以在调整需求的时候，务必确认合理的基本需求都得到满足，因为客观原因无法满足或者由于主观前后矛盾无法满足基本需求的地方一定要和客户沟通，视具体情况及时调整需求获得客户认可。即使这些都做好了，客户也不会因此表现出满意，但是稍有疏忽，未达到其期望，必然会造成客户的不满意。因此满足客户基本型需求是应该的，并不能提升其满意度，是一定不能出差错的。

②期望（意愿）型需求

期望型需求也称为意愿型需求，指的是客户满意状况与需求的满足程度成正比的需求。随着需求的满足，客户的满意状况会显著增加。虽然期望型需求不像基本型需求那样是“必备”的产品或服务，但有时候客户自己未必清楚期待需求是什么，但却是他们希望得到的。需要定制师根据客户类型，分析、挖掘出此类需求，以便在竞争中更有优势。期望型需求是在满足必备型需求基础上的优化升级，通常提升效率或者增加数量都会让客户满意。如同样的旅游景区，Wi-Fi 的稳定性越高，智慧旅游的质量就越好，客户满意度就越高。但是在某些时候，客户的基本需求已经满足，过度满足将不会得到更好评价。比如在车上给客户由一次发一瓶水改为发两瓶水并不会导致满意度提升。客户的期望需求事实上就是核心的旅游线路设计，应根据客户的类型与特征，通过经验与专业判断，有针对性调整期待型需求中不合理的地方，否则客户的不满就会增加。

③兴奋（魅力）型需求

兴奋型需求又称为魅力型需求，定制师在调整客户需求的时候，为了更好地提升客户满意度，可以考虑为其提供兴奋型属性的旅游产品或者服务。兴奋型需求是不会被客户过分期望的需求，没有的话不会不满意，有会超级满意。因为当客户对某种产品或者服务没有提出特别需求时，定制师能提供给他们一些惊喜，一旦通过调整需求超过客户预期，客户就会特别满意。如客户提出需要英国研学旅游的时候有中文导游讲解，定制师将其调整为专业蓝牌导游，蓝牌导游是 1950 年设立的英国最高级别的注册导游，经过严格专业培训，对英国的历史、文化等各方面有深入了解，目前中文蓝牌导游共约 40 人，这种稀缺的服务提升了旅行的品质，超过了客户预期，加速订单成交。一般为了更好地提升客户满意度，定制师通常会提供至少一次兴奋属性旅游产品和服务。

④无差异型需求

无论提供或不提供此需求，客户都根本不在意，满意度丝毫不会有改变，这类需求即是无差异需求。其实就是无用的需求，客户不会因为这个需求导致满意或者不满意。如送给客户的酒店桑拿券，酒吧折扣券等，这样的需求就毫无意义。定制师在分析客户需求的时候，要根据其特征挖掘真正的需求，摒弃这些对客户来说没有什么使用价值的需求，将精力投入到前三种需求中，让客户获取更大满意度。

⑤反向（逆向）型需求

反向型需求，又称逆向型需求，指引起强烈不满的产品特性和导致低满意水平的产品特性。如为心脏病客户提供的蹦极打折券，为自驾游客户提供的专车优惠券等，他们觉得自己用不上；或给安静的客户安排蜈支洲的潜水，不符合他们的性格需求，反而会令他们不满意。简单地说，并非所有客户都有相同的需求，定制师要根据他们的类型具体分析，如果客户根本没有此需求，提供后反而会让客户满意度下降，并且提供的程度与客户满意度成反比，这些反向需求是定制师调整需求的时候要坚决摒弃的。

在实际操作中，定制师首先要全力以赴地满足客户的基本型需求，实现客户最基本的需求满足。然后，应尽力去满足客户的期望型需求，这是质量的竞争性因素。提供满足客户需求的额外服务或产品功能，使其产品和服务优于竞争对手并有所不同，引导客户加深对本企业的良好印象，使客户满意。最后争取实现客户的兴奋型需求，为企业建立最忠实的客户群。

三、案例分析

案例 2-3

王先生准备带着全家参加一条“跟着唐宫小姐姐游河南”的郑汴洛亲子游学线路。首呼后定制师发现客户属于老鹰型性格特征，比较强势、有自己的想法，其归纳出的客户需求如表 2-5 所示。

表 2–5　王先生需求表

客户信息	王先生
出游人数	2 大 2 小，王先生夫妇（35 岁），女儿（6 岁），儿子（2 岁）
往返日期	4 月 1 日 –4 月 3 日
出发地—目的地	上海—郑州
出行目的	走唐宫小姐姐走过的路线，带孩子感受中原文化，以学习游学为主，感受不同的住宿风格，不要安排购物
餐饮要求	全程高档自助餐，不在嵩县就餐
住宿要求	全程五星级酒店
景点要求	第一天河南博物院、少林寺、嵩阳书院、观星台、看“禅宗音乐大典”
	第二天龙门石窟、洛阳博物馆、隋唐洛阳城、神州牡丹园、洛邑古城
	第三天清明上河园、中国翰园碑林、包公府、大宋御河乘船、小宋城
交通要求	全程宝马牌商务七座车
活动要求	龙门石窟拓片体验、隋唐洛阳城着唐装、塔沟武术学校跟班学习、热气球鸟瞰开封城、御河乘船

请分析客户需求是否合理，并结合卡诺（KANO）模型，对于不合理的地方进行调整。

【案例分析】

定制师根据客户需求单和首呼电话，确定客户属于老鹰型客户，出游类型为游学亲子游，在出游前客户已经有自己比较详细的规划。下面根据供需合理性判断因子，分别从食住行游娱五个方面找出了客户需求不合理的地方，如表 2–6 所示。

表 2–6　需求合理性的判断因子表

分析角度 / 判断要素	供给角度		需求角度		
	客观上无资源供给	**主观上无匹配资源**	**需求与客户类型的特点自相矛盾**	**同一需求点前后矛盾**	**产品资源安排时空矛盾**
餐厅			高档自助餐，不能体验市井特色小吃文化，与游学全面性相违背		

续表

分析角度 / 判断要素	供给角度		需求角度		
	客观上无资源供给	主观上无匹配资源	需求与客户类型的特点自相矛盾	同一需求点前后矛盾	产品资源安排时空矛盾
酒店				感受不同住宿的目的与全程五星级酒店的要求矛盾	
交通		与宝马牌商务七座车无合作			
景区			观光景点过多、过密，与亲子游学主题不符合		不在嵩县就餐，景区与餐厅距离远
活动安排	热气球鸟瞰开封城项目并未开展	未与塔沟武术学校达成合作			

从表 2-6 可以看出，王先生的需求不管在供给还是需求方面都存在一些不合理的地方。根据王先生的性格特点与旅游类型，结合卡诺（KANO）模型我们来分别给王先生进行需求调整，以期实现客户满意度。

表 2-7　卡诺（KANO）模型与客户需求调整

需求类型 / 判断要素	基本型需求	期望型需求	兴奋型需求	无差异型需求	逆向型需求
餐厅	菜肴干净、卫生、足量、安全	地域特色明显的菜肴		赠送打折券	
酒店	客房干净、安全、设备齐全	体验不同特色的民宿、客栈、酒店			提供酒吧折扣券
交通	安全、舒适、整洁	升级全新奔驰保姆车			
景区		主题一致、时空安排合理	州桥及汴河遗址		
活动安排		雁鸣湖热气球体验、跟着少林武僧学武术	河南博物院院长讲解		
购物					进特产店

1. 从供给角度分析

（1）客观方面，活动安排上开封没有热气球鸟瞰城市的资源，虽然这是不可控的供给不足，但是可以具体分析，客户若是想在旅途中体验热气球，便可以安排雁鸣湖热气球体验活动，地点在郑州前往开封的必经之路上，定制师会提前预约，客户只需停留体验，便可以鸟瞰雁鸣湖全景。以此弥补客观不能满足客户要求的遗憾，如果体验效果好，会成为客户的期望需求。

（2）主观方面，"行"作为游客的基本需求，定制师必须满足。但在交通上定制师没有宝马牌的商务七座车资源，要更换品牌就必须有所升级，改为全新奔驰保姆车，质量提升会增加客户的满意度，有可能转化为期望需求。活动安排上定制师未与塔沟武术学校达成合作，可以将之更换成更具特色的"跟着少林网红武僧学武术"的体验活动，这个体验活动是定制师独家把控的，通常反响很棒，有可能会在满足客户武术体验活动要求的基础上，超出他们的预期，成为旅途中的兴奋需求。

图 2-7　河南少林寺

2. 从需求角度分析

（1）需求与客户类型特点自相矛盾首先表现在餐饮方面。客户要求全程高档自助餐，不能体验市井特色小吃文化，与游学全面性相违背。开封和洛阳的夜市是极具特色的，可以考虑安排特色小吃，感受市井文化，这可以算是客户的期望需求。此外，作为游学旅游，整个行程观光景点安排过多、过密，与亲子游的游学主题也相违背。可选择一些唐宫小姐姐去过的地方，但不用全部都去。在河南博物院为其安排了馆长亲自讲解，试图给游客带来兴奋型需求。同时可以考虑更替一些更适合亲子游学的景点，如州桥及汴河遗址，这些地方围绕资源特色开展了诸如文物瓷器修复、搭建桥梁、模拟发掘现场、模拟土层寻宝等感受考古乐趣的体验活动，在这里不同年龄段的人们都能以他们喜爱的方式来感受“城摞城”景观的文化价值，找寻文化旅游体验的乐趣，唤起他们的文物保护意识和文化传承使命感。这些都是非常适合的亲子游学活动，这个景区的体验会成为客户的兴奋需求。

（2）住宿方面，感受不同住宿的目的与全程五星级酒店成了酒店住宿这个需求点的前后矛盾。定制师应当通过沟通，尽可能满足客户住宿多样化的需求，在大玉米星级酒店俯瞰郑州夜景，在登封禅武主题酒店感受武术氛围，在洛邑古城民宿体验唐风古韵，在清园驿站寻访大宋风情。通过这样调整，可能将住宿从基本需求转化为期待需求。

（3）产品资源安排时空矛盾体现在客户要求不在嵩县就餐，但景区与郑州市区餐厅距离远，晚上还要观看“禅宗音乐大典”，游旅比极低。可以考虑减少一个景点，比如嵩阳书院或者观星台二选一，推荐客户在少林寺感受素斋特色。让客户在游学中体验到各种不同的饮食文化，实现其基本需求。

最后，定制师在对亲子游学客户需求进行合理性分析的时候，一定要注意去除没有意义的无差异需求，如此案例中餐厅赠送的打折券，游学的目的是要感受多种不同的特色饮食，所以不会连续在一个餐厅就餐。同时要坚决杜绝逆向型需求，如此案例中酒店提供的酒吧折扣券，与他们的亲子游学目标不符合，会引起客户反感。还有在需求单中客户已经提出不购物，再安排进特产店就会造成客户的极不满意。定制师要在保证基本需求无误的基础上，结合客户性格特征，在与老鹰型客户沟通的时候要特别认真仔细，不断完善细节、检查方案，用数据向他们证明定制师的专业度，获取客户信任。通过完善客户期待型需求，并争取创造一两个兴奋型需求，使其达成甚至超过预期，获得客户满意，提高客户忠诚度。

四、实训活动设计

（一）实训目标

1. 知识目标

理解需求合理性的概念；掌握需求合理性的判断因子，掌握调整客户需求的目的、内容与方法。

2. 能力目标

能够从资源状况及客户特征匹配的供给角度来判断客户需求合理性，学会从需求与客户类型特点自相矛盾、同一需求点前后矛盾、需求匹配的产品资源安排时空矛盾等需求角度来判断客户需求合理性。能够根据是否有产品资源的标准来分别解决主客观方面需求不合理问题，学会利用卡诺模型调整需求单以达成或超出客户期望。

3. 素质目标

通过需求合理性判断，培养学生逻辑分析能力，提高他们的洞察力与判断力；通过对客户需求单的调整，培养学生挖掘客户深层需求的能力与对客沟通技巧，提高他们的服务意识和专业素养。

（二）实训内容

请根据客户需求表，小组合作画出刘女士需求合理性的判断因子表，分析客户需求是否合理。并结合卡诺（KANO）模型，对于不合理的地方进行调整。

表 2-8 刘女士需求表

客户信息	刘女士
客户类型	美食客户　考拉型客户
出游人数	4 大（70 岁以上）
往返日期	10 月 1 日 -10 月 3 日
出发地—目的地	石家庄—重庆
出行目的	品尝地方特色美食、感受不同住宿风格，不安排购物
餐饮要求	清淡，在重庆市区吃正餐
住宿要求	五星级酒店
景点要求	武江画廊、天生三桥、龙鳞石海、黑山谷、李子坝、解放碑、洪崖洞
交通要求	首都航空早班去，晚班回
活动要求	跟着手艺人学做一道川菜

五、任务掌握评价

（一）学生自评

（已完成和可胜任的内容请在括号中打“√”）

（1）实训能够按照要求完成。（　　）

（2）积极参与小组讨论。（　　）

（3）实训的过程中主动查阅资料。（　　）

（4）可以与小组成员合作完成需求合理性判断因子表。（　　）

（5）能结合卡诺（KANO）模型，对客户需求不合理的地方进行调整。

（ ）

（二）老师评价

任务三 寻找产品资源

一、任务分析

在明确客户需求的基础上，定制师需要在众多的旅游资源中寻找到能够有效匹配客户需求的各项产品资源。能够搜寻并充分掌握产品资源的信息，是完成定制旅行产品设计的必要条件。产品资源除了一般旅游活动包含的“吃、住、行、游、购、娱”六要素所对应的餐饮、住宿、交通、景区、购物、娱乐活动资源，同时也包含了定制旅行客户提出的特殊的定制需求所对应的服务资源。寻找产品资源主要包括如下三个任务：

（1）掌握所要寻找的产品资源的内容及特点；

（2）掌握寻找产品资源的有效途径；

（3）掌握产品资源的各项指标与用户需求的匹配度。

二、相关知识

（一）产品资源的概念及内容

1. 产品资源的概念

如果将“定制旅行产品”比喻为客户预订的一桌宴席，那么“定制师”无疑就是幕后的大厨。俗话说：巧妇难为无米之炊。在确认“菜单”的过程中，一位合格的厨师首先要对市场上的食材供给情况做到成竹在胸，在真正做菜的环节做到精选食材、合理搭配、从容出品，才能最终做到让客户满意。

从定制师完成定制旅行产品设计的这个角度去理解，我们可以把“产品资源”视为定制旅行产品设计中不可或缺的各项资源要素的总和，包括餐饮、住宿、交通、游览、购物、娱乐活动资源，以及为满足特殊的定制需求所对应的服务资源。

2. 产品资源的内容

（1）交通资源

旅游交通是帮助旅游者实现从一个地点到另一个地点的空间位移的途径，包括航空、铁路、公路、水路和特种交通等多种基本类型。虽然旅游交通通常不是旅游的直接目的，但是旅游消费者对于交通的体验感是非常直观的。定制旅行中，应充分考虑交通安排的合理性，尽力确保客户感受到旅途的便捷和舒适度。对于无法避免的影响体验感的因素，定制师应做到心中有数，向客户做出合理的说明和解释，确保客户理解定制方案中的交通安排是在时间预算、价格成本、行程安排等前提条件下做出的合理选择。定制师需明确各类交通信息：起始地点、班次、途中时间、速度、服务、价格、预订要求等，从中为客户做出合理的交通组合，合理安排行程。

（2）住宿资源

在消费升级和转型发展的强大动力下，旅游住宿的形式也越来越多样化，除了传统的连锁品牌酒店，还有诸如民宿、木屋、主题酒店、房车、帐篷等。旅游消费者对于住宿的要求也呈现个性化和品质化的特点。定制旅行中，住宿安排是否合理，是影响客户评价定制旅行产品的重要因素；住宿安排与定制需求的匹配度，也是确立定制旅行产品特色的关键性因素。因而，定制师应尽可能多地掌握目的地的各类住宿资源信息：当地可供选择的住宿类型、位置、装潢风格、配套设施及服务、房间数量、房型选择、价格、预订要求等，从中为客户安排符合其定制需求的住宿，合理安排行程。

（3）餐饮资源

“民以食为天”，我们的生活离不开一日三餐。在旅游体验中，餐饮体验也是非常重要的一个环节。另外，在一些以“美食体验”为主题的定制旅行中，餐饮的品质与特色更是关乎客户满意的核心要素。如何让客人对“吃”满意，是一个需要定制师认真思考的问题，这其中包括了花费多少钱吃、吃什么、在哪里吃、何时吃、吃多久等一系列具体问题。因而，定制师应尽可能多地掌握目的地的各种餐饮资源信息：当地的特色餐饮文化、各类特色餐厅的具体位置、营业时间、装潢风格、菜肴口味、上菜速度、人均价格、预订要求等，从中为客户挑选符合其定制需求的餐厅，合理安排行程。

（4）旅游景区资源

旅游景区是定制旅行中吸引客户前往游览的明确的区域场所，能够满足客户观光、求知、康养等旅游需求，具备相应的旅游服务设施并提供相应旅游服务的独立管理区。对于定制师来说，对旅游景区资源有全面、正确且深刻的理解，能够在产品设计中充分挖掘旅游景区的价值和内涵，是提升客户体验感的重要基础。对旅游景区定制需求非常明确的客户，定制师也要合理安排景区及其游览主题，为客户提供更多的深度体验的辅助服务。定制师需明确的各类旅游景区信息：景区类型、资源特色、地理位置、内部交通、设施设备、主题活动、配套服务、门票价格、开放时间等。

（5）购物资源

优质的旅游商品购物系统是现代旅游消费体系的重要组成部分，也是各地特色产品的重要传播渠道。定制旅行中，客户的购物需求和其他需求一样，都是定制师应认真对待、积极响应的。定制师在行程中为购物安排出恰当的时间，为客户规划合适的购物地点，是客户满足自身购物需求的前提条件。定制师需明确的各类目的地购物资源信息包括：当地特色商品及品牌、购物场所、价格水平、退换货政策、免税政策、汇率水平、海关政策等。

（6）娱乐活动资源

图 2-8　京剧演出剧照

旅游娱乐是旅游者在旅游活动中所观赏和参与的文娱活动。从旅游动机来说，“求乐”也是旅游者的重要的动机之一。旅游娱乐活动属于精神产品，涵盖文学、艺术、娱乐、音乐、体育等诸多领域。作为定制师，需要结合目的地娱乐互动资源、客户的类型及其心理需求等供求要素，为客户规划有参与性、能提升体验感、能带来精神享受的旅游娱乐活动，这也是提升旅游产品质量、提升客户满意度的有效途径之一。定制师需掌握的各类目的地娱乐活动信息包括：活动类型、场地位置、价格标准、活动内容、活动流程、禁忌人群、预订要求等。

（二）寻找产品资源的有效途径

产品资源信息掌握得越全面，定制师在行程规划中就越能游刃有余地进行资源的整合设计，最终产品的体验效果也会越发令客户满意。因此，掌握寻找产品资源的有效途径是每一位旅游定制师必须修炼的内功。

1. 搜索引擎

网络是一个信息的海洋：企业官网、新闻报道、行业评论、消费者评论。通过各类搜索引擎，输入相关的关键词，你会得到非常多的相关信息。

2. 专业网站

通常这类的专业网站是免费的。旅游行业内部、相关行业之间为了促进发展和交流，往往设有行业网站，可以搜索到旅游从业者、专家、学者等的专业视角下的行业信息。

3. 专业展会

旅游展会是旅游业同行交流、增进了解、促进合作的专业平台。无论是参展还是观展，都可以搜集到丰富、具体的产品资源信息。

4. 客户反馈

在与客户沟通的过程中，通常客户对自己的旅游经历、旅游体验会发表具体的评价。这类评价信息能帮助定制师更好地了解目的地的资源。

5. 竞争对手

知己知彼，百战不殆。竞争对手的产品中包含的产品资源是值得关注的，定制师既可以学习竞争对手整合相关产品资源的思路和方法，也可以采取差异化的方式应对市场竞争。

6. 市场考察

实地踩线，了解各类旅游资源的供给情况并进行旅游地接商的考察，对于国内长线旅游产品、出境旅游产品的开发是十分必要的。当然，实地的市场考察成本通常比较高昂，为降低整体的考察成本，也可以多关注旅游部门、酒店等同行组织的同业考察活动信息。

7. 会议与论坛

与展会类似，旅游行业内相关主题的会议与论坛，汇集了来自旅游业的政府监管部门、各类旅游企业以及经营管理者、专家学者等专业人士，自然能够近距离接触到各类产品资源信息。

8. 同业推荐

通常，同业推荐的产品资源至少是经过了筛选并获得质量认可的。但定制师在选择使用的时候还是要仔细甄别，确认符合自身产品的定制需求。

（三）筛选产品资源的方法

定制师通过搜集产品资源信息，奠定了资源整合的基础，还要学会从中筛选确定出最适合的符合特定定制需求的目标产品资源。

筛选产品资源的方法通常可采取两种：感知法和评价法。

1. 感知法

感知法是定制师在寻找产品资源时，通过与产品供应商的交流以及对其品牌、环境、服务、口碑与具体产品等的观察，感知该产品资源与其他产品资源相比，在满足定制需求上具备的突出优势，如资源匹配性、服务质量、产品价格、预订条件等。以下为感知法的一些情形的示例。

（1）大型会务团队

某酒店能满足客户提出的场地、设备、餐饮、住宿等一系列要求，负责会务的销售人员非常积极主动地沟通，态度诚恳，付款条件优越，且报价低于预算要求。

（2）研学团队

某研学团队需要定制一个某植物相关主题的课程，目的地某植物园的现有课程体系完备，场地、师资均符合定制需求。

（3）自驾游团队

某自驾游团队需要一定目的地的向导，资料库中有一位合作多年的资深自驾游领队，接洽后表示档期正好空闲，可以接团。

2. 评价法

评价法是定制师围绕定制核心需求，设定产品资源对应的具体评价要素，赋予各要素相应权重进行综合测评，以测评结果来筛选符合客户定制需求的产品资源。

散客定制旅行分为婚礼旅游、蜜月旅游、摄影旅游、游学旅游、美食旅游、购物旅游、户外旅游等。企业定制旅行分为商务旅游、奖励旅游、团建拓展旅游、会议旅游、疗休养旅游等。按照定制旅行的产品维度进行分析，偏向不同旅行目的的客户对于产品资源中测评要素的要求也是不同的，对于定制师来说，需要通过了解某项产品资源的不同要素的重要性来设计权重并进行测评。

举例：在测评酒店这一产品资源时，首先确定测评的要素包括地理位置、品牌感知价值、房间、设备设施、配套服务、价格和消费者评价这几个方面。针对不同的产品主题，这几项测评要素所占的权重也有所区别。针对蜜月定制旅行，在选择酒店时会更加关注房间、设备设施和配套服务这三个测评要素。

三、案例分析

案例 2-4

TO：张先生　泰国曼谷、清迈住宿预订

表 2-9　张先生需求表单

客户信息	张先生
出游人数	4 名大人（一对年轻夫妻与女方父母）
往返日期	6 月
餐饮与住宿要求	民宿住宿为主，当地网红餐厅打卡
大交通	大型航空公司、直飞
证件信息	护照齐全、落地签
景点要求	行程轻松，休闲为主，景点离住宿地点不能太远

【案例分析】

1. 分析操作重点

张先生是家庭出游，提出定制需求时距离出发时间仅剩 10 天，对定制师来说，民宿预订是其中较为紧急的事项。

2. 明确客户观光游览需求，结合地图确定预订区域

曼谷是一座旅游城市，临时预订民宿几乎是不现实的。结合客户在曼谷有两家重要的餐厅要去体验打卡的需求，选定 Sathorn 区的酒店型公寓作为预订目标。

清迈是客户泰国之行的最后一站，客户想好好地休息，不赶景点，住在古城附近以及有吃饭和购物场所的地方是最合适的，这样可以轻松地步行出门，因此考虑选择住在靠近清迈第二大商场 MAYA 和宁曼路的城墙外围。

3. 网络筛选

能够预订酒店的平台网站有很多，如：携程、Booking（缤客）、Agoda。除了一些特别冷门的境外旅行目的地，中国客户热衷的旅游目的地，定制师利用携程平台筛选得来的信息已经具备很好的参考性。如果是冷门目的地，定制师可以选择在 Booking（缤客）和 Agoda 平台上查看全球旅行者的评论，

并进行比价及预订。

以上提到的 3 个订酒店的 App 都有民宿板块，但就预订民宿而言，Airbnb（爱彼迎）平台更为成熟。该平台汇集了世界各地经验丰富的民宿房东，他们热情且乐于助人，可以为客户推荐本地人的生活方式，给客户的旅游带来不一样的体验。

4. 落实细节

初步筛选之后，还需通过仔细看评论、入住规则、注意事项落实细节，确保预订之后客户的入住体验。

（1）评论

官方介绍一定不会把自身的缺点写出来，而评论则会反映近期客人入住后感知的真实情况。在评论里，定制师可以发现跟客户住一样房型、出行季节相同、偏好相似的客人，他们的评价是极具参考价值的。同时，尽量选择评论数量多且评分依旧较高的酒店或民宿，通常品质有保障。若是查看设立不久且评论数量有限的住宿企业信息时，注意甄别出靠刷单而来的虚假评价。

（2）入住规则

对于酒店来说，主要指办理入住及退房手续的时间，即 check-in、check-out 的时间。酒店通常入住时间是下午 2 点，退房时间是中午 12 点。民宿因为通常房型和房间数量有限，若有时间上的特殊要求，一定要提前与房东确认好细节。

（3）注意事项

注意事项一般涉及特殊情况，比如客户是自驾，需要确认停车事宜；若客户害怕宠物，需要注意这个地点有没有养宠物；若客户携带宠物，需确认是否允许携带等特殊情况。

5. 多平台比较后落实预订

曼谷的住宿预订，因为定民宿时间太紧急，且选择有限，征求客户意见后，定制师为客户挑选了一家公寓式酒店：Zensation The Residence。酒店装潢较新，家庭套房有两间卧室，房间内有洗衣机、冰箱、微波炉、阳台，公共楼顶有小花园、健身房、汗蒸房、桑拿浴池。

清迈的民宿选择很多，民宿业发展较为成熟；沟通中客户表示希望住宿要有家庭温馨感，最好是能包下整套带院子的独栋房子。筛选后，定制师挑选了一家名为 Bakerista House 的民宿。

图 2-9　泰国民宿

确定预订目标后，从价格、预订条件等方面进行比较，分别在携程与爱彼迎平台落实预订。

案例 2-5

TO：朱女士　桂林暑期亲子游核心产品资源搜寻

表 2-10　朱女士需求表单

客户信息	朱女士
出游人数	4 名大人 2 名儿童（两户三口之家）
往返日期	7 月
餐饮与住宿要求	私密性较好的民宿住宿或度假酒店，当地特色美食
大交通	大型航空公司、直飞
证件信息	身份证
景点要求	选择桂林目的地属于二次出游，希望孩子能增长见识，学到知识，同时又能有轻松有趣的亲子时光

【案例分析】

1. 分析操作重点

两户家庭中的两名儿童分别为 1 名 6 岁男孩与 1 名 10 岁女孩，以往的参团旅游经历中遇到过一些成人化的线路，常常感觉无聊和疲惫。客户选择以桂林为目的地不是为了传统景点景区，其核心需求是拥有高质量的亲子时光。综合其他需求，为客户筛选出能提供既轻松好玩又科学严谨的亲子互动课程的产品资源成为让客户满意的关键。

2. 尝试两种思路

思路一：搜寻目的地桂林的亲子夏令营活动信息，为客户报名参加合适的营地和项目，再匹配其他产品资源，组合出符合客户需求的产品。

思路二：搜寻目的地桂林的民宿或度假酒店，了解其提供的配套服务中是否有适合的亲子活动或课程，了解详情后进行预约或定制。

3. 筛选确定核心产品资源

在执行思路一过程发现营地位置偏僻、执行封闭式管理、营地活动主题不符、散客报名不便等诸多问题。

最终以思路二执行，经过同行推荐、网络搜索，排除了 Club Med 桂林度假村等儿童托管式的度假酒店，为客户选择了具有四百年历史的桂北私家古宅院落——居山会。

选择依据：这是一座可以住的小型博物馆，耗时两年零一个月修复完成。坡屋顶、小青瓦、青砖墙，具有鲜明的建筑风格。更为重要的是，该民宿拥有完备的混龄式研学课程体系，有适合全家放松身心的活动可供选择。

表 2-11　居山会混龄式课程体系简介

课程名称	课程目的
桂北古建筑文化课程	培养孩子观察力与专注力
家庭亲密关系课堂	提升孩子表达力，提升亲子默契度
童年的乡村生活	培养孩子观察力
桂林石画的技艺传承和体验	培养孩子创造、动手能力
探寻天然地质博物馆	自然教育，培养孩子的探索精神
手作儿童玩具	培养孩子动手能力，满足好奇心
儿童创意美术馆	培养孩子动手能力和创意能力

表 2-12 居山会中适合全家放松身心的活动简介

适合人群	活动内容
妈妈	免费享受减压赋能美容疗程。入住居山会辣妈们的专属美容时光，无须操心孩子与爸爸
爸爸	专属鸡尾酒会小吃，鸡尾酒，红酒，饮料。这是一场专为酷爸们准备的社交鸡尾酒会，方便大家在旅行中结交来自五湖四海的同道好友
孩子	夜观昆虫，捕捞鱼虾，享受田园快乐
全家	打水仗、攀岩亲子运动会、溶洞历险

4. 搜寻其他产品资源

确定好核心产品资源以后，继续搜寻其他配套的产品资源。

案例 2-6

TO：周同学 暑期兰州—宝鸡西北深度游交通资源搜寻

表 2-13 周同学需求表单

客户信息	周同学
出游人数	4 名大学生
往返日期	8 月
餐饮与住宿要求	青年旅舍或民宿，当地特色美食
大交通	“丝路高铁”的宝兰高铁（宝鸡至兰州）
证件信息	身份证
景点要求	尽量深入沿途特色景点景区

【案例分析】

1. 分析操作重点

客户是来自浙江宁波的大学生，彼此熟悉且志趣相投。他们体力充沛，爱好历史、探索欲强，暑期时间充裕，对价格较为敏感，相比直飞航班动辄单程 1000 多元的价格，倾向于以高铁为主要大交通工具，希望能够控制交通成本。

2. 查询并分析信息

通过 12306 网站查询高铁信息。查询后发现长三角地区目前只有上海、杭州开通了直达兰州的高铁列车。从宁波出发，要全程坐高铁到兰州应该怎样才能更便捷呢?

思路一：到上海、杭州换乘去兰州的高铁。

分析结论：不可行。因为杭州东开出的 G1874 次、上海虹桥开出的 G1912 次分别是早上 7:15 和 6:17 发出，而宁波最早发往杭州东的 G1866 次要 7:22 才到，在时间上赶不上。若选择提前一天抵达杭州或上海，则会产生额外的一晚住宿费用。

思路二：选择靠后段行程且车次较多的大站进行一站换乘。

分析结论：宁波目前已经开通至西安、郑州的直达高铁，这两个大站每天开往兰州的高铁车次也比较多，就算一旦发生宁波到西安或郑州的高铁车次晚点，根据铁路目前的规定也可以免费改签至后续开往兰州的车次，没有任何风险，而且这两个车站都启用了快速换乘方便通道，旅客下车后就能直接坐电梯到出发层再次乘车，同样也十分方便。

3. 确定去程交通方案

方案一：首先选择宁波站 10:18 出发的 G1894 次，18:37 到达西安北站，再换乘 19:20 的 D2665 次，22:27 即可到达兰州西站。全程 12 小时 9 分钟，二等座总票价 892 元。

方案二：选择 6: 25 宁波开往郑州东的 G1866 次，13: 54 到站，再换乘 14: 10 出发，郑州东至兰州西的 G429 次，20: 00 到达兰州西站。全程 13 小时 35 分钟，二等座总价 997 元，这也是宁波每天最早到达兰州的换乘方式。

4. 根据沿途站点规划线路

宝兰高铁，中途有宝鸡、天水、定西等站点，沿途旅游资源丰富。若由近及远，也可以从开封、郑州开始，到洛阳、西安、宝鸡、天水、兰州进行西北深度游。

四、实训活动设计

（一）实训目标

1. 知识目标

了解产品资源的概念及内容；掌握寻找产品资源的有效途径和筛选的方法。

2. 能力目标

能利用各类途径搜寻到产品资源并以满足客户需求为核心进行分析比较，做出判断。

3. 素质目标

通过寻找产品资源，锻炼学生具备探索、求真务实、精益求精的精神。培养学生的分析能力与判断力。

（二）实训内容

定制客户为一家三口，陕西西安人，父母携一名 8 岁的男孩。父母喜欢传统文化，爱好户外活动，男孩业余学习书法，爱好体育及户外活动。7 月中旬出行，时间预算为 7 天，选择皖南为主要旅游目的地。请完成以下实训任务。

（1）通过各航空公司官网、携程平台，为客户搜索大交通中的机票信息，比较同一天出发的西安—杭州、西安—上海、西安—黄山的机票在价格、时间、航空公司、机型、服务政策等方面的差异。

（2）为客户搜索符合其兴趣爱好的景点景区，了解资源特色、地理位置、门票价格、游览时间。

（3）为客户搜索具有徽菜传统的餐厅，了解地理位置、营业时间、菜品、价格、预订要求。

（4）为客户搜索具有徽派建筑风格的民宿，了解地理位置、房型、价格、周边配套、预订要求。

（5）为客户搜索茶叶、徽墨、宣纸等旅游纪念商品信息并为其规划购买场景。

（6）为客户搜索当地富有传统底蕴、适合全家共同参与的演出项目和体验项目，了解价格和预订要求。

五、任务掌握评价

（一）学生自评

（已完成和可胜任的内容请在括号中打“√”）

（1）能利用不同渠道搜索到旅游产品资源。（　　）

（2）实训过程中做到了尽力拓展搜寻渠道。（　　）

（3）能对搜索到的旅游产品资源进行整理、分析、比较、验证。（　　）

（4）能从客户需求出发，在实训中积极思考资源匹配问题。（　　）

（二）老师评价

拓展视频：
高端旅行产品设计与服务（马来西亚案例）

拓展视频：
高端旅行产品设计与服务（迪拜案例）

学习情境三
定制旅行产品设计

学习目标

定制旅行产品设计是定制师最核心的工作内容。定制旅行产品设计是根据客户需求设计的出游行程，包括吃住行游购娱几个方面。定制旅行产品设计的可视化形式是定制旅行产品方案。定制旅行产品方案是客户专属的定制旅行“产品使用说明书”，方案准确、精简、指向客户利益。优质的方案可增强客户购买信心，准确地回答了客户需要的是什么，能给客户带来什么好处。

本项目主要学习十一项任务，请详见以下思维导图。

思维导图

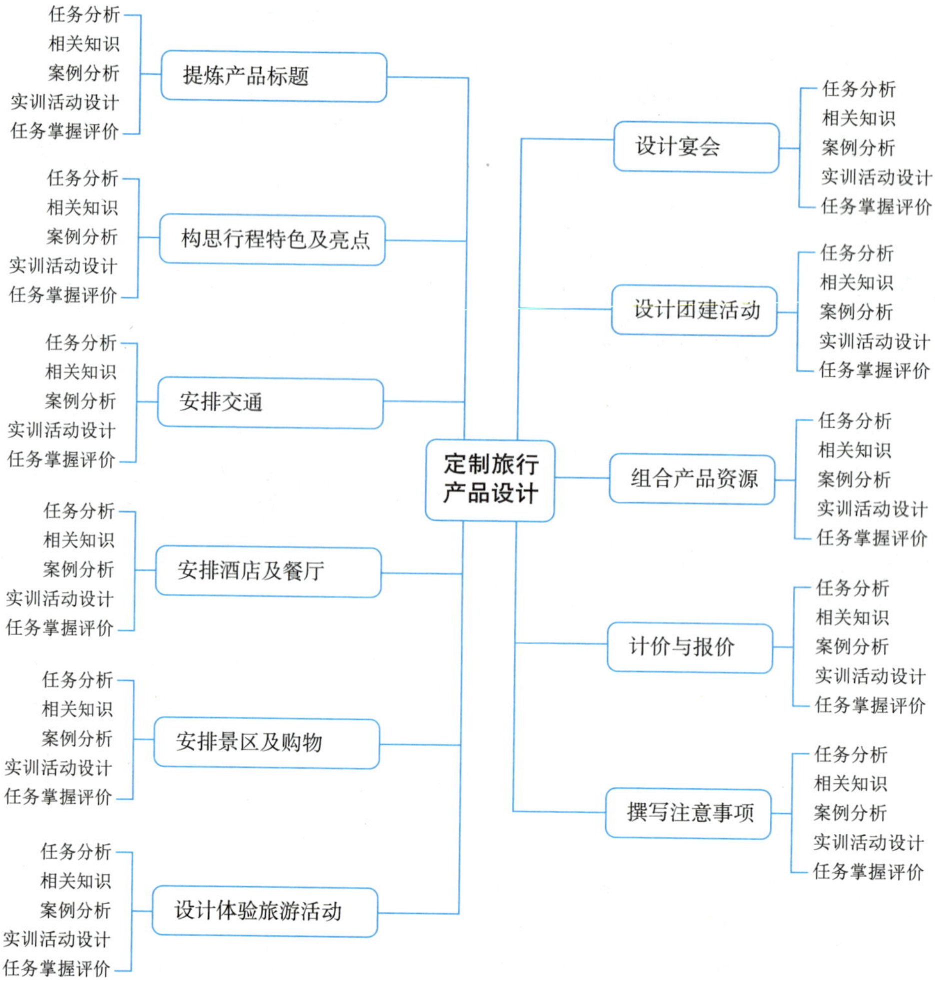

计划学时

16 学时 /32 学时

学习要求

认真完成每项任务的实训作业，客观地评价自我学习情况。在学习本部分内容的过程中建议适当自学消费者心理学等读物。

任务一　提炼产品标题

一、任务分析

在定制旅行产品的设计过程中，提炼产品方案标题是至关重要的一个环节。首先，定制师在设计定制旅行方案时，定制方案的标题是设计的起点，是进行资源的整合以及活动设计的基础与前提；其次，方案的标题是方案的画龙点睛之笔，方案标题提炼的效果，决定了客户是否有兴趣看，是否有耐心看。因此，定制师在进行方案标题提炼时，需要重点关注三个因素：一是应重点关注客户的阅读体验；二是应传达出方案的设计理念；三是应考虑要满足客户真实的出游需求。故而，定制师在方案标题的内容表达上应尽可能地做到以下三点：一是精简直观；二是逻辑合理；三是排列有序。

对接实际工作需要，定制师在定制产品标题提炼环节应掌握并反复演练三项工作任务，分别是：

（1）熟悉定制旅行产品方案标题的提炼依据；

（2）掌握定制旅行产品方案标题的格式；

（3）掌握创作定制旅行产品方案标题的方法与技巧。

二、相关知识

（一）定制旅行产品方案标题提炼依据

表 3-1　标题提炼依据一览表

标题提炼依据	适用产品类型	典型案例
旅游资源类型	休闲度假定制旅行产品 疗休养定制旅行产品	★让世界看见中国 · 民族手工艺采集之旅 ★非洲 5 国 20 天 · 动物与自然惊奇之旅
季节性与评论	摄影、商务、奖励、会议、疗休养定制旅行产品	★喀纳斯秋色——《国家地理》中国最美秋色

续表

标题提炼依据	适用产品类型	典型案例
户外活动主题	户外拓展与体育探险类定制旅行产品	★徒步雨崩——不去天堂·就去雨崩 ★穿越阿里中北线·探寻新石器时代遗址
旅游动机与主题	婚礼、蜜月、摄影、美食、购物、亲子、家庭等定制旅行产品	★贝加尔湖·蓝冰摄影——蓝冰、冰洞、冰泡、极致星空一次拍个够 ★禅修养生·印度 7 日文化成长之旅
旅游目的地形象与独特文脉	研（游）学旅游产品 婚礼、蜜月定制旅行产品	★徽杭传奇——重走徽商之路，感受历史底蕴 ★感官与艺术厮磨，诗与自然的理想国——意大利一地 11 日

（二）产品标题提炼技巧

表 3-2　标题提炼技巧一览表

提炼方式	具体要求	提炼格式	典型案例
直白式	简洁明了 方便阅读	TO：客户名称 + 目的地景点名称 + 时间 + 交通 + 修饰语	TO 江先生：广州出发，曼谷芭提雅 4 天 3 晚度假定制游 敬呈赵女士：北京至贵州 6 天 5 晚亲子民俗文化体验定制游
情怀式	以情动人 引发共鸣	主标题 + 副标题 + 文采修饰	主标题：徒步雨崩·圣境洗心 6 日定制游 副标题：成为空气、山泉，融入巍巍的圣山，去消弭人和自然的距离
广告式	主题鲜明 诱发兴趣	目的地 + 主题 + 内容 + 诱惑表达	玩转丽江——泸沽湖的“水性杨花”开了！
功能式	挖掘亮点 凸显优势	独特旅游资源点（竞争优势）+ 情境	蜀地荟萃——跟着传承人，优雅地吃·高雅地玩

图 3-1　新疆喀纳斯风光

三、案例分析

案例 3-1

TO：孙先生　厦门——浓情“厦”日·爱溢心“门”4 日 3 晚蜜月之旅定制游

表 3-3　孙先生需求表单

客户信息	孙先生
出游人数	2 成人（新婚）
往返日期	8 月
餐饮与住宿要求	豪华型情侣房型，一次烛光晚餐，浪漫私密
大交通	大型航空公司、直飞
证件信息	身份证
景点要求	行程轻松，喜欢网红打卡地

【案例分析】

1. 标题提炼影响三要素

根据前边的任务分析可见，定制师在进行方案标题提炼时，需要重点关注三个因素，结合本案例标题进行如下分析。

（1）应考虑要满足客户真实的出游需求

根据孙先生填写的用户需求单及定制师首呼，可以确定客户孙先生出游的真实动机是情侣蜜月游，用户对行程的期望是品质舒适，甜蜜浪漫，轻松时尚。

（2）应传达出方案的设计理念

依据客户孙先生夫妇真实的出游需求，结合厦门“海上花园”的城市旅游形象及定制师掌握的旅游资源特色，定制师设计产品的思路是围绕“浓情浪漫”的产品定位，融入网红景点、浪漫活动、浪漫非遗体验、甄选稀缺海景酒店，设计出一条充满“爱意与深情”的蜜月定制旅行产品。

（3）应重点关注客户的阅读体验

根据客户选择的目的地、出行的季节以及方案的设计理念，为了增强产品标题的吸引力，凸显产品的特色与卖点，在标题提炼时，采用了一语双关的表达方式，增强客户的阅读体验感。

2. 标题提炼的依据

依据前边所学可知，蜜月类定制旅行产品一般是以“旅游动机与主题”为标题提炼依据，在本定制方案中，定制师在确定方案标题时采用了“旅游动机与主题”的提炼依据，重点强调“蜜月”的动机，以及“浓情爱意”的永恒爱情主题。

3. 产品标题提炼的技巧

定制师在确定这一定制方案标题时，参照了标题提炼方式分类，既想要清楚明了，又希望以情动人，引发共情，所以最终采用了直白式与情怀式相结合的命名格式。

TO：孙先生
厦门——浓情“厦”日·爱溢心“门”4日3晚蜜月之旅定制游
人数：2人（新婚夫妇） | 出发城市：郑州 | 目的地城市：厦门
日期：8月16至8月19日 | 报价：17489元

（资料来源：携程定制师创作方案）

案例 3-2

“全家一起去北京”4 日 3 晚定制亲子游——与千年北京来一次穿越之旅，与动物精灵来一次亲密接触

表 3-4　赵先生需求表单

客户信息	赵先生
出游人数	2 大 1 小（小朋友 10 岁）
往返日期	8 月
餐饮与住宿要求	豪华酒店住宿，体验当地特色美食
大交通	大型航空公司、直飞
证件信息	身份证
景点要求	行程轻松，景点不要太远

【案例分析】

1. 标题提炼影响三要素

（1）应考虑要满足客户真实的出游需求

根据赵先生填写的用户需求单及定制师首呼，可以确定客户赵先生一家出游的真实动机是亲子度假，用户对行程的期望是品质舒适，并融入历史文化体验与动物科普体验活动，因此定制方案应满足亲子潮玩度假需求。

（2）应传达出方案的设计理念

依据客户赵先生一家三口真实的出游需求，定制师设计产品的思路是围绕“亲子潮玩度假”的产品定位，以北京特色美食制作与品尝、四合院特色住宿文化体验等稀缺资源作为卖点，并融合历史文化体验与动物科普体验活动，设计出一条充满“亲子潮玩度假”特征的亲子定制旅行产品。

（3）应重点关注客户的阅读体验

根据客户选择的目的地及方案的设计理念，为了增强产品标题的吸引力，凸显产品的特色与卖点，因此在标题提炼时，采用了主标题 + 副标题的表达方式，增强客户的阅读体验感。

2. 标题提炼的依据

在本定制方案中，定制师同样采用了“旅游动机与主题”的提炼依据，重点强调“亲子度假”的动机、“亲子潮玩体验”的主题及场景。

3. 产品标题提炼的技巧

定制师在确定这一定制方案标题时，最终采用了情怀式的命名格式，即：主标题＋副标题＋文采修饰。

（资料来源：携程定制师创作方案）

图 3-2　定制亲子游方案标题

四、实训活动设计

（一）实训目标

1. 知识目标

熟悉定制旅行产品标题的提炼依据；掌握定制旅行产品标题的格式；掌握创作定制旅行产品的技巧。

2. 能力目标

能根据客户实际需求提炼富有吸引力的定制旅行产品标题；能根据设计思路提炼卖点鲜明的定制旅行产品标题。

3. 素质目标

通过定制旅行产品标题吸引元素分析，培养学生对事物的理性分析意识，提高自身洞察力与判断力；通过对客户阅读思维的分析，培养学生关注客户阅读体验的意识，提高学生的用户服务思维和以人为本的精神。

（二）实训内容

（1）以摄影之旅为动机，结合定制旅行产品标题的提炼依据、运用标题提炼的格式与标题创作的技巧，选择旅游目的地（新疆、福建、内蒙古、陕西、重庆等），提炼出相应的定制旅行方案标题。

（2）以亲子之旅为动机，结合定制旅行产品标题的提炼依据、运用标题提炼的格式与标题创作的技巧，选择旅游目的地（我国宁夏、海南、山东；日本、新西兰等国家），提炼出相应的定制旅行方案标题。

（3）以游学之旅为动机，结合定制旅行产品标题的提炼依据、运用标题提炼的格式与标题创作的技巧，选择旅游目的地（山东、上海、山西、甘肃等），提炼出相应的定制旅行方案标题。

五、任务掌握评价

（一）学生自评

（已完成和可胜任的内容请在括号中打"√"）

（1）实训按照要求完成。（　　）

（2）实训的过程中主动查阅资料。（　　）

（3）熟悉标题提炼的依据。（　　）

（4）掌握标题提炼的方式类型。（　　）

（5）掌握标题提炼的格式构成。（　　）

（6）灵活运用标题创作的技巧。（　　）

（二）老师评价

任务二　构思行程特色及亮点

一、任务分析

定制师在提炼好产品标题后，进行资源整合及体验活动设计前，应着重构思行程特色及亮点，行程特色是行程编排的创意浓缩，而行程编排又是行程特色得以落实的具体表现形式。行程亮点是在整个行程中激起客户强烈的、积极的情绪体验，让客户暂时难以忘怀甚至烙下深刻印记的特别安排。可以说，行程特色激发客户继续阅读定制方案的兴趣，让客户形成对产品的初步印象，甚至会直接影响客户购买决定。行程亮点是关系到客户行程中体验及行程结束后主观评价的一个关键点，亮点的设计很大程度上影响客户的回购率并关系到定制公司的口碑。

简而言之，在构思行程特色及亮点环节，主要有以下四个任务：

（1）熟悉定制旅行产品行程特色包含的内容；
（2）熟悉定制旅行产品行程特色的提炼格式；
（3）掌握定制旅行产品行程特色的提炼技巧；
（4）掌握定制旅行产品亮点设计的因素与方法。

二、相关知识

（一）定制旅行产品行程特色包含的内容

无论如何创意，线路主题和游玩城市、游览景点和玩乐项目一定要在行程特色中清楚呈现。主要分为以下几种情况：

1. 游览景区或景点

仅针对参观景区或景点做特色介绍。如上海直飞塞班岛 6 天 5 晚定制游 + 北部观光 + 水晶湾 + 探索之旅 + 中文导游接送机。

多彩塞班——环岛巡游，遍访景点。万岁崖——海岸线绵延悠长，这里有断崖峭壁，也有历史等你探寻；鸟岛——相伴日出日落，这里因栖息众多鸟类而得名，是塞班的人气观景点，适宜观赏日出霞光与日落夕阳，也是夜半观星的好去处；蓝洞——塞班的潜水胜地，更是潜水爱好者的天堂，光线透过洞穴映到水中，散发出类似钴蓝的光芒。

（选自携程旅行网）

图 3-3　塞班岛潜水

2. 旅游六要素

不仅包括游览景区，也对旅游六要素的其他部分进行有选择性的介绍。如产品名称为 TO：陈女士——上海—三亚 5 天 4 晚家庭休闲度假定制游。

南山文化旅游区——祈福南山，感受108米海上观音带来的震撼；亚特兰蒂斯——失落的空间水族馆——饱览86 000尾海洋生物，一次神秘探险之旅；三亚千古情——一生必玩的情景区，激情点燃酷炫古今穿越风；天涯海角——爱情圣地，在这里留下你们最浪漫的足迹；天堂森林公园——电影《非诚勿扰》拍摄地，翠林欲滴，可俯瞰亚龙湾美景，被称为“三亚的后花园”；亚龙湾沙滩——沙粒洁白柔软，海水澄澈晶莹。

三亚爱必侬棠湾度假公寓位于一站式旅游目的地——亚特兰蒂斯度假区内，坐拥碧海蓝天，享一线海景，步行约5分钟即达亚特兰蒂斯水世界主题乐园和水族馆，入住客人可以更为便利地体验水世界、水族馆、C秀等多种配套设施及节目。

（选自携程旅行网）

3. 旅游综合要素

除了旅游六要素外，还包括产品保障、特色服务等综合因素。如西班牙巴塞罗那深度7日私人定制游。

醉美西班牙：专业中文司导——西班牙本土公司，出行更有保障，专业中文导游服务，知识渊博讲解到位，行程随心定制，随时匹配您的时间喜好；行程丰富——深入目的地，深度游览巴塞罗那及周边，热门或小众景点一网打尽，深入加罗泰尼亚艺术文化圣地+地中海风情+古罗马遗迹；奇幻建筑——游巴塞罗那，在风光旖旎、古迹遍布的“伊比利亚半岛的明珠”探索高迪的童话王国；纯玩体验——不赶路，不进店，深入每一个旅行目的地，拒绝走马观花，绝无强制消费，纯玩体验，充裕的时间让身体与心灵彻底地放松。

（选自携程旅行网）

（二）定制旅行产品行程特色的提炼格式

1. 一般条例式

以罗列定制旅行产品的资源特色为表现形式。如全球摄影俄罗斯摩尔曼斯克7天极光摄影之旅。

北极圈私家机位，360°捕捉会跳舞的极光，整片天空流光飞舞，像一面电影幕布，极光投射在幕布上摇曳生辉，搭配北极圈内茂密生长的针阔混交林，犹如闯入爱丽丝梦游仙境。

全面定格世界尽头的日出时刻，北纬68°59′，捷里别尔卡，全球奖外语片《Leviathan》拍摄地，跨入北极圈，拍摄北极的日出日落，一望无际的北冰洋、船舶、木屋等皆可入画。

（选自携程合作伙伴“X-Zone小众之旅”）

2. 分类条例式

对定制旅行产品的特色进行综合提炼，分类描述。根据提炼的角度不同，又可以分为要素提炼法和个性提炼法。

（1）要素提炼法

即按照食、住、行、游等旅游各要素分类提炼，采用“修饰语＋要素”的形式，将其作为行程特色要点，之后再具体分条解释。具体见表 3–5。

表 3–5 行程特色提炼要点一览表

产品主题类型	行程特色提炼要点	备注
婚礼、蜜月、摄影、旅拍	摄影师、景点介绍 / 拍摄场景 / 拍摄场地、住宿、用车、美食、其他服务等	摄影师服务包括摄影师资质、摄影风格、相册等，餐食不做重点介绍
研学、游学、亲子教育	体验活动或者行程亮点＋行程体验＋行程目的	研学主题产品也可以采用研学目标＋研学课程的形式
美食	景点一览＋住宿标准＋用车标准＋美食推荐	美食推荐要详细
购物	景点一览＋住宿标准＋用车标准＋购物点推荐	购物点推荐要详细
户外、高尔夫、探险	专业教练 / 专业向导、体验活动 / 专业课程、设备清单、酒店、用车等	教练员一般介绍教学资质、水平

（2）个性提炼法

不按照产品要素逐一提炼，对产品特色进行高度凝练，多采用排比句式分条表达。如大西北环线中的行程特色的介绍要点如下：臻行——行程速览深度体验；臻享——舒适之旅；臻选——分为导游、专车接送和青海滋味两类；臻心——贴心利赠；臻意——八大私属。又如定制师在“上海出发至青海甘肃 9 天 8 晚西北大环线亲子定制游”方案中把介绍要点提炼为三个“一”：一堂行走的国家地理课；一次与千年历史对话的文化之旅；一场精彩纷呈的民族风情体验。

（三）定制旅行产品行程特色的提炼技巧

1. 契合主题

围绕定制旅行产品的主题，根据其设计思路，思考其提炼的要点。使客户一看行程特色便知道定制旅行产品的主题，从而让行程安排更具针对性。

2. 凸显差异

在分条描述过程中，要注意凸显资源的差异性，用简短的文字展现独有亮点。例如针对游览景点，可以用“非常规、稀缺性、小众化、大牌景点、精品、精华、小众、品质”等语言进行概括；体验活动可以用“小众玩法、特色体验”等进行概括。对具体的描述，景区方面可介绍其独特的地理位置、特有资源、特殊荣誉，也可以用影视作品的拍摄地、知名杂志的推荐地增加卖点。

3. 扣人心弦

在行程特色凝练的最后，要注意回归客户的心理需求，适当用一些扣人心弦的词语，体现唯美感，并传递人与自然融为一体，与历史人文深度触碰的理念，以便最大限度激发游客出游动机，例如可以用诸如“玲珑秀雅”“幽深奇幻”“光影流转”等修饰词汇，“追寻”“深度穿越”“近距离感受”等动词。

（四）定制旅行产品亮点制造的因素与方法

心理学家丹尼尔·卡尼曼提出著名的“峰终定律”，认为人们对体验的记忆一般由两个核心因素决定，即“峰”与“终”。大多数产品追求的是打造峰值体验，峰值体验运用到定制旅行产品中就是行程的亮点。在《行为设计学：打造峰值体验》一书中，提出了构成“峰值体验”的 4 个因素，也可以运用到定制旅行产品亮点的制造中。

表 3-6　亮点设计的因素与方法

因素	方法	典型案例	案例解析
欣喜	提升感官感受，增加刺激性，打破脚本常规	羊卓雍措旁享用红酒牛排午餐	在一片荒野中，摆上餐桌，现场烹饪牛排，美食美景足以惊艳朋友圈
认知	被现实“绊倒”，突破自我	梅里雪山观看日照金山	梅里雪山终年笼罩在雪雾和云层里，日照金山难得一见，能看到梅里雪山的日照金山，是象征着吉祥如意和幸运
荣耀	认可他人，多设里程碑，锻炼勇气	武功山金顶帐篷里看星空银河	徒步上山本身就是一个突破自我的过程，完赛奖牌是一个吸引客户的荣耀点，还能通过绘制行程轨迹图，提升感官感受
连接	共同使命感，加深情感，打造宝贵时刻	内蒙古草原上围着篝火烧烤、跳舞	草原篝火晚会，休息时刻还能组织围炉夜话，分享故事，加深情感，进一步地连接升级

定制旅行产品在具体行程设计过程中要注意循序渐进、渐入佳境，使客户在游览过程中宛如观看一场精彩的表演，从最初的序幕发展到高潮，再到尾声，回味无穷。因此，亮点的制造要放在整个定制旅行产品行程的中后阶段。

三、案例分析

案例 3-3

凯撒研学——探寻岭南文化，广东研学课程 7 天 6 晚

参观广州博物馆，感受中国悠久的历史文化，更加深化了我们的爱国主义思想以及民族自豪感；漫步陈家祠，游览广州建筑，感悟广府传统文化的精华，回味溯源本土文化；拜谒孙中山故居纪念馆，学习孙中山伟大的爱国主义思想和革命实践精神；深入广东科学中心，培养孩子的创造能力、思维能力和动手能力；走进百年企业咀香园，学习杏仁饼手工制作技艺的全过程及企业运作模式，并亲手制作杏仁饼；带着任务探索珠海长隆海洋王国，认识海洋物种多样性，建立保护海洋环境的意识；漫步中山大学，感受高校氛围，树立远大志向；走访岭南印象园，感受原生岭南文化和乡土景观；参观佛山祖庙，学习佛山文化，感受侠义精神。

（选自凯撒旅游）

【案例分析】

1. 行程特色包含的内容

包含主要游览景点，并对体验活动和体验目的做了介绍。

2. 行程特色的提炼格式

采用一般条例式，每一条采用游览景点 + 体验活动 + 行程目的结构，并且用“参观 ××”“感受 ××”“走进 ××”“漫步 ××”等动宾结构的句式，句式整齐划一。旅游景点及体验活动一目了然，易给客户传递体验活动丰富、行程饱满的感觉。

3. 行程特色的提炼技巧

从行程特色内容来看，契合研学游的主题；凸显了广东本土文化、原生岭南文化及乡土景点的资源差异；措辞方面言简意赅，运用“漫步”“走进”“感悟”“回味”等词语，扣人心弦。

案例 3-4

全球旅拍——四川稻城亚丁 + 墨石公园 5 天 4 晚

行程第三天：稻城 / 香格里拉镇—亚丁景区一日游—香格里拉镇

交通

从稻城出发，前往亚丁景区，换乘景区观光车进入景区，开始游玩亚丁景区。

Tips：

（1）亚丁景区里边由我们安排的当地登山向导带领游玩，请听从登山向导的安排，注意安全，由于景区较大且海拔较高，请根据自身情况量力而行。

（2）从洛绒牛场到牛奶海、五色海有两种方式，一种是步行走马道上去，往返需要6–7个小时；另一种是骑马上去，往返需要4个小时（马费自理500元/匹），不能购买单程马票。

五色海藏语名为丹增措，位于牛奶海上方，仙乃日与央迈勇之间。因在阳光照射下，产生五种不同的颜色而得名。在牛奶海右侧的一个陡坡之后，湖面呈圆形，湖水清澈，在阳光的照射下，折射出五彩光芒，殊为壮观。五色海是当地人心中的神湖。佛教典籍中盛赞该湖，称其与西藏的羊卓雍错齐名。

牛奶海，又叫俄绒措，位于稻城亚丁央迈勇神山脚下的山坳里，是一个形状如水滴的古冰川湖，因其湖边有一圈乳白色的钙质沉积，故名牛奶海。从洛绒牛场到牛奶海只能徒步或在牛场马帮处租马，由于其地理位置海拔较高，山路较为崎岖，对身体素质有一定要求，前往时需注意安全。

【案例分析】

牛奶海海拔4600米，去往牛奶海的一路，挑战了人的各种极限，克服身体极限要有勇气和体力，更需要坚持到底的毅力，运用“锻炼勇气”的方法设置“荣耀”这一因素，且抵达五色海后通过“提升感官感受”带来“欣喜”，来制造亮点，且安排在行程第三天，属于行程中期。

四、实训活动设计

（一）实训目标

1. 知识目标

熟悉定制旅行产品行程特色包含的内容与提炼格式；掌握定制旅行产品行程特色提炼的技巧、亮点制造的因素与方法。

2. 能力目标

能根据产品主题与设计思路提炼富有吸引力的定制旅行产品行程特色；能熟练运用亮点制造的因素与方法恰到好处地设计行程亮点。

3. 素质目标

具备一定的创新意识与逻辑思维能力；培养娴熟的书面文字表达能力；形成客户至上的服务意识与精耕细作的匠人精神。

（二）实训内容

（1）以摄影之旅为动机，运用定制旅行产品行程特色的提炼格式与技巧，选择旅游目的地（新疆、福建、内蒙古、陕西、重庆等），提炼出相应的定制旅行行程特色，并运用亮点制造的因素与方法，设计行程亮点。

（2）以亲子之旅为动机，运用定制旅行产品行程特色的提炼格式与技巧，选择旅游目的地（我国宁夏、海南、山东等地；日本、新西兰等国家），提炼出相应的定制旅行行程特色，并运用亮点制造的因素与方法，设计行程亮点。

（3）以游学之旅为动机，运用定制旅行产品行程特色的提炼格式与技巧选择旅游目的地（山东、上海、山西、甘肃等），提炼出相应的定制旅行行程特色，并运用亮点制造的因素与方法，设计行程亮点。

五、任务掌握评价

（一）学生自评

（已完成和可胜任的内容请在括号中打“√”）

（1）实训按照要求完成。（　　）

（2）实训的过程中主动查阅资料。（　　）

（3）熟悉行程特色包含的内容。（　　）

（4）熟悉行程特色的提炼格式。（　　）

（5）掌握行程特色提炼的技巧。（　　）

（6）掌握亮点制造的因素与方法。（　　）

（二）老师评价

任务三　安排交通

一、任务分析

定制行程中的交通不仅包括从出发地至目的地的大交通，也包括目的地内的小交通。交通将定制旅行方案中的其他产品资源串联起来，在定制产品设计过程中起到了桥梁作用，影响着整个旅程的顺畅与否。定制师在安排交通时，应把握以下三大原则：一是以客户需求为原则，如客户对航空公司、航班时段、舱位等是否有明确的意向；二是以让客户省时省力为原则，结合目的地情况，挑选最优的交通方案；三是经济性原则，在确保品质的前提下压缩成本。当上述三大原则发生抵触时，定制师可以提供 2~3 个方案供客户挑选。

安排交通方面主要有以下三个任务：

（1）理解交通相关的知识点；

（2）掌握搜寻所需交通信息资料的方法；

（3）掌握合理化安排交通的技巧。

二、相关知识

（一）大交通与目的地交通的概念

大交通是指游客从旅游出发地至旅游目的地之间的交通方式，主要包括"飞机""火车""邮轮"等。目的地交通又称作小交通，是指目的地内部及周边小范围的短途交通工具，如汽车、火车、短途飞机等。

例如，以北京四日半自助游为例。

表 3-7　北京四日半自助游交通安排

第一天	上海搭乘飞机前往北京，抵达后专车送至酒店休息
第二天	全天包车，慕田峪长城一日游
第三天	全天自由活动（可自行乘坐地铁前往天安门、故宫、天坛公园、颐和园等景点）
第四天	专车送至北京南站，搭乘高铁返回上海

以上行程中，第一天与第四天的飞机及高铁属于大交通，在北京活动期间搭乘专车（汽车）、地铁属于小交通。

（二）大交通的类型

大交通是定制师在拿到客户需求单后首先需要留意的要素之一。大交通费用通常会占整个团费的较高比例，因此在满足客户需求的前提下，我们应当尽可能地推荐高性价比的大交通方案，以控制整体报价从而提升客户的好感度。以下将分别介绍较为常用的三项大交通：飞机、邮轮与火车。

1. 飞机

航空公司、机型、舱位、航班以及转机便利性方面是飞机产品资源的相关因素。定制师在安排行程航班时要综合考虑相关因素。

专业从事定制游的旅行社通常会设有专门的票务部门或由合作的机票代理处理机票相关业务。专业机票代理人通常使用航空公司的 B2B 系统（白屏系统）和 eterm 等订位系统（黑屏系统）来处理机票相关业务。作为一名合格的定制师，可以不了解机票预订系统的具体操作命令，但需要会解读黑屏系统上的航班及机票信息。

（1）航班信息

①解读 eterm 信息

完整的航班信息通常包含航司名称、机票舱位、机型、城市对（起降机场）、起降日期、起降时刻、经停点等。

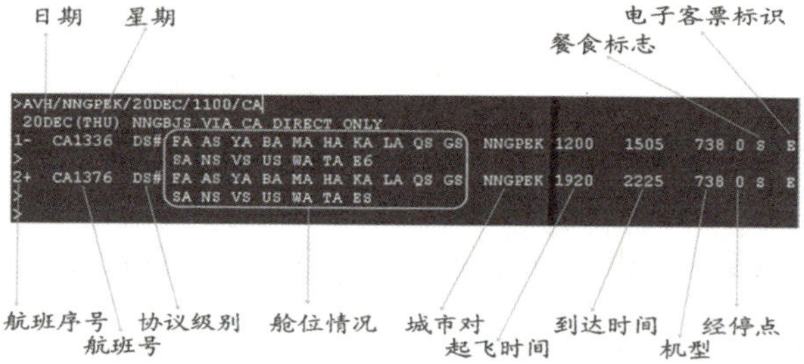

图 3-4　eterm 系统查询航班

图 3-5　eterm 系统查询机票

图 3-5 上方“RR1”表明机票已是出票状态，下方的“9994751290564/1/P1”则代表第一位乘客的机票票号。每张机票在出票后会生成相应的票号，通过票号便可以在航司官网上进行机票验证或提前选座等操作。

小贴士：通常定制旅行团为了提升客户体验，定制师们一般都会主动为客户进行提前选座的服务，以确保同行人能够坐在一起。

②航班编号

根据中国民用航空局 2004 年发布的《中国民航航班号分配和使用方案》中的相关规定，各航线的航班号均由两个英文字母和四位或三位阿拉伯数字组成。其中两个英文字母是各航空公司的二字代码简称。例如 CA 代表“中国国际航空公司”、CZ 代表“中国南方航空公司”、MU 代表“中国东方航空公司”、HU 代表“海南航空公司”等。国内航班采用四位阿拉伯数字编排，国际航班则为三位阿拉伯数字编排，各航空公司均有相应的规定配置号段，避免了因航班号数字重复，导致陆空通话中出现误听的问题。

（2）飞机舱位

①舱位分类

飞机舱位是指飞机上座位的等级，一般从高到低分为头等舱、商务舱和经济舱三种。部分航班会设超级经济舱，是介于经济舱和商务舱之间的一种舱位。通常头等舱的价格是经济舱的 1.5 倍，商务舱的价格是经济舱的 1.3 倍。

图 3-6　飞机机舱内部

头等舱与商务舱一般位于飞机最前部，机上空间较大，享有单独的机上空乘服务，独立区域的卫生间，机上餐食及饮品也比经济舱要丰富许多，同时在地面可以免费使用独立的候机室及优先登机服务。经济舱的座位设在靠中间到机尾的地方，占机身的 3/4 空间或更多一些，座位安排得比较紧。

中国民航规定所有航线（廉价航空除外）可免费托运一件行李和允许随身携带一件手提行李，免费托运行李额为：经济舱 20 千克，商务舱 30 千克，头等舱 40 千克。

②国内客票

在预订机票时，机票上会用字母显示此张机票的舱位，国内客票的舱位等级主要分为头等舱（舱位代码为F）、商务舱（舱位代码为C）、经济舱（舱位代码为Y）；经济舱里面又分不同的座位等级（舱位代码为B、K、H、L、M、Q、X、E不等，这种代码每个航空公司的标识都不相同，价格也不一样），折扣舱依次往下排列。同一等级的子舱位，在享受的服务上完全相同，差异在于机票的退改政策，比如有些价格特别低的舱位不能退票。

③国际客票

国际客票的舱位等级主要分为头等舱（舱位代码为FA）、公务舱（舱位代码为CDJ）、经济舱（舱位代码为Y）；经济舱下属的子舱位等级和国内的差不多。有些价格特别低的舱位不能退票。

（3）航空公司

国内外航空公司安全性、准点率、机上餐饮服务、机上娱乐服务以及机票增值服务是顾客在大交通选择上的主要需求点。随身携带和托运行李、值机服务、中转服务方面，不同的航空公司会有差异。

①普通航空公司VS廉价航空公司

航空公司通常分为普通航空公司及廉价航空公司，其中廉价航空公司（Budget airline company）又称为低成本航空公司或低价航空公司，指的是通过取消一些传统航空的乘客服务，将营运成本控制得比普通航空公司低，从而可以长期大量提供便宜票价的航空公司。普通航空公司与廉价航空公司的主要区别如下：

行李费。普通航空公司都会有免费的托运行李额度，只要你所带的行李尺寸规格在限制数额内都可以直接在托运处办理托运，普通航空公司托运行李一般限重20千克，还可手提5千克，而廉价航空的行李额度则各不相同。例如：春秋航空的行李千克数是指手提加托运行李千克数小于等于15千克的，西部航空只限5千克的行李，如超出免费额度，则需要另外付费购买行李票。

餐饮。普通航空公司在登机进入稳定飞行状态后，根据就餐时间会提供相应的餐品，可随时提供饮料。低价航空则不对乘客提供免费的餐饮，乘客如有需要可以自行单独购买。

服务。除了餐饮的提供，廉价航空为减少成本支出，不对乘客提供单次使用耳机以及毛毯及其他乘客所需物品。此外，廉价航空的退票以及改签手续比较严格，如退票的话，基本所剩无几，而改签也需要交纳一定的金额。而普通航空公司则秉持着顾客就是上帝的原则，不但贴心地发放餐饮，当你需要毛毯等服务时，空乘也会随时响应，服务相对较好。

硬件。普通航空机型会有较多大型客机，可分为经济舱、头等舱、商务舱等，头等舱及商务舱隔排间距大，方便活动。而廉价航空一般多是单通道小飞机，机上一般只设经济舱，且各排座位间距较小，人长时间坐着会不太舒服。

代表性廉价航空：

亚洲：春秋、捷星、亚航、酷航、西部航空；

大洋洲：虎航（Tigerair）、捷星（Jestar）；

美洲：西南（Southwest）、捷蓝航空（Jet blue）、精神航空（Spirit Airlines）；

欧洲：瑞安航空（Ryanair）、易捷航空（Easyjet）、柏林航空（Air berlin）、维珍（Virgin）。

针对定制旅行客户而言，对于旅行体验度的要求往往高于经济成本，因此除了某些特殊航线只有廉价航空的情况外，不太建议使用廉价航空，如果某段航班计划使用廉价航空，最好也向客户特别进行说明。

②五星航空公司

每年 SKYTRAX 会对世界范围内的 450 多家航空公司的机场及机舱内的各项服务品质进行全方面的审核评定，从“一星”至“五星”评定分五个等级，“五星”为最高等级。SKYTRAX 用 600 条评价项目来进行多角度的评价，为了得出最公正的结果，SKYTRAX 评价人员也会以客人的身份去选乘航空公司的航班，亲身体验得出结论。

五星级航空公司意味着在服务创意性方面和设施餐食与安全性方面是最为领先的航空公司，也意味着已经成为其他航空公司所要学习的榜样企业。

2019 年更新数据显示，全球获得五星级殊荣的有 10 家航空公司：

卡塔尔航空（Qatar Airways）；

新加坡航空（Singapore Airlines）；

全日空航空（ANA All Nippon Airways）；

国泰航空（Cathay Pacific Airways）；

韩亚航空（Asiana Airlines）；

长荣航空（EVA Air）；

海南航空（Hainan Airlines）；

日本航空（Japan Airlines）；

德国汉莎航空（Lufthansa）；

泰国国际航空公司（Thai Airways）。

定制旅行属于旅行方式中的中高端形态，如能在大交通中使用五星级的航空公司，则能够成为产品的亮点，进一步优化客户体验。

（4）机型

从世界范围来看，主要的民用飞机制造商有四家，分别是欧洲的空中客车公司（Airbus）、美国波音公司（Boeing）、加拿大庞巴迪公司（Bombardier）和巴西航空工业公司（Embraer）。

目前，我国的航空公司使用较多的短途客机是波音 737 系列和空客 A320 系列，长途客机使用较多的则是波音 747、787 系列和空客 A330、A380 系列，其中双通道的长途客机两舱（头等舱、商务舱）座位可以平躺，乘坐长途航线时舒适度很高，颇受高端定制游客人的青睐。

拓展知识

波音和空客的主要机型

长途机型也会用于直飞某些国内大客流航线，因此对于有经验的客人而言，在购买国内两舱机票时会特意挑选此种大飞机。而单通道客机只设商务舱，相比经济舱而言只是座椅宽大一些，无法做到平躺，体验度要差一些。

（5）航班时刻

航班时刻指航班起飞和到达的时刻，航班的班期和时刻，一般是航空公司在综合考虑具体航线上的空运需求的时间分布特征、飞机的充分利用、航班之间的衔接，以及机场和航路的合理使用等因素的基础上进行安排的。

按照民航规定，航班信息上标注的时刻，都是当地时间。我国全域统一以东八区的时间作为标准时间，搭乘国内航班不存在时差问题。乘坐国际航班时则需要留意时差，根据当地实际抵达离开时间合理安排行程。航班的实际飞行时间，在航班信息中通常会有显示，无须手动计算。

我国国内航班的值机柜台关闭时间通常为航班起飞前 45 分钟，国际航班则为 40-60 分钟。因此，一般建议搭乘国内航班至少提前 1.5 小时，国际航班则至少提前 2 小时到达机场办理登机手续。

（6）直飞、经停与中转

直飞航班可以从 A 地直接到达 B 地，乘客只需办理一次登机手续即可。优点是轻松、便捷，路程时间短，缺点是价格会相对较高。

经停航班是指从 A 地始发，目的地为 B 地，中途降落在 C 地做地面物资配给。航班始终由同一架飞机执行，A 地旅客只需在 C 地下机后重新登一次机，无需重新过安检。优点是价格相对便宜，缺点是会浪费一些时间。

中转航班指从 A 地始发，目的地为 B 地，中途需要在 C 地下飞机转乘另外一个航班再前往 B 地，它与经停航班的区别是下一段的航班号不同，乘坐的飞机也不同。优点是票价便宜，有时可以较大程度地优化航线，缺点是较为费时。

（7）机场

并不是每个目的地城市都设有机场，有时需要乘坐飞机至附近城市，再换乘其他交通工具前往。有些国际性大都市则拥有不止一个机场，比如上海有浦东国际机场（PVG）和虹桥国际机场（SHA），北京有首都国际机场（PEK）和大兴国际机场（PKX），日本东京有成田国际机场（NRT）和羽田国际机场（HND），对于有两个机场的城市，需要特别提醒客户，以免跑错机场造成误机。

（8）机票的价格与预订

一张机票的价格通常由机票票面折扣价、燃油附加费和机场建设费三部分组成。国内机票和国际机票有所差异，以下分开进行说明。

①国内机票

国内机票应民航总局规定，目前采用“明折明扣”的方式进行销售，即在各个销售渠道或机票代理机构的价格均一致（部分航空公司官网有会员专享优惠），并且取消代理人佣金。因此除专业差旅公司与客户有约定加收服务费之外，旅行社在国内机票的销售上基本无法获利。燃油附加费则根据燃油价格等因素会浮动调整，目前 800 公里（含）以下航线燃油附加费为 20 元 / 人，800 公里以上航线燃油附加费为 50 元 / 人。燃油附加费的金额以出票时为准。国内机票的儿童及婴儿价格政策如下表。

表 3-8　国内机票的儿童及婴儿价格政策

<table>
<tr><th>人群</th><th>票价</th><th>注意事项</th></tr>
<tr><td>未满 2 周岁婴儿</td><td>成人全票价格（Y）10%</td><td rowspan="3">• 儿童票占座，婴儿票不占座
• 儿童票以乘坐航班时的年龄为准，需特别注意去程未超龄，回程超龄的情况
• 儿童票价格高于成人折扣票时，可直接购买成人折扣票</td></tr>
<tr><td>2—12 周岁儿童</td><td>成人全票价格（Y）50%</td></tr>
<tr><td>12 周岁以上</td><td>成人票价</td></tr>
</table>

（备注：编者整理）

②国际机票

国际机票会有票面价格，同时各家航空公司为了鼓励机票代理机构推销自己的机票，会给出票量大的代理一定的销售返点，通常分为前返（所有代理人均有的折扣）与后返（完成一定的销量后给予的奖励）。这些返点奖励，既可以作为公司利润留存，也可以将其中部分让利于客户，以求获得客户好感，增加黏性。特别是那些高价的国际两舱机票，返点金额一般会比较大，这也是机票代理人及旅行社的主要利润来源。

国际机票同一航线的价格不尽相同，有的票面价格低，但税费高，有的则相反。因此定制师需要根据客人的需求尽可能选择性价比高的机票，有时因机票选择不同可能就会产生不少的差价。

③散客机票与团队机票

一次性预订少于 10 张相同航线与日期的机票，属于散客机票。通常在 eterm 等订位系统上直接进行操作，购买流程分为“预订”和“出票”两个步骤。在预订阶段需要输入乘机人的姓名、性别、证件号、生日及联系方式等信息。完成预订后，会生成订单记录编号并处于预留座位的状态，这时还没有正式生成机票，也并未产生费用。国内机票通常会有几小时的保留时间，超过保留时间后座位会被自动取消；国际机票则根据航司及航班整体销售情况不同会设几小时至几天不等的订单保留时间。在保留时间内需要与客户核对确认航班信息并进行收款。需要特别注意的是，散客机票进行预订时必须有准确的乘机人姓名，一旦完成出票，乘机人姓名是不能进行修改的，而证件号、生日等信息可以进行修改。国际机票通常越早购买越便宜，因此对于有些正在办理护照的客户，也可以先购买机票，等拿到护照后再进行护照号修改。

当预订超过 10 张（含）机票时，可以尝试申请团队机票。国内的航司通常可以在航司的 B2B 系统上进行申请，国外的航空公司一般需联系国内的办事处进行申请。

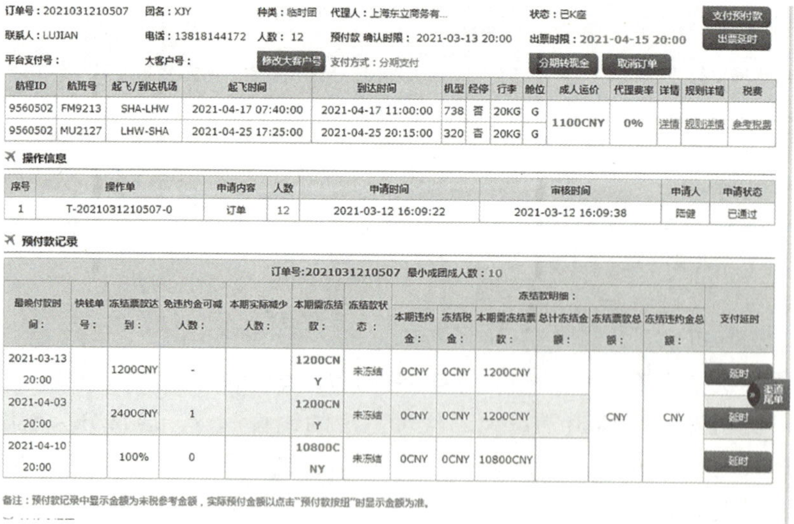

订单号：2021031210507　团名：XJY　种类：临时团　代理人：上海东立商务有...　状态：已K座　支付预付款

联系人：LUJIAN　电话：13818144172　人数：12　预付款 确认时限：2021-03-13 20:00　出票时限：2021-04-15 20:00　出票延时

平台支付号：　大客户号：　修改大客户号　支付方式：分期支付　分期转现金　取消订单

航程ID	航班号	起飞/到达机场	起飞时间	到达时间	机型	经停	行李	舱位	成人运价	代理费率	详情	规则详情	税费
9560502	FM9213	SHA-LHW	2021-04-17 07:40:00	2021-04-17 11:00:00	738	否	20KG	G	1100CNY	0%	详情	规则详情	参考税费
9560502	MU2127	LHW-SHA	2021-04-25 17:25:00	2021-04-25 20:15:00	320	否	20KG	G					

操作信息

序号	操作单	申请内容	人数	申请时间	审核时间	申请人	申请状态
1	T-2021031210507-0	订单	12	2021-03-12 16:09:22	2021-03-12 16:09:38	陆健	已通过

预付款记录

订单号:2021031210507　最小成团成人数：10

最晚付款时间：	快钱单号：	冻结票款达到：	免违约金可减人数：	本期实际减少人数：	本期需冻结款：	冻结款状态：	冻结款明细：本期违约金：	冻结税金：	本期需冻结票款：	总计冻结金额：	冻结票款总额：	冻结违约金总额：	支付延时
2021-03-13 20:00		1200CNY	-		1200CNY	未冻结	0CNY	0CNY	1200CNY		CNY	CNY	延时
2021-04-03 20:00		2400CNY	1		1200CNY	未冻结	0CNY	0CNY	1200CNY				延时
2021-04-10 20:00		100%	0		10800CNY	未冻结	0CNY	0CNY	10800CNY				延时

备注：预付款记录中显示金额为未税参考金额，实际预付金额以点击“预付款按钮”时显示金额为准。

图 3-7　东航 B2B 系统

团队机票相比散客机票主要有几点差异：a. 团队机票的平均单价通常会比散客机票略便宜；b. 团队机票预订时无须提供乘客名单，一般在出票前几天输入名单即可；c. 团队机票在出票之前会有一定比例的取消容忍率（即可以无损取消部分机票），但出票后全损。

在旅游旺季，航班上座率较高时，航空公司往往会拒绝团队的申请。

2. 邮轮

近十多年来，随着许多大型豪华邮轮投放世界各地，也催生了新一代邮轮旅行爱好者。如今，邮轮旅游航线已遍布全球七大洲，邮轮本身更像是集吃、住、行、游、购、娱为一体的海上移动度假村，为人们提供度假休闲的全套服务，因此，把邮轮称作“游轮”也不为过。

图 3-8　停靠在港口的邮轮

（1）航线

①地中海航线

航线经过埃及、希腊、土耳其、意大利等国，亚历山大的辉煌和古埃及的文明与爱琴海上的千百座迷人岛屿交相辉映，营造出独特的浪漫迷人氛围。

②阿拉斯加航线

每年的五月到九月是航线旅行的最佳时期。阿拉斯加航线基本上可分为“内湾航道”和“冰河湾航道”两种。大多数航行是从加拿大温哥华或者美国西雅图启程北上，航行至哈伯冰河后再折返南下，更北可以到达苏厄德和安克雷奇等地。

③东南亚航线

东南亚航线是以中国香港、新加坡、泰国曼谷、菲律宾马尼拉、马来西亚吉隆坡（巴生港）、马来西亚马六甲、马来西亚槟城、马来西亚兰卡威岛、马来西亚热浪岛、泰国普吉岛、泰国苏梅岛和泰国甲米等东南亚旅游城市为主要目的地，航线环绕中国南海、泰国湾、印度洋和菲律宾海。

④南极航线

南极航线经行区域为南极洲。极地航线是邮轮航线中最为特殊的一种，航行目的地都是人迹罕至的两极地区，沿途风光更是任何旅行都无法替代的珍贵记忆。

⑤日韩航线

日韩邮轮旅游是距离我国最近的邮轮航线之一，也是亚洲地区重要的旅游线路。

⑥北欧航线

北欧一般特指挪威、瑞典、芬兰、丹麦和冰岛 5 个国家，以及法罗群岛。此航线基本串起了所有北欧知名的大城市和港口，包括丹麦首都哥本哈根、瑞典首都斯德哥尔摩、芬兰首都赫尔辛基、挪威首都奥斯陆和爱沙尼亚首都塔林。还有俄罗斯、波兰等国家，有些航线能到访荷兰和拉脱维亚等国。

⑦英国列岛航线

乘邮轮体验英伦风情，途经英格兰、苏格兰、爱尔兰、北爱尔兰。

⑧中南美洲航线

中南美洲航线亦称拉丁美洲航线。泛指包括南美洲、墨西哥、加勒比海及西印度群岛等部分北美洲南部区域在内的相关航线的统称。在国际航运的航线分类当中，通常包括南美东线、南美西线、加勒比海航线、中美洲航线等。

⑨太平洋岛屿航线

大溪地、夏威夷是这个区域的代表，常年的热带气候适宜全年旅游。

⑩澳新航线

澳大利亚新西兰的航线多以悉尼为中心，从悉尼港向南经墨尔本、霍巴特进入南太平洋到达风景宜人的新西兰，经过新西兰的南北岛到达奥克兰。还有相当多的航线是围绕着澳大利亚大陆，分成不同的航段，从悉尼经布里斯班、黄金海岸到凯恩斯，体验澳大利亚最著名的大堡礁。南部的塔斯马尼亚岛周边也是邮轮航线活跃的区域。

新西兰和澳大利亚航线是太平洋航线中航行天数较长的一种。与同属太平洋海域的夏威夷航线不同，这条航线位于南半球，也是世界上为数不多的位于南半球的邮轮航线，只有当每年北半球秋冬季节来临的时候，才是南半球邮轮旅行升温的时期。

⑪美国加拿大赏枫航线

秋天的美国东部从波士顿向北到加拿大洋溢着丰富绚丽的色彩，是这一地区最美丽的季节，漫山红叶，层林尽染，景色美不胜收。从 9 月下旬至 10 月上旬是这一地区赏枫的最佳时间。

⑫中东、非洲航线

非洲航线季节性强，航期长，印度洋沿岸的东非地区和大西洋沿岸的西非地区，可选择余地不大，每年会有相对较少的航次在此地区运营，所经过地区和国家密集。中东航线以迪拜为中心，是性价比很高的航线。

⑬环球航线

多数环球航线是在一月份开始，也有很少是在四月份起航，多数是在100-110天的航程，通常从迈阿密出发，大体航线经加勒比海，过巴拿马运河到达南美进入太平洋，经日本、中国、越南、泰国、新加坡、澳大利亚，再经过印度、中东和地中海到达意大利或是英国。

（2）邮轮公司

①美国嘉年华邮轮

嘉年华邮轮于1972年成立，目前是全球第一的超级豪华邮轮公司，被业界誉为“邮轮之王”，总部设在迈阿密，航线广布巴哈马、加勒比海、墨西哥度假区、巴拿马运河、阿拉斯加、夏威夷、百慕大及加拿大等世界最美的海域，嘉年华邮轮集团现有25艘8-12万吨大型豪华邮轮，这也是现今为止最为庞大的豪华邮轮船队。船队全年在欧洲、加勒比海、地中海、墨西哥、巴哈马航行运营；而季节性航线则有阿拉斯加、夏威夷、巴拿马运河、加拿大海域航线等。

②皇家加勒比邮轮

是目前世界上第二大邮轮公司，成立于1969年，总部位于美国迈阿密，在全球范围内经营邮轮度假产品，在世界范围内运行多样化的航线，并提供覆盖七大洲大约460个目的地的陆地游度假产品。行程覆盖全世界各地，从美洲地区的阿拉斯加、加拿大、加勒比海、墨西哥、巴哈马群岛、夏威夷群岛、百慕大群岛、南美洲、巴拿马运河、太平洋海岸，到充满欧陆风情的北欧、欧洲、地中海、新英格兰地区，从澳大利亚、新西兰，来到热情诚挚的亚洲。旗下船队有27艘豪华邮轮。

③精致邮轮

精致邮轮是皇家加勒比游轮集团品牌之一，成立于1989年，旗下有12艘邮轮，规划超过260条精彩的度假航线，足迹遍及七大洲，包含世界上最有趣的旅游胜地，让旅客们能有更多时间探索精彩夺目的景点。

④歌诗达邮轮

隶属世界邮轮业翘楚嘉年华集团，歌诗达邮轮于2006年首次开启以中国为母港运营的国际邮轮航线，成为首家进驻中国的国际邮轮公司。2015年，歌诗达中国出发母港航次共168个，母港游客人数近50万人，占中国邮轮母港出入境游客份额的38.31%，成为在华运营母港航次及游客人数最多的邮轮公司，旗下有16艘邮轮。

⑤保罗高更邮轮

保罗高更邮轮只有两艘船，但主打奢华路线，超豪华的六星级邮轮，特色航线大溪地之旅。

⑥伯曼邮轮

伯曼邮轮公司（Pullmantur）成立于1971年，总部设在西班牙首都马德里。2006年伯曼邮轮正式加入国际闻名的皇家加勒比邮轮（Royal Caribbean）的大家庭。Pullmantur是西班牙最大的一家豪华游船运营商，拥有4艘游船。Pullmantur除了自身拥有的豪华游船运营外，还有丰富的岸上观光旅游度假套餐可供乘客选择，此外它还经营3架747喷气式客机用来提供游船始发地的港口和目的地之间的空中飞行服务。皇家加勒比游轮收购Pullmantur后，Pullmantur在皇家加勒比邮轮的麾下将保持其独立自主的品牌，以保持它与众不同的和成功的客户市场经验。

⑦星梦邮轮

全球娱乐休闲酒店旅游的领导品牌——云顶香港有限公司推出的全新邮轮品牌——星梦邮轮，是亚洲第一个本土品牌的高端邮轮公司。星梦邮轮致力于服务亚太区，星梦邮轮旗下两艘邮轮“云顶梦号”在广州南沙港提供亚洲航线服务，其星梦套房拥有独特的“船中船”体验，配备宽敞套房、豪华设施以及各项专属礼遇和欧式管家服务。星梦邮轮是真正专注于中国市场的本土高端邮轮品牌，专为中国旅客量身定制邮轮度假体验，特别准备了大量迎合家庭旅客需要的相连客房，并精心设计了提供地道中餐的多间餐厅。

⑧地中海邮轮

意大利全资拥有的MSC地中海邮轮，于1987年成立，并于1995年正式命名为地中海邮轮，同年开始发展邮轮业务。地中海邮轮在地中海区域全年都有邮轮航行。同时，他们也提供世界范围内的季节性邮轮航程供选择，包括北欧、大西洋、加勒比海、北美洲、南美洲、南非。MSC地中海邮轮能够让旅客陶醉于充满意大利特色的旅程。凭借MSC地中海邮轮独特的意大利风格，于行内独树一帜。船上热情的招待，华丽的装潢，舒适的设计，精致的美食，浪漫的气氛，处处流露出公司秉承的“意大利制造”的理念，也是MSC地中海邮轮的不同凡响之处。旗下有15艘邮轮。

（3）舱位

邮轮舱房一般会以“类型＋人数”的形式命名，如内舱双人房，海景三人房等。舱房类型主要分为：内舱房、海景房、阳台房、套房等四类。

内舱房：无窗，基本设施完备，是性价比最高的房型。

海景房：有窗但无法打开，可以观赏海景，除此之外与内舱房差异不大。

阳台房：有步入式阳台或露台（露台上方无顶盖，面积一般比阳台略大），可走出舱房观赏海景，呼吸海上新鲜的空气。

套房：一般均有步入式阳台（极少数无阳台），面积较大，房间配套设施更完备。套房客人可享受专属服务，如 24 小时管家服务、免费气泡酒、新鲜水果等。

图 3-9　邮轮客舱

邮轮舱房对于可入住人数有比较严格的规定。比如双人房规定入住 2 人，多于 2 人则无法预订此类舱房，如仅有 1 人预订，则必须支付单房差，合计下来与 2 人入住的价格相差无几。

在常见的舱房中，双人房、三人房和四人房居多。一些邮轮上有少量单人房，如海洋量子号上的单人内舱房。部分邮轮也存在少数可入住多人（大于 4 人）的舱房，如量子号的家庭连通房最多可入住 10 人，该房型由 1 间标准套房、1 间阳台房及 1 间单人内舱房组合而成，3 间房共用一个独立入口和门廊。

（4）港口

全国沿海有 13 个邮轮港，分别是：上海、天津、厦门、广州、深圳、海口、青岛、大连、三亚、连云港、温州、威海、舟山。

3. 火车

随着科技的发展，目前我国高铁的平均时速达到了 300km/ 小时，与乘坐飞机相比，因高铁所需的候车时间较短，因此在前往中短途目的地时，乘坐高铁往返的总耗时与飞机相差无几。且高铁更准时，延误少，票价固定，在旅游旺季更凸显价格优势。

（1）类型

我国的火车根据车速从高到低，具体分类如下图：

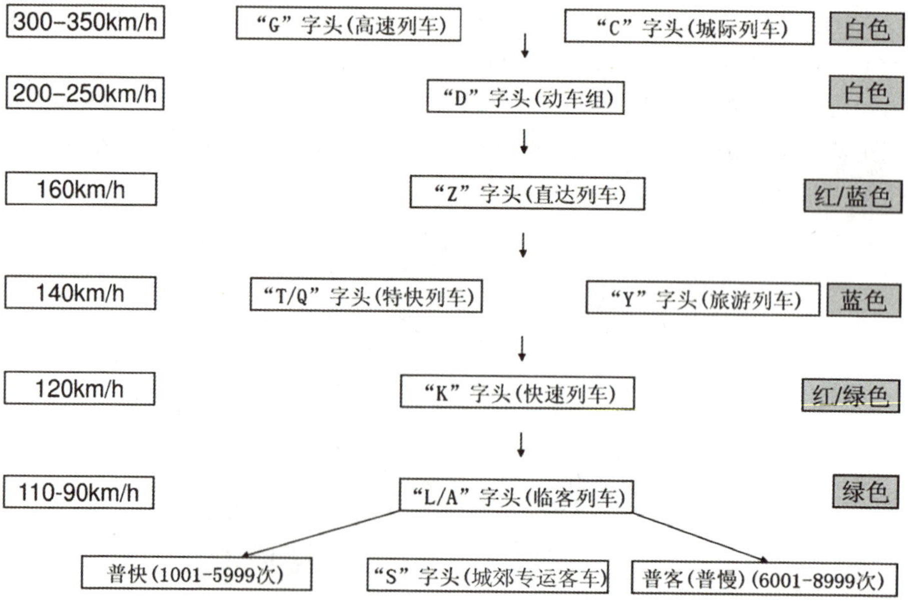

图 3-10　火车类型图

除普通的火车外，有一种旅游专列火车，会连接具有代表性的景点，满足游客想一次游览众多景点的愿望。旅游专列的车票一般由旅行社包销，不会在公众售票平台进行销售，一般都是采取 2 人或者 4 人的软卧包厢，包厢内带有独立卫生间，列车上有餐厅、酒吧等设施，相当于一个移动的酒店。

（2）席别与票价

席别主要有 10 大类：商务、特等、一等、二等、高级软卧、软卧、硬卧、软座、硬座、无座（站票）。

火车票的价格为常年定价销售，不像飞机会有价格浮动。根据新版《铁路运输规程》，明确对购买儿童火车票标准增加了年龄条件（之前只以身高为标准）并从 2023 年 1 月 1 日起实施。

表 3-9　儿童火车票价格

人群	票价	说明
儿童未满 6 周岁	免票（无座）	卧铺无儿童票；每名成人可免费 1 名未满 6 岁儿童；免费乘车儿童可购买儿童优惠票单独使用座位
儿童年满 6 周岁未满 14 周岁	成人票价 50%（占座）	
儿童年满 14 周岁	成人票价	

（三）大交通的类型组合

有些出发地与目的地之间没有可以直达的交通工具，这种情况下就需要用到大交通组合的方式。

1. 飞机 + 飞机

飞机 + 飞机的方式常见从国内三四线城市出发前往境外目的地，出发地所在城市并没有前往境外的直达航班，因此必须先乘坐国内航班前往附近的口岸城市，再换乘国际航班。有些国际航班由于时间原因（比如一大早出发），当天无法衔接，则需要提前一天抵达，在机场酒店留宿一晚。

2. 飞机 + 邮轮

飞机 + 邮轮的方式一般用于搭乘境外邮轮时，先搭乘飞机前往登船港口附近的机场，再换乘邮轮。需要注意邮轮上下船的港口是否相同，港口决定往返程的航班。

3. 飞机 + 火车

飞机 + 火车的方式常用于前往境外多个目的地。如前往欧洲多个城市游玩时，可采用飞机 + 欧铁的方式，先飞抵起点城市，之后搭乘火车，游玩沿途的多个城市。

（四）目的地交通

1. 飞机

主要指境内及境外的短途飞机。境内主要以省内航班为主，例如成都—九寨沟、昆明—丽江，跨省的比如上海—普陀山。这些航线的特点是起始地与目的地之间的距离很近，但因为两地间可能间隔着山河，走陆路的话需要绕行，非常耗时，不如乘坐飞机来得快捷。

欧洲大部分国家的国土面积并不大，搭乘短途飞机往返各个城市也很方便快捷，例如巴黎—马赛，大部分廉价航空的机票也很便宜，但票价通常不含免费的托运行李额度。

2. 巴士

旅游巴士是目的地游览过程中的重要交通工具。巴士实际乘客人数必须小于等于定员人数，儿童和婴儿也应计算在内。定制游团队为了提升游客的体验度，在成本可行的前提下，建议采用 70% 的乘客数与座位数配比，即 30 座的车坐 20 位左右的乘客。有些豪华定制游团甚至会采用 50% 的配比，使每位乘客能坐两人位。

表 3-10 国内主要旅游巴士的种类

类型	座位数（含司机位）	主要品牌
商务轿车	5	帕萨特、凯美瑞、别克君越等
豪华轿车	5	奥迪 A6/A8、宝马 5 系 /7 系、奔驰 E 级 /S 级等
商务车	7	别克 GL8、大通、瑞丰、埃尔法等
面包车	9-11	金杯、海狮等
小巴	18-22	考斯特、金龙等
中巴	33、37	金龙、宇通等
大巴	45、53	金龙、宇通等

在境外各国，车辆品牌会有差异，但座位数基本类似。

3. 租车

定制师在与客户的沟通过程中，有时会遇到客人希望自驾的情况，特别是在一些境外目的地。因此对于境外自驾，需要掌握一些必备的知识与信息。

（1）中国驾照在国外如何使用

目前我国还未加入《联合国道路交通公约》，所以中国公民无法办理国际驾驶许可证（IDP）。如果想去国外自驾开车，可通过使用“中国驾照原件 + 中国驾照翻译件”或“中国驾照原件 + 中国驾照翻译公证件”的组合进行租车。中国驾照翻译公证件是由公证处出具，可在支持中国驾照驾车的所有国家和地区租车时使用。携带本人中国驾照原件及复印件、中国居民身份证原件及复印件、户口本原件及复印件，前往所在城市（大陆城市）的公证处申请办理驾照公证件，公证费约为 130 元，驾驶证翻译费则要另外收取。

（2）租车公司

根据自身的预算情况以及方便程度去选择租车公司。

①大公司：HERTZ（赫兹）、AVIS、EUROPCAR，连锁店最多，价格也最贵。适合对品牌、车况和服务要求较高的人群。

②中型公司：ALAMO、NATIONAL、BUDGET，其中 ALAMO 和 NATIONAL 是一个集团，车型以雪佛兰和别克为主。服务和价位以及车况都算不错，适合追求性价比且对品牌有一定要求的人。

③物美价廉型：THRIFTY、DOLLAR。服务一般，价格便宜，车辆选择较少，适合出行预算有限的人群。

拓展知识

热门旅行目的地海外驾照的认可情况

三、案例分析

案例 3-5

化妆品公司奖励旅游

2018 年 3 月某日，某国际旅行社的业务经理小沈接到来自客户的电话，某知名化妆品公司计划于 11 月组织公司的销售骨干去欧洲旅游，经过与客户的初步沟通，得知客户的需求基本如下：这次计划出行的销售骨干总人数约 300 人，分布在全国各大城市，希望能体验欧洲的邮轮，最好是地中海区域，总的行程 10 天左右。客户觉得一方面邮轮的行程相对轻松，不用天天坐大巴车到处跑；另一方面，邮轮上便于组织会议活动，让大家相互交流销售经验。客户希望小沈根据要求尽快提交活动方案。

因为活动比较大，小沈不敢怠慢，立即向公司领导进行了汇报。领导随即组织了计调、票务、签证部门的同事一同开会，大家分工合作并于次日将初步方案提交给了客户。

客户对于小沈公司的工作效率及初步方案很满意，经过后续的细节沟通，终于敲定了此次地中海邮轮 10 天 8 晚的计划并签订了旅游合同。

航班信息及行程方案：

航班一 54 位

（1）KL898 16NOV 北京←→阿姆斯特丹 1155/1530

（2）KL1607 16NOV 阿姆斯特丹←→罗马 1655/1910

（3）AF1731 24NOV 米兰←→巴黎 1805/1935

（4）AF382 24NOV 巴黎←→北京 2320/1635+1

航班二 70 位
（1）BA168 16NOV 浦东←→伦敦 1055/1555
（2）BA558 16NOV 伦敦←→罗马 1820/2155
（3）BA569 24NOV 米兰←→伦敦 1845/1950
（4）BA161 24NOV 伦敦←→浦东 2140/1700+1
航班三 125 位
（1）EK305 16NOV 浦东←→迪拜 0615/1205
（2）EK095 16NOV 迪拜←→罗马 1505/1845
（3）EK092 24NOV 米兰←→迪拜 2120/0635+1
（4）EK304 25NOV 迪拜←→浦东 0915/2105
航班四 41 位
（1）AF117 16NOV 浦东←→巴黎 1100/1645
（2）AF1004 16NOV 巴黎←→罗马 2120/2325
（3）KL1632 24NOV 米兰←→阿姆斯特丹 1700/1855
（4）KL893 24NOV 阿姆斯特丹←→浦东 2120/1455+1
TOTAL：283+7TC

表 3-11 行程安排

天数	日期	城市	时间	交通	观光	用餐		酒店
1	11 月 16 日 星期五	上海 OR 北京 罗马		国际 航班	上海或北京机场集合，乘坐国际航班前往罗马 导游接机后，送往酒店休息	早 中 晚	× × 自理	双人 阳台房 2 人 / 间 罗马机场 希尔顿
2	11 月 17 日 星期六	罗马	全天	专用车	早餐后，游览“永恒之城”——罗马，参观古罗马的象征——圆形竞技场外景、君士坦丁凯旋门、威尼斯广场、卡比多里奥广场、世界上最大的浴场——卡拉卡浴场、以“许愿泉”闻名于世的特莱维喷泉、纳沃纳广场	早 中 晚	酒店内 含 含	双人 阳台房 2 人 / 间 罗马机场 希尔顿

续表

天数	日期	城市	时间	交通	观光	用餐		酒店
3	11 月 18 日 星期日	罗马 奇维塔韦 基亚		专用车	早餐后，送至奇维塔韦基亚港口，12 点上船	早 中 晚	船内 含 船内	双人 阳台房 2 人 / 间 地中海邮 轮传奇号
4	11 月 19 日 星期一	巴勒莫 （西西里 岛）	9：00– 17：00	专用车	9 点下船，前往游览西西里岛首府——巴勒莫。参观诺曼皇宫、融合诺曼、哥德、巴洛克式风格的巴勒莫大教堂、金碧辉煌的帕拉丁圣堂、精致的喷泉广场，处处彰显首府的典雅风华 17 点前送回港口	早 中 晚	船内 含 船内	双人 阳台房 2 人 / 间 地中海邮 轮传奇号
5	11 月 20 日 星期二	马耳他	10：00– 18：00	专用车	10 点下船，前往游览马耳他古城姆迪娜，作为修建在马耳他岛中央丘陵上的古首都，这里静谧、风雅。城中小巷静谧优雅，城墙高耸不怒自威。之后前往莫斯塔圆顶教堂，莫斯塔圆顶教堂始建于 1833 年，教堂圆顶的内部直径达 37.2 米，是欧洲第三大无支撑柱的圆顶大教堂。最后我们将参观瓦莱塔。作为要塞的城中遍布古迹，教堂、博物馆……整座都城由一张设计图一气呵成，独立于世 18 点前送回港口	早 中 晚	船内 含 船内	双人 阳台房 2 人 / 间 地中海邮 轮传奇号
6	11 月 21 日 星期三	船中			全天船中自由活动	早 中 晚	船内 船内 船内	双人 阳台房 2 人 / 间 地中海邮 轮传奇号

续表

天数	日期	城市	时间	交通	观光	用餐		酒店
7	11月 22日 星期四	巴塞罗那	7:00– 18:00	专用车	7点下船，游览“伊比利亚半岛明珠”——巴塞罗那，参观高迪的辉煌之作——圣家族教堂、高迪的另一力作——古埃尔公园及高迪的另两个作品——商住混合大楼米拉之家、巴特尤之家（参观外观，不入内）。之后，游览欧洲第二大精品购物街——格拉西亚大街、兰布拉斯大道 18点前送回港口	早 中 晚	船内 含 船内	双人 阳台房 2人/间 地中海邮轮传奇号
8	11月 23日 星期五	马赛	8:00– 18:00	专用车	8点下船，游览法国南部第一大港——马赛，其多元的融合文化博得了大仲马“全球文化汇聚点”的称誉。抵达后前往参观这座城市的心灵寄托地——圣母守望院，内部的彩色大理石及镶嵌艺术显示了新拜占庭式的教堂风格。由此您可俯瞰马赛市容、弯月般的海湾及湛蓝的地中海；而后漫步于老港码头区 18点前送回港口	早 中 晚	船内 含 船内	双人 阳台房 2人/间 地中海邮轮传奇号
9	11月 24日 星期六	热那亚 米兰 上海或北京	8:00 晚上	专用车 8点 国际航班	热那亚—米兰/上海或北京，在热那亚下船，前往时装之都——米兰，参观著名的多姆大教堂、闻名遐迩的斯芳斯古堡、栩栩如生的达·芬奇像、埃马努埃莱二世长廊。随后自由购物。 之后根据航班时间送机	早 中 晚	船内 含 ×	无住宿
10	11月 25日 星期日	上海或北京			抵达上海或北京，自行返回温暖的家中	早 中 晚	× × ×	无住宿

【案例分析】

此次活动是一次典型的企业定制境外邮轮旅游。在制定方案及后续的安排过程中需要考虑到以下这些方面。首先，邮轮旅游是此次旅行的主要目的，因此第一步要先寻找符合客户档期的邮轮班期，可以通过 OTA 平台或各大邮轮官网进行搜索；在选定初步目标后，需要与邮轮公司取得联系，询问报价及安排的可行性（因人数较多）；之后根据邮轮的具体日期与上下船港口，搜寻合适的航班方案并对比价格；因境外邮轮的岸上观光均为另外收费，因此需要联系地接单独安排中途的岸上观光，包括车辆、导游、用餐等事宜。最后境外旅行一般需要办理签证，意大利签证的办理流程较为复杂，需要准备的材料较多，在活动确定后需要尽早通知客户进行准备，如在第三国转机（如英国），也要注意是否需要办理过境签证。

四、实训活动设计

（一）实训目标

1. 知识目标

能判断、列举邮轮航线及邮轮公司的名称；能概述邮轮各舱位的特点；能说出我国火车的类型分类。

2. 能力目标

能根据客户实际需求安排行程的交通；能辨认常用的航空公司代码；能解释 eterm 系统上航班信息的涵义；能判断可自驾的热门目的地。

3. 素质目标

培养学生的洞察力与判断力，提高服务用户思维能力。

（二）实训内容

（1）有客户希望近期从北京出发前往成都、九寨沟游玩，尽量早去晚回。请予以推荐大交通方案。

（2）有客户希望近期从成都出发，前往北极旅行。请以在朗伊尔城搭乘海达路德邮轮作为推荐方案，结合邮轮班期，查询各种转机方案并予以推荐。

（3）以摄影为主题，选择旅游目的地（新疆、福建、内蒙古、陕西、重庆等），客户从上海出发，3 男 2 女。或以亲子为主题，选择旅游目的地（我国宁夏、海南、山东等地；日本、新西兰等国家），客户从北京出发，家庭 1：2 大 1 小；家庭 2：1 大 1 小；家庭 3：1 大 2 小。儿童的年龄在 8-12 周岁，有一位满 12 周岁。或以游学为主题，选择旅游目的地（山东、上海、山西、甘肃等），客户从广州出发，为15名14-16周岁的青少年。完成以下实训任务：

①选择行程中的大交通和目的地交通；

②介绍大交通和目的地交通，并说明选择的理由。

五、任务掌握评价

（一）学生自评

（已完成和可胜任的内容请在括号中打"√"）

（1）实训按照要求完成。（　　）

（2）实训的过程中主动查阅航空公司三字代码。（　　）

（3）能概述交通安排的"三原则"。（　　）

（4）能列举各种线路的交通安排方案。（　　）

（二）老师评价

任务四　安排酒店及餐厅

一、任务分析

住宿与餐饮均属旅游六要素，也是定制旅行产品非常重要的组成部分，酒店与餐厅选择的合理性对于客户整个出行体验度有着非常关键的影响。定制师应与客户充分沟通后，结合客户的预算、需求、偏好、出行目的及行程本身的特点来推荐合适的酒店与餐厅。因此，掌握酒店与餐厅的相关知识点很有必要。为了使定制师在实际工作过程中能够从容应对，请完成以下主要任务：

（1）熟悉酒店的分类及其特点；

（2）掌握选择酒店的技巧；

（3）掌握安排餐厅与配置菜单的技巧。

二、相关知识

（一）酒店的分类

1. 按接待对象划分

（1）商业酒店

通常位于繁华商业区或附近，以商务客人为主，档次较高，服务设施较为齐全。商业酒店周末及节假日客房入住率及价格通常会低于平日，这与度假型酒店相反。

（2）旅游观光型酒店

通常位于景区附近或旅游城市市内，以接待观光旅游者为主，客房以标间为主，酒店档次差距较大。旅游淡旺季的价格差距会比较大。

（3）公寓型酒店

即通常所说的酒店式公寓，一般位于城市，客房面积较大，以家居式套房为主，提供自助服务，配有洗衣机及电磁灶等设备。适合居住时间较长的旅行者或商务客人。

（4）汽车旅馆

建在高速公路旁或城市近郊区，档次一般，主要为开车旅行者服务，在国外较为流行。

（5）度假型酒店

位于风景和环境较好的地区，规格较高，以接待度假旅游者为主，通常占地面积比较大，配套设施齐全。

（6）国宾型酒店

通常位于城市风景优美的地段，多为花园式风格，以国宾及政府接待为目的而设，无接待任务时也接受普通宾客预订入住，硬件规格较高，服务也较好。

2. 以星级划分

现今世界各地对于酒店、宾馆、饭店等涌现出许多独立评级制度，但迄今为止世界上不存在任何一种统一的官方的标准，以下为几种具有影响力的评级标准：

（1）国家评级标准

部分国家采用自己的官方评级制度，其中包括中国、澳大利亚、奥地利、比利时、英国、法国、希腊、印度尼西亚、意大利、墨西哥、荷兰、新西兰、西班牙及瑞士。评级可确保一定水平的设施和服务，但却难以比

图 3-11　北京饭店

较国与国之间的评级标准。例如，巴黎的一家四星级酒店可能与雅典的一家四星级酒店大相径庭。目前在美国及加拿大并无此评级制度。

国家评级制度通常只强调可见数据（如房间大小、餐厅数目等）而忽略了难以测量的因素（如服务水平等）。即便如此，国家评级通常也可以有效反映该国的酒店水准。

（2）中国酒店星级评选标准

中国酒店星级的评选标准满分为 600 分，标准分为前厅、客房、餐饮、其他服务、安全设施及特殊人群设施、饭店总体印象、员工要求等 7 个大项。各大项分若干小项，除特殊说明外，对一至五星级饭店均适用。

星级的评选数值标准需要参考达标率（达标率 = 该项实际得分 / 该项标准得分 ×100%），各星级最低总体达标率要求：

一星级：60%；

二星级：65%；

三星级：70%；

四星级：75%；

五星级：85%；

白金五星级：95%。

除总体达标率达到规定外，前厅、客房、餐饮、其他服务、安全设施及特殊人群设施、饭店总体印象、员工要求等 7 个大项也应按要求达到各星级相应达标率，标准中共设置员工应变能力考核点 20 个。各星级最低合格率要求：

一星级：至少抽查 5 个考核点，合格率 50% 以上；

二星级：至少抽查 5 个考核点，合格率 60% 以上；

三星级：至少抽查 8 个考核点，合格率 70% 以上；

四星级：至少抽查 12 个考核点，合格率 80% 以上；

五星级：至少抽查 15 个考核点，合格率 80% 以上；

白金五星级：至少抽查 15 个考核点，合格率 90% 以上。

（3）AAA 钻石评级

AAA 评级是美国及加拿大旅游业内对酒店物业最全面可靠的分类系统

之一，可在 Apollo/Galileo 及 AAA 的会刊查阅。

★酒店符合所有条文的要求。产品或服务洁净、安全及维修良好。

★★酒店拥有达一颗钻石水平的同时在房间陈设及家具方面显示明显改善。

★★★酒店在实质性、服务及舒适度方面显示明显升级。足以提供额外的款待、服务及设备。

★★★★酒店反映出优异的亲善服务及细致，而同时提供高档的设备和一系列的额外款待。

★★★★★酒店设备及运作反映无懈可击的标准及卓越水平，同时超越顾客对亲善态度和服务的期望。

3. 按豪华程度划分

奢华型：设施奢华，服务趋于完美，注重细节体验，消费水平也高，服务于中产及以上群体，多为各大酒店集团的顶级品牌。

豪华型：设施豪华，服务齐全，价格高，服务高消费者，通常五星或以上酒店属于此类。

舒适型：设施优良，服务较好，但总体标准略低于豪华型酒店，价格适中，服务中端消费者，通常四星酒店属于此类。

经济型：提供基本的食宿服务，设施简洁卫生，价格较为低廉，服务大众消费者。通常三星酒店属于此类。

4. 按规模大小划分

大型酒店：客房数在 600 间以上；

中型酒店：客房数在 300-600 间（含 600 间）；

小型酒店：客房数小于 300 间。

5. 按文化特色划分

（1）主题酒店

主题酒店是以某一特定的主题，来体现酒店的建筑风格和装饰艺术，以及特定的文化氛围，让顾客获得富有个性的文化感受；同时将服务项目融入主题，以个性化的服务取代一般化的服务，让顾客获得欢乐、知识和刺激。主题精品酒店的文化特征鲜明，设施设备考究，注重宾客体验，规模较小，通常用一些古旧建筑改造。

（2）乡村民宿客栈

利用自用住宅空闲房间，结合当地人文、自然景观、生态、环境资源及农林渔牧生产活动，以家庭副业方式经营，提供旅客乡野生活的住所。民宿不同于传统的饭店旅馆，它能让人体验当地风情、感受民宿主人的热情与服务、并体验有别于以往的生活。

（3）青年旅社

也常称为青年旅馆，提供旅客主要是背包客（Backpacker）短期住宿，尤其鼓励年轻人从事户外活动以及文化交流。青年旅舍通常不像酒店那么正式，价格也比较低廉，是预算有限的自助旅游者及背包族（Backpacker）最常考虑的住宿地点之一。若要说其与其他旅馆最大的不同，可能在于多有交谊厅和厨房等公共区域，以及“通铺”或“上下铺”的团体房间形式可供选择。

（二）酒店的品牌

许多大型的酒店集团拥有多个酒店品牌，这些品牌按照酒店的豪华度进行区分，同时也反映着酒店集团的特色。一名有经验的定制师需要学会通过酒店品牌、设施照片以及售价，快速地筛选出高性价比且适合客人的酒店。

表 3-12 是目前全球排名前列的酒店集团及旗下品牌。其中奢华酒店对应我国白金五星级及以上，超高端对应五星级，高端对应四－五星级，中端对应三－四星级，经济型则是二－三星级。

表 3-12　酒店集团及旗下品牌

品牌 等级	Marriott 万豪	Hyatt 凯悦	IHG 洲际	Accor 雅高	Hilton 希尔顿	Wyndham 温德姆	Wanda 万达	Jinjiang 锦江	Home 如家	China Lodging 华住	New Century 开元	Plateno 铂涛	其他
Luxury 奢华	丽思卡尔顿 瑞吉 豪华精选 JW 万豪 W 酒店 艾迪逊	柏悦 安达仕 君悦	洲际	莱佛士 费尔蒙 索菲特传奇 索菲特	华尔道夫 康莱德	温德姆至尊	瑞华	J 酒店					文华东方 半岛 凯宾斯基 四季 悦榕庄 卓美亚 香格里拉 瑰丽 朗廷 安缦
Upper Upscale 超高端	艾美 万豪 威斯汀 喜来登 万丽	凯悦	英迪格 华邑 皇冠假日	铂尔曼 瑞士酒店	希尔顿	温德姆	文华	锦江			开元名都		日航 嘉里 千禧 丽笙 雅诗阁 朗豪
Upscale 高端	雅乐轩 福朋 万怡 源宿	凯悦嘉轩	假日	美憬阁 美爵 诺富特	希尔顿逸林 希尔顿花园	华美达 豪生	嘉华			美爵 禧玥 漫心 诺富特	开元		世纪金源 建国
Midscale 中档	万枫 Moxy		智选假日	美居 宜必思 全季	希尔顿欢朋	戴斯	锦华	锦江都城	和颐至尊 和颐	美居 宜必思 全季	开元曼居	希尔顿欢朋 喆啡 鹿枫	
Economy 经济型				宜必思尚品		速 8		锦江之星	如家 莫泰	汉庭		7 天	

（三）酒店房型

1. 单人间（Single Room）

单人间又称单人房，是放一张单人床的客房，一般数量较少、面积较小、位置相对较偏，适合从事出差或旅游的单身宾客。根据卫生间设备条件，单人间又可分为：无浴室单人间（Single Room Without Bath）、带浴室单人间（Single Room With Bath）、带淋浴单人间（Single Room With Shower）。

由于这种房间的私密性强，近年来颇受单身旅游者的青睐。不少酒店增加了单人间的数量，并且在面积和装饰布置的档次上也有所改进和提高，摆脱了传统的单人间仅仅是经济房间的概念。

2. 大床间（Double Room）

大床间是指在房内配备一张双人床的房间，适合夫妻旅游居住，也适合单身宾客居住，新婚夫妇使用时称之为“蜜月客房”。

另外，大床间同样适用于那些偏好宽敞舒适的居住环境的单身商务宾客。在以接待商务宾客为主的高星级酒店里，大床间的数量越来越多，并大多配有先进的办公用品及通信设备等。

3. 双人间（Twin Room）

双人间又称标准间（Standard Room），在房内放两张单人床，可住两位宾客，也可供一人居住。一般用来安排旅游团队或会议宾客。这类客房在酒店占绝大多数。

为了出租和方便宾客，有的酒店配备了单双两便床。在大床间供不应求时，可将两张单人床合为一张大床，作为大床间出租。国外某些酒店为了显示其规格，在双人间中放置两张双人床。这种有两张双人床的客房称为“double-double room”，可供两个单身旅行者居住，也可供一对夫妇或一个家庭合住。这种房间面积一般比标准间大。

此外，根据宾客要求，客房内可以加床，通常加床用的是可折叠的活动单人床。

4. 三人间（Triple Room）

三人间是指房内放三张单人床，属经济型房间。此类客房在酒店特别是高档酒店很少见，当宾客需要三人同住一个房间时，往往采用在双人间中加一张床的方式来解决。

此外，还有同时供 3 人以上居住的房间，房内放置多张单人床。此类房间多见于一般旅馆或招待所，我国的高档酒店一般不设置这类客房。

5. 套房（Suite）

套房一般分为标准套间（Standard Suite）、豪华套间（Deluxe Suite）、

图 3-12 酒店套房

总统套间（Presidential Suite）。

（1）标准套间又称普通套间，一般为连通的两个房间。一间为起居室，即会客室，起居室也可设盥洗室，可不设浴缸，一般供拜访的宾客使用；另一间为卧室，卧室中放一张大床或两张单人床，配有卫生间。

（2）豪华套间可以是双套间，也可以是三至五间或更多房间组成的多套间，一般分为卧室、起居室、餐室、书房、厨房和会议室等。卧室中配备大号双人床或特大号双人床，室内注重装饰布置和设备用品的华丽高雅。

（3）总统套间一般由 5 间以上的房间组成，多者达 20 间。房内设有男女主卧、会议室、卫生间、起居室、书房、厨房、餐室、警卫室、随从室、娱乐室等，有的还有室内花园。整个房间装饰布置极为讲究，设备用品富丽豪华，常有名贵的字画、古董、珍玩装点其间。总统套间房价昂贵，出租率较低，一般是政界要人、商界大亨、演艺界名人等入住。总统套间一般要五星级以上的酒店才有，它能提升酒店的档次和知名度。

6. 特殊客房（Special Room）

特殊客房又称主题客房，是为某一类人特别设计和布置，以满足宾客的个性化需求。近几年根据不同宾客需要，酒店开始设计各种不同主题的客房，它们具有浓郁的文化气息，体现了酒店对宾客的关爱之情。各种客房有其不同的特点，但同时又有很强的兼容性。比如：

（1）以某种时尚、兴趣爱好为主题的客房：汽车客房、足球客房、邮票客房、电影客房等。

（2）以某种特定环境为主题的客房：梦幻客房、海底世界客房、太空客房等。

（3）以健康环保为主题的客房：绿色客房、低碳客房、无烟客房等。

（4）以针对特殊群体需求为主题的客房：老年人专用客房、无障碍客房、高科技客房、钟点客房等。

①老年人专用客房

老年人专用客房的卫生间是用防滑玻璃纤维制造，并设有软垫长椅，在那里可以安全洗浴，并设置防滑把手；门把和开关位置适宜；设置多个召唤铃，老人不用移动太远，就可询问自己需要的服务。

②无障碍客房

无障碍客房是一种专供残疾宾客使用的客房，一般具备残疾人专用进出口、残疾人专用厕位等。

③高科技客房

该类客房是为商务等宾客设计的客房。房内提供网络浏览、E-mail 收发、FTP 文件下载、Telnet 远程登录、网络游戏等多项服务，更有可旋转的液晶显示电视屏幕、遥控芳香治疗系统、环绕音响系统等。

④钟点客房

钟点客房是一种按小时收费的经营模式，以其灵活性和便利性受到宾客的欢迎。

（四）选择酒店的技巧

1. 满足需求是根本

酒店的选择是满足客户需求的根本。一般情况，定制师根据客户的需求来进行判断，如酒店的类型、酒店的位置、酒店的星级、酒店的服务等。例如：国内高尔夫客户一般安排球场内的酒店或离球场近的度假区酒店；购物客户型要注重公共交通的便利性；蜜月客户会倾向度假型酒店、主题酒店。有丰富的儿童娱乐设施的酒店会受家庭游客户青睐。讲究饮食的客户尤为需要注意酒店的餐饮服务。

2. 选新不选旧

从酒店硬件体验感来说，尽可能挑选开业半年至五年的新酒店。通常开业时间较短的酒店在硬件设施上要远远好过开业年份长的酒店，宾客住宿体验感自然会得到提升；而开业半年内的酒店，可能会存在客房内有异味，运营管理尚处于磨合阶段，软件服务存在不足之处等问题，而半年后则会逐步好转。

3. 优先选连锁

在其他条件类似的情况下，优先选择品牌连锁的酒店。即使酒店的硬件设施看起来差不多，但因为连锁酒店的管理标准化程度更高，通常在软件服务和细节表现上会更突出，宾客在入住期间获得的服务体验也相对更稳定。

（五）餐厅的类型

口味、本土化、服务、主题、位置、网红打卡地是餐饮产品资源的相关因素。定制师在安排行程时要综合考虑相关因素。定制师在与客户沟通中应详细询问每位出行人员的口味情况及是否忌口，设计餐饮产品资源时既要符合客户的情况又要有地方特色。

1. 中餐厅

中餐厅是指提供中式菜点、饮料和服务的餐厅，主要经营粤、川、鲁、浙、湘、徽、闽、京、沪等菜系，除了满足顾客食用中餐的需求外，还为顾客提供交际应酬、喜庆宴会、家庭聚餐等服务。中餐适用性广，为各种人群所接受，定制旅行的餐饮安排中除有特殊要求外，一般以中餐为主。

2. 西餐厅

人们一般把欧美各国料理统称为西式餐饮。欧美各国菜式、服务均有差异，比较知名的有法国菜、意大利菜、美国菜等，西餐厅是指以西式正餐为主要经营内容的餐厅，体现档次的如扒房、意大利餐厅等。扒房通常以西方文化、艺术为主题，要求高雅、富丽，形成独特风格，讲究酒水、菜品与餐具的高档搭配，提供一流的专业化服务。对于西餐的接受度因人而异，通常年轻群体对之较为偏爱，中老年人则适应性较低。

图 3-13　西餐菜品

3. 日式料理店

日本料理，其特色是精致、清爽可口且不油腻。无论是简单的寿司吧还是高级的日本餐厅，都有日式的装潢，透出浓厚的日本文化风格。日本料理中除刺身等生食外，大部分菜品的口味为大众所接受，如前往日本旅行，一定要建议客户体验正宗的日本“怀石料理”。

4. 咖啡厅

又称简便西餐厅，主要经营西式简餐、咖啡、酒类饮料、甜品点心、小吃、时尚美食等，一家有特色的咖啡厅必然有其独特的风格特征，或体现在其周边风景，或在其装修摆设，特色咖啡厅可以作为旅行途中的下午茶打卡地安排在行程中。

5. 自助餐厅

自助餐厅比较注重气氛的渲染，讲究餐厅的布置和食品摆放的位置以及次序，尽可能地方便客人。从菜品方面看，比较重视食品的丰富性，充分让顾客享受参与和得到自我选择的满足感。境外定制团中安排自助餐较为常见，一方面菜品相对丰富，老少皆宜，可以照顾到不同顾客的口味与食量，另一方面费用适中，颇具性价比。

6. 快餐厅

快餐厅是以提供速食为主的餐厅。这种餐厅的规模不大，菜品都限制在几种范围之内，大多是中、低档的大众化菜点。快餐厅经营的特点是只提供有限的服务，服务效率高；价格低廉，适合于经常性消费；质量稳定，能够取得顾客的信任；环境干净卫生。肯德基、麦当劳是典型的快餐厅。快餐厅一般被安排在时间紧、赶行程的情境下。

（六）安排餐厅的技巧

在安排餐厅方面，如果客户没有指定的餐厅，可以从客户需求入手为客户安排合适的餐厅。比方说：散客客户要去巴黎度蜜月，至少考虑有一正餐需与客户的蜜月游有关联。在首要满足客户需求后再按照以下原则来选择合适的餐厅。

（1）顺路原则：根据行程路线来选择餐厅位置，尽可能避免为了用餐而走回头路或绕远路等，必要时可以根据选定的餐厅位置适当调整行程路线。

（2）按预算订餐：应根据用餐预算合理选择人均消费相匹配的餐厅，避免“预算高但餐厅消费水平低”或“预算较低但餐厅消费水平高”的情况发生。

三、案例分析

案例 3-6

日本关西定制游

定制师小黄今天接到一个新的定制需求单，通过首呼沟通后，得知客户的需求大致如下：客户为一对中年夫妇，希望国庆期间前往日本关西地区泡温泉与购物。行程为 5 天 4 晚，尽可能多安排几天温泉酒店，温泉酒店内需包含早晚餐，大阪住一晚就行，酒店要豪华型的，留半天时间购物。全程包车，车型要丰田埃尔法，司机兼导游，午餐可以自理。

小黄整理了一下思路，按照以下步骤进行操作：

客人此行的主要目的是温泉旅行，而关西地区京都、奈良区域的温泉较多，且京都作为日本古都，值得一看的景点比较多，因此计划在京都住2晚、奈良住1晚、大阪住1晚。通过各订房平台查询符合入住日期的京都、奈良范围的高端温泉酒店及大阪市区商业区的高端酒店，分别挑选若干备选。

结合各备选酒店具体位置、酒店特色、设施情况、价格等因素进行对比，挑选以下三家性价比较高的酒店写入方案。

京都：汤之花温泉龟峰庵，高级日式房。

奈良：万叶若草之宿温泉酒店，日式房。

大阪：希尔顿酒店，豪华大床房。

【案例分析】

定制师安排酒店的思路非常清晰，首先构思总体行程框架，从而确定每晚的住宿城市；接着从客户的需求出发，寻找适合的酒店，列出备选清单；最后进行综合对比，选出认为最合适的酒店列入方案。

四、实训活动设计

（一）实训目标

1. 知识目标

能列举酒店按照入住对象分类所属类型；能概述酒店房型的分类；能概述餐厅的分类。

2. 能力目标

能辨认常见酒店品牌所属的酒店集团及其档次；能灵活运用酒店相关知识合理安排酒店；能灵活运用餐饮相关知识合理安排餐厅及配置菜单。

3. 素质目标

培养学生的洞察力与判断力，提高用户服务思维。

（二）实训内容

（1）学生按两人一组进行分组，先由一名学生按以下格式任意填写酒店需求，另一名学生通过携程等 OTA 网站查询并进行推荐，之后双方互换角色，完成后双方进行互评。

酒店需求

出行日期	
住宿城市	
出行目的	
酒店档次	
房间数量	
其他需求	

（2）以图 3-4 印象江南餐厅菜单为例，分别配置两套 10 人用菜单。具体要求如下：

① 7 女 3 男，都不喜欢吃辛辣食物，无忌口，餐标 400 元 / 桌（不含酒水）。

② 5 男 5 女，喜好吃辛辣食物，无忌口，餐标 600 元 / 桌（不含酒水）。

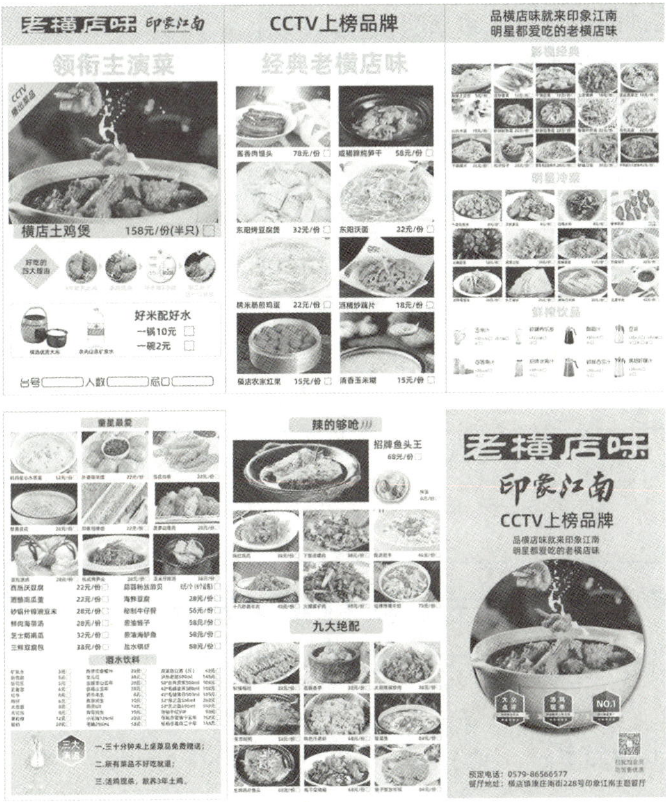

图 3-14　印象江南餐厅菜单

（3）以摄影为主题，选择旅游目的地（新疆、福建、内蒙古、陕西、重庆等），客户从上海出发，3男2女。或以亲子为主题，选择旅游目的地（我国宁夏、海南、山东等地；日本、新西兰等国家），客户从北京出发，家庭1：2大1小；家庭2：1大1小；家庭3：1大2小。儿童的年龄在8–12周岁，有一位满12周岁。或以游学为主题，选择旅游目的地（山东、上海、山西、甘肃等），客户从广州出发，15名14–16周岁的青少年。完成以下实训任务：

①选择行程中的酒店及餐厅；

②介绍酒店及餐厅，并说明选择的理由。

五、任务掌握评价

（一）学生自评

（已完成和可胜任的内容请在括号中打“√”）

（1）实训按照要求完成。（　　）

（2）实训的过程中主动查阅资料。（　　）

（3）积极参与小组讨论。（　　）

（4）能辨认常用酒店品牌及其档次。（　　）

（5）能结合客户需求合理安排酒店。（　　）

（6）能结合客户需求合理安排餐厅及配菜。（　　）

（二）老师评价

任务五　安排景区及购物

一、任务分析

安排景区及购物是定制旅行产品设计过程中的一项内容。好的定制旅行可以让客户欣赏到那些绝美的自然风光，感受深邃的历史文化遗产带给我们的时空穿越之感，进而产生精神上的共鸣。另外，外出旅行，购买当地具有特色的商品或土特产，也是客户定制旅行中不可或缺的一部分。旅游购物环节不仅是简单的一个购物行为，它也是目的地形象传播和交流地方文化的载体。旅行中购物点安排的合理与否直接影响到整个定制旅行的体验。因此，旅行定制师在安排旅游景区及购物时要完成以下三方面的任务：

（1）熟悉旅游景区的类型；

（2）掌握旅游景区安排的方法及原则；

（3）掌握旅游购物安排的技巧。

二、相关知识

（一）旅游景区类型

旅游景区常见的划分标准有按景区的质量等级划分、按旅游资源类型划分、按旅游产品类型划分、按景区的功能划分、按景区的管理方式划分等。本书以旅游核心吸引物为依据进行景区类型划分。

表 3-13　景区分类表

分类依据	类别	
依据旅游核心吸引物分类	自然景观类景区	山岳型景区
		森林型景区
		湖泊型景区
		河川型景区
		海滨型景区
		沙漠型景区
		草原型景区
		温泉型景区
	人文景观类景区	古迹遗址型景区
		宗教型景区
		非物质文化遗产遗存型景区
		工业型景区
		科普类景区
		纪念地型景区

续表

分类依据	类别	
依据旅游核心吸引物分类	人文景观类景区	文化园型景区
		度假（村）型景区
		小镇型景区
	乡村田园类景区	村落型景区
		农业景观型景区
		生产地型景区
	现代娱乐类景区	主题公园型景区
		文化演艺型景区
		购物娱乐型景区
		文化场馆型景区
		特色街区型景区

备注：表格为编者参考《旅游景区分类》团体标准后整理

1. 自然景观类景区

自然景光类景区的核心旅游吸引物是自然景观。

目前我国 3A 级及以上景区共有 3000 多家，其中山岳型景区在 1000 家以上，占总体的 1/3；在国务院公布的 9 批次 244 处国家级风景名胜区中，山岳型景区占了 100 多处，占比达到 45.2%；截至 2021 年 8 月，中国有 56 项世界文化和自然遗产列入《世界遗产名录》，其中山岳型景区有 12 家。可以说，中国旅游业就是从山岳型景区起步的。登山、观光、休闲、度假是山岳型景区主要开展的旅游活动。

随着生态休闲旅游的逐渐升温，尤其在后新冠疫情时代，人们对康养的诉求大幅增加，森林体验、森林养生、森林康养、自然教育、户外运动、冰雪旅游、森林步道等新业态更会成为爆款产品。可以开展观光、徒步、越野、野营、探险、科普、疗养度假等活动。蜀南竹海、琅琊山、稻城亚丁风景区等属于森林型景区。

湖泊型景区指以天然湖泊或人工水库为主体景观的景区类型。湖泊型景区是我国休闲旅游度假区一个非常重要的类别。截至 2018 年 1 月，国家旅游局已批准的 27 个国家级旅游度假区，其中 8 个是湖泊型国家级旅游度假区。比较著名的如：江苏天目湖国家旅游度假区、江苏阳澄湖半岛国家级旅游度假区、宁波东钱湖国家级旅游度假区、武当太极湖国家级旅游度假区、淳安千岛湖旅游度假区等。

河川型景区主要是指自然资源以河流、溪水为核心吸引物的景区。河川型景区主要开展的旅游活动以观光休闲为主。我国代表性的河川型景区有四川达古冰川风景区、浙江垂云通天河景区、贵州黔南州荔波樟江景区等。

海滨型景区是指以海岛、海岸、近海海域等海洋地理空间为活动范围，依托自身的海水、沙滩等环境，开发的包含观光、度假和特种旅游的各类旅游形式的总称。比较著名的如：海南三亚亚龙湾、山东青岛海滨风景区、福建湄洲岛妈祖文化旅游区、广西北海银滩景区等。

沙漠型景区是指自然资源以沙漠为主的景区。沙漠既是一种旅游吸引物，又是旅游活动开展的空间范围，其范围内的湖泊、生物、建筑、民俗等自然文化资源共同构成了沙漠旅游资源，满足科考、探险、求知、猎奇、环保的旅行需求。中国最早的沙漠型旅游景区是 20 世纪中叶开发建设的敦煌鸣沙山—月牙泉景区。武威沙漠公园是中国第一座大漠风光与沙漠绿洲相结合的游览乐园，沙坡头景区成为中国第一个国家级沙漠生态自然保护区。中国沙漠旅游资源赋存的主要区域分布在新疆、内蒙古与陕西、甘肃、宁夏、青海等省区，空间上分布相对集中，拥有区域独有性。

图 3-15　甘肃敦煌鸣沙山月牙泉

草原型景区主要是以辽阔的草原空间、独特的游牧文化、差异化的草原气候、良好的生态环境、可亲近的动植物资源等为依托，满足人们别样的观光、度假、文化、娱乐、探险等旅游需求的体验式旅游。比较著名的草原型旅游景区有：呼伦贝尔草原、鄂尔多斯草原、巴音布鲁克草原、西藏羌塘草原、伊犁大草原、祁连山草原等。

以温泉旅游资源为核心的旅游区具有疗养、休闲、度假、娱乐、会议、观光等多种功能，其开发主题可以有康乐、康体等多个主题，形成养生产业、会议产业、运动游乐产业等。

2. 人文景观类景区

主要包括古迹遗址型景区、宗教型景区、非物质文化遗存型景区、工业型景区、科普型景区、纪念地型景区、文化园型景区、度假（村）型景区、小镇型景区。

古迹遗址型景区是以反映中国古代历史各个发展阶段，涉及政治、宗教、军事、科技、工业、农业、建筑、交通、水利等方面历史文化信息，具有规模宏大、价值重大、影响深远的大型聚落、城址、宫室、陵寝、墓葬等文物古迹为主要景观的景区。如北京的故宫及圆明园遗址公园、浙江的良渚古城遗址公园、河南殷墟等。古迹遗址型景区主要承担着文物展示、科学研究、传播教育、游憩休闲等功能。

宗教型景区主要包括名山、寺庙、洞窟、佛塔等宗教类景区。在我国已经公布的 8 批次共 225 家国家级风景名胜区中，宗教类景区达到 104 个，占景区总数的 46%。宗教与旅游联系紧密，当前以宗教文化为纽带，所延展出的朝觐、云游、祈福、禅修、研学等旅游形式和产品业态，已成为传播中华民族传统文化的重要途径之一。

非物质文化遗存型景区就是以非物质文化遗产资源作为核心吸引物并依托其形成的旅游景区。习近平总书记指出：优秀传统文化是中华民族的“精神命脉”，是中华民族的“根与魂”。优秀传统文化最充分、最全面的载体，一个是经典古籍，一个是非物质文化遗产。非物质文化遗产是激发旅游动机和诉求的重要因素之一。作为旅游不可或缺的重要元素，民族性、民间性、民俗性的文化，时间越久远，地域性越强，市场差异化和异质性就越强，市场影响力就越大。

工业型景区是以园区厂房、企业文化为载体，利用特色工业品牌开展旅游的景区。工业旅游起源于欧洲，它是将工厂风貌、生产过程、企业文化作为旅游资源，通过参观、体验、操作等方式满足游客的求知欲和好奇心，同时促进企业的发展。首钢、海尔、伊利、蒙牛、沈阳宝马、君乐宝等企业已经是 A 级景区。工业型景区主要承担着政府视察、投资考察、旅行研学等功能。

科普型景区是兼具教育、科研、保护等功能的人文类旅游资源，主要包括动物园、植物园、博物馆、科技馆等；使参与者在寓教于乐之中接受自然科学及人文知识的学习；主要服务于研学旅游和亲子游市场。

纪念地型景区一般指革命遗存中的旧址，如中共一大、二大、四大纪念馆景区，延安革命纪念地旅游景区，百色起义纪念园等。纪念地型景区主要以亲子市场和青少年市场的爱国主义教育、企事业单位党风廉政教育市场为主。

文化园型景区是指以弘扬中华民族传统文化、世界文明悠久历史为主导，集教育、休闲为一体的主题园区。如上海豫园、北京世界公园、深圳锦绣中华民俗村、郑州园博园、青海海东市互助土族故土园区等。文化园型景区主要服务于亲子市场。

度假（村）型景区是一种综合性的旅游目的地，依托当地自然生态资源，满足游客休闲性、康养性、文化性、生态性的需求。如广州长隆旅游度假区、新安江山水画廊、深圳华侨城旅游度假区、桃花潭畔旅游度假风景区、常州市环球恐龙城休闲旅游区等。度假村型景区主要服务于亲子、游学市场和年轻群体。

小镇型景区的类型比较丰富，主要有自然生态式小镇，如乌镇、西塘等江南小镇；主题营造式小镇，依托独特的旅游资源形成的主题小镇，如滑雪小镇、温泉小镇、滨海小镇等；文化体验式小镇，如比较热的各式文旅小镇、体育小镇、电影小镇等。

3. 乡村田园类景区

乡村田园类景区是核心吸引物以乡村及农业景观为主的景区，重在体验类、度假、游学等活动的开展。如安徽的西递、宏村，贵州西江千户苗寨等，就属于典型的村落型景区。各种的花田景观、梯田景观、农田艺术作品、科技创意、农田节庆等属于农业景观类景区。各式的采摘园、垂钓园等是生产地型景区的典型代表，适合亲子类、科普类旅游活动的开展。民宿型景区适合家庭出游，场景多元化，且能提供疗愈休闲、游园踏青、郊野漫步、蔬果采摘等特色项目，越来越受到人们的追捧。

4. 现代娱乐类景区

现代娱乐类景区适合亲子类、年轻类人群体验。如曲江海洋极地公园、杭州乐园、厦门方特梦幻王国、河南少林禅宗音乐大典、义乌国际商贸城、苏州山塘街历史街区等都属于现代娱乐类景区。

旅游景区除了以旅游核心吸引物为标准进行划分外，还有以景区质量等级进行划分、依据旅游景区功能与产品进行划分等景区类型。

（二）旅游景区（景点）选择的原则和方法

在信息爆炸的时代，客户可以在第三方平台上自行获取非常全面的目的地信息，定制师的价值已经不局限在设计线路、制作路书这一点上，定制师能够带给客户最大的不同就是旅行中的体验。因此，定制师在进行旅游景区组合设计时要掌握以下原则和方法。

1. 快速掌握目的地信息及旅游资源的基本情况

作为定制师，需要熟悉定制产品的旅游目的地，掌握知名景点，挖掘地域文脉，在定制中凸显区域文化的独特脉搏。

定制师首先要掌握搜集资料的途径和方法。可以通过各类旅游攻略、旅游活动推介会、各省旅游主题线路、网站旅游频道、目的地碎片化平台等进行搜索。

（1）通过目的地碎片化平台了解目的地旅游景区和景点情况。获取目的地旅游信息最快速、便捷的方式是通过相关的目的地碎片化平台来获取最直接的信息。下面介绍几种互联网平台。

表 3-14　目的地旅游信息平台一览表

平台名称	主要功能
力行网络	专注于境外目的地旅游产品的 B2B 平台，通过配额设置、API 对接等方式，挖掘目的地行、娱、乐、购等产品的深层逻辑，将全球 112 个国家、500 个目的地的旅游要素整合成“云仓”，为大中型线下从业者提供从仓储到分销的一站式系统解决方案。
欢逃游	“欢逃游”是一家全球旅游分销 GDS 平台，以实打实的技术，丰富的海外资源，为中国电商与境外的资源供应商提供全球各热门目的地的旅游产品标准数据服务。目前，欢逃游的产品已覆盖全球超过 30 个国家的 7000 个商品，从单一元素到目的地组合套餐，充分满足用户的多元化需求。
乐派网	“乐派网”是一家目的地玩乐旅游产品全球分销平台，多年深耕海外自由行吃喝玩乐购领域，现已发展为境外目的地旅游商品 GDS 领航者，坐拥 200 多个海外目的地、1 万多个自由行产品、超过 8000 条 SKU。港澳台地区约 50% 资源被其掌控。
汇订网	是 TAcentre.com 推出的中文品牌，拥有全球 500 多家航空公司机票，全球 20 多万家酒店、度假村及公寓住宿，全球 800 多万个景点产品、打包产品等旅游资源。也就是说，除了机酒、租车、景点等单品，还有各种“酒 + 景”“机 + 酒”“机 + 酒 + 景”等组合选择。
智游啦	是一个体验式旅游消费品牌，初创成员来自香港科技大学和香港大学的计算机系。是一家非常特别的旅游碎片化平台，专门针对国内目的地，产品数量不多，却不失精品。最特别的是，智游啦选择用视频方式呈现碎片化产品，清新的画面、悠扬的配乐，用最直观的方式将“玩出你自己”体现得淋漓尽致。
懒猪行	“懒猪行”是海外自由行碎片化产品 S2B 供应链平台。最大的亮点就是采用当地直营点和战略合作混搭的方式，不仅采购标品，也自己生产、加工非标品，提供自主开发的特色 IP 产品。另外，他们还开设了目的地直营店，可以直接采购到超值的当地资源。

（备注：表格为编者整理）

（2）参加各种旅游展览会和旅游推介会了解目的地旅游资源。

表 3-15　国内外知名旅游展览会及推介会

会议名称	会议介绍
ITB Berlin	柏林国际旅游展简称 ITB，堪称整个旅游行业的黄金市场。至今已有 50 多年历史，是国际旅游界规模最大、层次最高的旅游行业展览会，被誉为是旅游业的“奥林匹克”。
WIT（Web in Travel）	亚太地区在线旅游界的著名盛会，自成立以来，WIT 一直致力于关注亚太地区旅游界顶尖的创新模式，与行业精英共同探讨旅游行业发展，分享旅游市场营销分销经验和先进技术。
上海世界旅游博览会	内容涵盖出境及国内旅游、商务旅游、邮轮休闲旅游、主题游乐游艺及旅游美食等。汇聚全球目的地、景点、航空、邮轮、酒店、旅行商等相关行业机构与企业。
ITB China	ITB China 是 ITB 全新推出的 B2B 旅游展会，大会精心挑选来自大中华地区的顶级买家，与遍布世界各地的行业专家汇聚一堂，全程实现前所未有的知识交流与传递。
PURE 奢华旅游展	专门针对高端奢华的小众品牌，展会希望能真正给旅行者带来独一无二的旅行体验，专注于当地文化，且把倡导环保、有机、可持续发展的旅行品牌介绍给旅行者。
CITM 中国国际旅游交易会	亚太地区规模最大、影响力最为广泛的旅游专业交易会。

（备注：表格为编者整理）

2. 挖掘旅游目的地具有特殊价值的人文景点

定制旅行不一定是奢侈的，但一定要有主题特色，有人文、历史、自然的独特之处。定制师应该针对客户需求最大限度地挖掘具有局域特殊价值的人文景观，打造沉浸性氛围和在地性体验。定制旅行的游客总体属于有群体归属感和社会责任心、受教育程度较高、对文化内涵和精神方面有较高追求的人群，定制师如果能根据自己熟悉的旅游区域推荐出某些具有特殊价值的景点，方案会更有吸引力。

比如我们去参观碑刻的时候，最大的感受还是那种对物质性和物质所处空间的感受。这种感受是什么呢？就是当一个人站在碑前时，才能充分感受它的体量和它的雕刻艺术水平，以及古人当时站在碑前的心情。河南洛阳的升仙太子碑，有 6 米多高。只有真正站在它的面前，才可以充分感受它的气势。它跟周围环境的特殊关系，也一目了然。升仙太子碑立在缑山上，东面是嵩山群峰，北面不远处是武则天早逝的长子李弘的恭陵，这是一个令人感觉非常微妙的地点。当人们回归历史的现场，就会更加深刻地理解武则天为什么要在这里建造一座“升仙太子碑”，并亲自撰文书丹，一代女皇深藏不露的情感秘密就藏在这座碑刻之中。定制师一定要善于挖掘文化景观背后的文物价值，带给旅游者场景的迁徙和沉浸性体验。

3. 挖掘景区自然景观的体验度

在旅游需求多样化的今天，游客的自然景观旅游不再局限于游山玩水的浅层次观光，而是更加注重自身参与到自然景观的各种体验中的深度游。依托自然山水景观可以开展的户外体验活动有徒步、登山、潜水、滑雪、越野、自驾、打高尔夫、高空项目、骑行、攀岩、露营、房车驾驶等。

众所周知，莫干山是一个度假胜地，可以算是中国精品民宿的发源地，地处一个比较偏远的乡村，只能提供住的地方，并没有相关的娱乐内容。路书曾经利用莫干山十一黄金周期间稻田成熟的季节，结合莫干山本身自然乡村的特点，组织了一场“自然稻礼——亲子丰收季”的活动，通过日式自然教育、亲子游乐区、稻上艺术表演、稻香集市、稻田灯光秀、草裙舞派对等体验活动，仅在黄金周期间，就吸引了超过3000位游客，同时也登上了央视的新闻联播，成为一个乡村振兴的小案例。

图3-16　新疆克拉玛依乌尔禾魔鬼城

所以对于定制师来说，旅游景区的组合不是简单地对现有的景区进行选择和搭配，而是要深度挖掘景区的体验价值。定制师已经不在于做现成的产品的销售或是分销，而是要完成现有产品的增量。再如，以克拉玛依“大荒野品牌”为例，克拉玛依是荒野观光探险的理想之地，到荒野之中挑战极限、到野外参与地质科普、徒步在宝石滩上寻找宝石、自驾穿越独库公路，把荒野做到了极致。

4. 围绕客户需求选择景区组合

定制旅行不同于以往的传统旅游，无论是高端定制还是大众化定制，无论是纯定制旅行还是泛定制旅行，必须以客户需求为中心来选择景区的组合，在选择景区组合时要注意客户需求的以下几个维度：

（1）时间维度

大多数客户都是在利用自己的法定假期来进行旅行，在可利用的假期之内选择一个想去的目的地。定制师在客户的时间维度上需要考虑目的地季节、风景是不是正好跟客户的假期相吻合。还要考虑目的地气候所影响的沿途风景。如额济纳胡杨林景区，如果有一个地方自进入秋天的那一刻起就让旅游和摄影爱好者魂牵梦萦，那一定是额济纳，听着驼铃，行走在苍茫戈壁间，入眼都是火红金黄的胡杨林，宛若沙漠中的一片熊熊燃烧的火海。再如莫干山，也只有在秋天才能实现专属于童年的美好回忆：傍晚、溪水、稻田、萤火虫的光。住在城市里的人们贪恋童年在河边撒野的自由生活，却苦于没有时间、地点，那么秋天的莫干山是最适合回忆童年的地方。无论是想上山徒步，还是下河捕鱼，莫干山这个植被覆盖率高达 92%，享有“江南第一山”美誉的地方都可以满足旅游者的需求。

（2）锁定主题

旅游者外出旅行一般都有自己特定的主题需求，有的旅游者喜欢潜水，那么这次出游的主要目的就是潜水，有的旅游者喜欢看古老的建筑和历史古迹等。定制师必须了解旅游者此次旅游的主题需求，然后根据主题需求进行旅游景区的选择。根据中国最大的定制旅行平台携程定制的需求单数据统计，中国游客的十大欧洲定制游主题是：办小型婚礼（意大利、葡萄牙、捷克）、看球赛（西班牙、英国）、品尝当地美食（法国、意大利、西班牙）、游学留学考察（英国）、蜜月行（北欧）、建筑考察（瑞士、法国）、结婚照旅拍（奥地利）、高尔夫旅游（俄罗斯）、特色小镇生活（瑞士、奥地利、西班牙）、温泉之旅（冰岛、瑞士）。作为定制师必备的一项素质要求就是要准确了解客户的核心需求，根据不同类型的需求对优质旅游资源进行不同方式的重组。

（3）同行人员

密友出行：要安排去特色小店 / 凹造型 / 拍美照 / 介绍当地美食 / 打卡网红店；

蜜月旅行：要有足够的时间享受二人世界 / 背靠背看最美的夕阳 / 要有情调去海边兜风；

亲子线路：要有装了安全座椅的车 / 酒店最好有独立的儿童床 / 主题乐园多玩几天 / 充分照顾到孩子的体力和天气变化；

家庭出游：要为父母准备一些贴心的安排 / 酒店的床不能太软 / 路上的时间不能太长 / 行程不能太赶。

5. 借势创意，挖掘景区文化内涵

定制师在安排旅游景区（点）时还应该有“借势”思维。这种借势可以是借名人之势，可以是借影视、图书、报刊等为客户设计旅游行程。如《三生三世十里桃花》带火的普者黑，《亲爱的客栈》取景地泸沽湖，《权利

的游戏》《木乃伊》《红海行动》的取景地阿伊特本哈杜村等，均以其强大的影视 IP，惊人的播放量等蹿红网络，成为众多粉丝的打卡地。

再比如近年来中国的纪录片市场非常火爆，很多客户在纪录片中感受到文化的魅力，就萌生了到这些地方进行一次文化体验的旅行。如《国家宝藏》《典籍里的中国》《如果古建筑会说话》《跟着书本去旅行》等。定制师可以借影视剧、歌曲、名人、名篇佳作等之势，开发一系列主题定制活动。

6. 欢乐指数

由中国旅游景区协会和华侨城创新研究院联合研发编制的“中国旅游景区欢乐指数（THI）”是基于旅游大数据的应用，以公正、客观原则对游客的综合体验评论进行量化科学分析形成的。发布的指数一般包括“中国旅游景区欢乐指数（THI）排名前 100 名”和中国旅游景区自然景观类、人文景观类、博物馆类、乡村田园类、现代娱乐类等分类欢乐指数前 20 名的景区。指数产品既有助于景区运营，也为定制师选择旅游景区提供了有价值的参考。

（三）旅游购物场所的选择

购物是旅游六要素中非常重要的一个环节，旅游购物不仅仅是一个买卖行为的发生，更重要的是它是传播目的地特色文化的一种手段。定制师在购物场所的选择安排上要注意以下几点：

1. 根据客户需求设计旅游购物

客户对旅游商品的期望一般是：地方特色、质量可靠、价格合适、品牌知名、设计新颖等。客户对地方特色的认识是地方制造、富有地方文化、地方品牌等。如果客户的购物需求是购买地方特色商品，定制师在安排购物点时可以安排当地比较有特色的、信誉良好的百年老店或特色购物街。如果客户的购买需求是知名品牌，那么定制师可以选择当地大的购物中心。总之，定制师的心中一定要知道在目的地去哪里逛街最方便、去哪里购物最划算、哪些商场品牌最全。

2. 避免过度商业化、商品世俗化、旅游脸谱化

定制师在进行购物的安排时要选择有独特内涵的购物中心，要注重多元文化品牌的包容性。如作为“中国式街区”商业代表作的北京坊，作为中国式生活体验区、引进了全球首家 24 小时的 Page One 书店，体验英国文化和生活方式的英园，O2O 模式跨境电商天竺综合保税区德国商品展示店，以每一件产品都是艺术品为设计使命的 Pinvita，定制带有家族温度和记忆的“传家宝”的家传文化体验中心等。北京太古里的 Dover Street Market Beijing 不仅国际潮流大牌汇聚，店内艺术装置也极具震撼性，会“令人分

不清是时装店还是博物馆”。定制师在行程中安排此类型的购物场所，使客户在实现购物需求的同时，也进行了一场文化体验之旅。

3. 便捷化

定制师购物安排还要注重便捷化，便捷化体现在两个方面。一方面是可到达的便利性。客户逛完购物点后，如果临时居住的地方不在购物场所附近，就需要搭乘交通工具。在提着大包小包商品的情况下，距离可乘交通工具如地铁站、公交站、出租停靠点、停车场的位置越近，越可方便客户。另一方面，便捷化还应体现在满足客户购物过程中的生理需求，如吃、喝的需求。即使有些购物场所考虑到旅游者的吃、喝，也是多开设大店，缺少便利的、有特色的小饮品店、小快餐厅。定制师在安排购物时需要考虑以上因素。

4. 留意国内外知名购物场所的促销活动

客户希望旅游购物时买到质量、品牌、价格合适的商品。在保证质量的前提下，价格因素是影响客户购物体验非常重要的一个因素。日本的大多数购物街每年有两度打折季。中国香港的购物街利用多个节庆活动的打折季，吸引了全球各地旅游者。中国澳门的折扣季是每年的五六月份和十一、十二月份。欧洲的各大商场也经常利用圣诞节等节庆活动进行促销。我国还有上海的五五购物节、国际美妆节、中华老字号博览会等活动。所以定制师要熟悉国内外知名购物中心的促销活动安排，如果能帮助客户领到目的地商场的折扣优惠券就更好了，进而帮助客户完成一次美好的购物体验。

5. 注重安全性和良好的售后服务

定制师安排购物时还应考虑购物环境的安全性和良好的售后保障，熟悉购物场所的退换货政策和国外退税政策及退税渠道。

三、案例分析

1. 主题公园 + 非遗融合的旅游景区选择

顺德欢乐海岸是一家游乐性的主题公园，除游艺设施外，有四个馆很醒目：一个是 3700 平方米的中华美食博物馆，一个是近千米的龙舟博物馆，一个是近 1500 平方米的美术馆，一个是青云文社历史纪念馆。顺德是世界美食之都，是粤菜的发源地之一，欢乐海岸深度挖掘了顺德的美食文化，请了 70 多家有代表性的顺德菜馆（非遗）进景区；顺德 30 年来都是世界龙舟赛的冠军，有着深厚的龙舟文化，欢乐海岸深度挖掘了顺德的龙舟文化，建成龙舟博物馆（非遗）；顺德是粤剧之乡，有“广东梅兰芳”之称的粤剧表演艺术家千里驹就来自顺德，欢乐海岸深度挖掘了顺德的粤剧文

图 3-17　广东顺德欢乐海岸

化（非遗），在欢乐海岸专门搭建了一个戏台，请专业和业余粤剧团在此演出，游客免费观看。在顺德历史上有一个具有 350 年历史的青云文社，培养了大量文人学子，养成了顺德的文风；广东历史上一共出了九位状元，其中顺德就占了三位。顺德欢乐海岸建了一座青云文社研究所，通过研究青云文社的历史，研究顺德的文脉，整理顺德的传统文化。

案例分析： 主题公园类型的景区深受亲子类或年轻群体客户的喜欢，如果在主题公园畅玩放松的同时又能学习、了解当地的历史文化遗产，将游乐和学习结合起来，将是一件妙不可言的事情。顺德欢乐海岸是对非遗进行创造性转化、创新性发展，将之融入景区之中。这样才能使非遗有活力、景区有魅力。

2. 锁定主题，深化运用亲子元素安排景区和购物

定制师在为赴英国旅行的亲子类客户安排行程时，从学、玩、购三方面进行了精心安排。首先是“学”，安排了体验度非常好的融入类博物馆——大英博物馆和自然历史博物馆；其次是“玩”，安排了惊险刺激的阿尔顿塔、乐高乐园和哈利·波特学校的拍摄地——安尼克城堡；再次是“食”，安排的是热带雨林餐厅，里面布置的是热带雨林的环境，有着各种小动物，就餐环境非常好；最后是“购”，牛津街上的 M&M 豆世界，孩子们很喜欢，以及彼得兔世界，里面的纪念品也非常讨孩子喜欢。在农场也可以买一些现场制作的冰激凌、奶制品等当地特色。

案例分析： 针对亲子类客户，在学、玩、购三方面紧扣客户需求，安排合适的景点及购物店，迎合客户。

四、实训活动设计

（一）实训目标

1. 知识目标

熟悉以旅游核心吸引物为分类依据的旅游景区类型划分；掌握旅游景

区安排的原则和方法，能根据客户不同的需求和主题进行旅游景区和购物的合理安排和组合。

2. 能力目标

能根据客户实际需求安排景区和购物。

3. 素质目标

通过定制旅行产品景区分析，培养学生图文情报收集能力。通过深入了解我国的文化景观和自然景观，激发学生的爱国情怀及增强文化自信。

（二）实训内容

以摄影为主题，选择旅游目的地（新疆、福建、内蒙古、陕西、重庆等），客户从上海出发，3 男 2 女。或以亲子为主题，选择旅游目的地（我国宁夏、海南、山东等地；日本、新西兰等国家），客户从北京出发，家庭1：2大1小；家庭2：1大1小；家庭3：1大2小。儿童的年龄在8-12周岁，有一位满 12 周岁。或以游学为主题，选择旅游目的地（山东、上海、山西、甘肃等），客户从广州出发，为 15 名 14-16 周岁的青少年。完成以下实训内容：

（1）选择旅游目的地或周边的景区，并说明理由。

（2）将景区进行组合并说明可行性。

五、任务掌握评价

（一）学生自评

（已完成和可胜任的内容请在括号内打“√”）

（1）实训按照要求独立完成。　（　　）

（2）在完成实训过程中主动查阅资料。　（　　）

（3）能复述按核心吸引物为标准进行旅游景区的类型划分。　（　　）

（4）能介绍旅游景点安排的原则和方法。　（　　）

（5）能介绍旅游购物安排的原则和方法。　（　　）

（6）能分析不同客户类型选择景区（点）的区别。　（　　）

（二）老师评价

任务六　设计体验旅游活动

一、任务分析

定制旅行产品中的体验旅游活动是定制旅行产品区别于其他旅游产品形式的主要内容之一。体验旅游活动设计注重个性化、参与性、互动活动和全过程，主要体现在旅游的食住行游购娱六大方面。与传统观光旅游相比，体验旅游更注重客户对旅游产品的感受、体验和享受，更强调心理感知和理解。

定制师在设计体验旅游活动时主要完成以下几个方面的任务：

（1）掌握地方文化体验类活动设计思路；

（2）掌握手工艺制作体验类活动设计思路；

（3）掌握餐饮体验类活动设计思路；

（4）掌握研学游学体验类活动设计思路；

（5）掌握婚庆体验类活动设计思路。

二、相关知识

本教材将从地方文化体验类活动、手工艺制作体验类活动、餐饮体验类活动、研学游学体验类活动、婚庆体验类活动等方面阐述定制旅行活动设计的理念和思路，以国内案例为主，国外案例为辅，开启定制师的设计灵感，提供体验活动创意思路。

（一）地方文化体验类活动设计

定制师可以设计一些具有中国地方独特文脉体验的活动，地方文脉就是山川灵气、地理背景、自然环境和人文心理交相感应的一种文化沉淀，是一个地方特有的一种文化气质，特有的一种文化特征和地质风貌，以及与此相适应的地方精神，这种精神是表现在一种物质上的一种东西，包括民俗、美食、语言、文化艺术等方面。

1. 节日庆典体验

节日庆典饱含丰富的精神意义与文化价值，是我国优秀的民族文化传统。由于我国历史悠久，节气节日众多，已经形成了东方式的丰富多彩的岁时节日体系。据不完全统计，目前我国各类节日节庆活动数量已达 10 000 多个，其中具有一定规模的也达 5000 多个，并逐步向产业化发展。根据节庆的内容，节庆通常被分为四种类型：宗教节庆、文艺节庆、饮食节庆、时令节气。根据旅游节庆的起源和内容，可以划分为以下 4 类：传统节庆、纪念性节庆、外来节庆、现代节庆。无论是传统节庆还是现代节庆，都是在不同区域的长期生活、生产实践中产生的一种特定的社会现象，是在特定时期举办的、具有鲜明地方特色和群众基础的大型文化活动，是该国家、民族或区域历史、经济以及文化现象的体现。

传统节日彰显地域文化魅力和民族风情特色，比如我国四川的火把节、云南的泼水节、福建的妈祖节、南京的秦淮庙会、曲阜的孔子节等，各地的节庆文化成为弘扬民族文化传承的载体，被打造成当地文化旅游“IP”。

羌年是羌族人民的传统年节，意为吉祥欢乐的节日，以祭天祈福、感恩还愿为主题。每年农历十月初一举行庆典，一般为三至五天。年节期间，各村寨的羌民共同举行仪式，还愿敬神，敬祭天神、山神和寨神；男女老幼身着盛装，集体欢庆。2008 年羌年入选国家级非物质文化遗产名录。2009 年该项目被列入联合国教科文组织《保护非物质文化遗产公约》亟须保护的非物质文化遗产名录。定制师可以安排客户在四川北川县跟当地人一起庆贺羌年，体验羌族歌舞、民俗、婚俗表演等传统文化“盛宴”，喝砸酒、跳萨朗舞，观看羌歌、羌笛、口弦演奏、羌族传统小游戏以及羌族舞蹈等丰富多彩的羌族原生态展演，将新年气氛推至高潮。

侗年是侗族感谢祖先保佑的传统节日，也是侗族家人团圆、庆贺丰收的节日，同时又是侗族文化大展示的节日，侗年期间会举行盛大的寨门迎宾、芦笙比赛、篝火晚会、侗歌大赛、抬官人游行等活动。演奏的侗族大歌增添了侗年的文化气氛，侗族大歌是一种无指挥、无伴奏的多声部合唱歌曲，因而在侗族文化中最具特色，是侗族乡村旅游中最吸引客户的旅游景观。2009 年由贵州省文化厅、黎平县政府共同承担申报工作的“贵州侗族大歌”正式被批准列入人类非物质文化遗产代表作名录，是国际民间音乐艺苑中不可多得的一颗璀璨明珠。在黎平侗乡，不单单只是侗家人在学侗族大歌，苗、瑶、汉等民族都已加入学习传唱侗族大歌的队伍中，客户在贵州侗寨体验学习侗族大歌，面对未曾接触过的民族文化，感觉陌生而有趣，整个过程体验效果极佳。

现代节庆与地区形象、城市形象的塑造连成一体，都作为专项旅游产品来开发。诸如上海旅游节、哈尔滨国际冰雪节、山东潍坊国际风筝节、

图 3-18　黑龙江哈尔滨冰雪大世界

青岛国际啤酒节、山西平遥国际摄影大展、山西五台山国际旅游月等都是融文化、旅游、体育、经贸于一体的大型节庆旅游活动。

每个国家都有很多有特色的节庆活动，如德国慕尼黑啤酒节、西班牙斗牛节、巴西狂欢节、日本札幌雪祭等。定制师要熟悉各类节庆活动举办的时间和主要内容，对负责的旅游区域节日名称进行梳理，在定制咨询或者特色体验安排上能够做到游刃有余。

2. 当地特色活动体验

吸引客户的除了旅游目的地的自然旅游资源之外，还有知名的人文旅游景观。其中最能够体现其文脉传承的是文化概念下的各类特色活动，这也是当地标志性的文化吸引物。定制师要迅速抓住地方文脉的独特性，搜集具有鲜明地方烙印的旅游活动品牌，做好收集整理工作，为体验活动增加精彩的一笔。

我们以延安、扬州、徐州、亳州为例进行分析。

延安的安塞是中国陕西北部黄土高原上的著名文化之乡，这里传承着千年前的民族民间文化精魂和原始样式。安塞农民画就是诞生在这片土地上的民间艺术，与陕北地域文化一脉相承，展现着当地人民热爱生活、崇尚自然、追求理想的情怀。

2021 年“扬州的夏日”期间，聚焦“扬州是个好地方，亲子研学夏扬州”主题，优选推出“二分明月忆扬州”唐诗主题大型沉浸式夜游、盐商文化非遗主题研学游、第六届 818 国际魔方文化节、2021 年全国运河城市旅游定向系列赛等 25 项特色旅游活动，“诗词里的扬州”“舌尖上的扬州”等 5 条网红打卡线路，“大国工匠的治水传奇、家事国事天下事、东进序曲”等 10 条红色研学线路。①

江苏徐州是一座有着 2600 多年建城史的古城，定位为“汉文化之源”。

① 25 项特色旅游活动贯穿“扬州的夏日”，http://js.people.com.cn/n2/2021/0621/c360303-34786179.html.

徐州持续推动传统文化与现代文明交相辉映，全力打造世界级汉文化传承和旅游目的地，如今正打造“国潮汉风”品牌，传承千年文脉，赋能城市发展。徐州正努力成为新时代书写“汉赋”的策源地、舞动“汉风”的集萃地、领略“汉韵”的目的地、弘扬“汉魂”的新高地。

安徽亳州的定位是“中华药都养生亳州”，开发了五禽戏、药膳、温泉、养生等健康旅游产品。五禽戏是中国传统导引养生的一个重要功法，其创编者为华佗，是中国民间广为流传的、也是流传时间最长的健身方法之一，由模仿虎、鹿、熊、猿、鸟五种动物的动作组成，共 54 个动作，客户通过学习五禽戏动作，既强身健体又快乐互动，使客户感受亳州养生文化的魅力。

2020 年太极拳入选人类非物质文化遗产代表作名录，由河南省牵头申报，河南、河北、北京、天津四省市共同推动，这是我国传统武术类非遗项目中唯一的人类非物质文化遗产。河南焦作的定位是“世界太极城、中原康养地”，其“太极圣地、山水焦作”旅游康养品牌闻名全国，如果在河南焦作旅行定制产品中，根据客户的需求，安排太极拳体验活动，将是旅游体验中的兴奋点。太极拳及其文化是黄河文明的重要组成部分，是多元文化之大成，是中华优秀传统文化的标识，蕴聚着东方文化的精髓。太极拳既能增强体质又能修身养性，太极拳蕴含浸润的“道法自然”“天人合一”“形神一体”“心物一源”“阴阳和谐”等中国特有的深厚凝重的哲理，都是中国哲学深刻理念和中国优秀传统文化丰厚底蕴的直接体现。

3. 当地生活体验

伴随着旅游消费升级与自由行群体的旅行观念的改变，很多旅游者期待能深度体验旅行地的风土人情。每一座城都有自己的故事，当地风情也体现在生活的各个方面，通过柴米油盐这些琐碎的载体，了解这些鲜活的生活气息，才能深入了解一座城市。在城市里放慢脚步，在乡村和古城中细细体会，像当地人一样去生活，深入体验目的地鲜活的人文地理、市井风情，用心去看那里的美景，让旅行变得更加丰富，更具有个性。

定制师可以设计一些体验项目，使客户深入当地生活，如设计“城市漫步”活动，去当地教堂做礼拜，走进当地特色集市，游览当地特色小镇，参加当地小型音乐会，逛当地的菜市场，体验当地网红餐厅，去当地人家里烹饪美食等。

首先，城市漫步，体验当地公共节日和文化传统，欣赏异域建筑等。

例如在上海的中国历史名街（武康路、多伦路、陕西北路）漫步，跟随着邬达克的设计、张爱玲的作品，跟着影视作品去感受建筑之美。放眼全球，每个国家独特的习俗、建筑及文化都是定制师取之不竭的灵感来源。如漫步渥太华的大街小巷，走访世界顶级的博物馆和画廊，品尝枫糖和各种当地美食；来到弗拉门戈的故乡塞维利亚，在当地的小酒馆欣赏一场弗拉门戈舞蹈表演；来到马德里地道的酒馆，跟随酒馆主人品鉴西班牙特色红酒；在希腊的圣托里尼，骑着小毛驴在港口和街巷里闲逛，欣赏蓝白相接的民居和教堂，感受建筑的色彩艺术，欣赏世界上美丽的日落和壮阔的海景；到印度的斋浦尔，细细品赏粉红色建筑，深入了解印度建筑艺术的优美，去感受斋浦尔的标志景点风之宫殿，细品印度 18 世纪中叶的建筑，惊叹于其拥有众多窗户的巧妙设计。

其次，参观特色市集，感受多彩文化，体验炽热的烟火气。在每个特色市集展出的特色工艺、文艺表演，具有异域风情魅力，是让客户深入感受当地文化的体验活动。

如伊斯坦布尔的大巴扎，是世界上最古老的市集之一，里面至少有 58 条室内街道和 4000 多间商铺，以出售手绘陶瓷、各式地毯、皮革制品、贝壳内置盒、珠宝等闻名，集市内部廊道和巷道纵横，像一座巨大无比的迷宫，每天吸引 25 万到 40 万的顾客，据说在那里“可以享受到世界上最激动人心的购物体验”。

如摩洛哥马拉喀什的德吉玛广场，是马拉喀什的灵魂所在，被世界教科文组织认定为世界无形文化遗产。德吉玛广场最大的魅力在于每天在广场聚集着不同民族的艺人，如同一个全球文化汇聚地，白天广场上摩肩接踵，人声鼎沸，在这里你可以看到耍蛇的印度人、说书算命的摩洛哥人、兜售香料的阿拉伯人，其中身着红衣、头戴毡帽、身背皮囊、肩挂铜碗、手持铃铛的卖水人可谓是马拉喀什广场的一道风景线，还有各种杂耍卖艺的表演，晚上广场成为吃货们的美食天堂。这些原汁原味的阿拉伯市井风情正是广场声名远播、客户纷至沓来的原因所在。

如位于西班牙巴塞罗那兰布拉街上的波盖利亚市场，是巴塞罗那最古老的菜市场，水果、蔬菜、零食、海鲜摊位鳞次栉比，也是受当地市民喜欢的最地道食材的采购之地，有“欧洲的胃”的美名，这里既是当地美食家们的天堂，也挤满了挎着相机的观光客。市场周围的墙壁上有很多涂鸦，其中不少是 Miss Van、Mambo 和 Freaklub 等涂鸦大师的早期作品，很多涂鸦者就是从这里走向世界。

如泰国曼谷的美功铁道市场是网红市集，之所以成为远近驰名的网红打卡地，是因为每天会有八趟火车经过这个生意兴隆的菜市场。在铁道两旁做买卖，确实有趣，每当火车来临之际，小贩们便将摊子撤出铁轨，惊心动魄，每天都有无数人等着在火车迎面之际拍上一张大片，热闹非凡，那节奏和气氛独一无二。铁道市场其实就是一个当地人的菜市场。这里的各种海鲜水果以及杧果干、榴莲干等旅游特产价格实惠，很贴近当地人的生活实际，在这里能体验到曼谷当地很真实的烟火气。

图 3-19 泰国美功铁道市场

最后，体验“做一天当地人”。

如在西藏那曲草原与牧民同吃同住，一起还原他们的生活点滴。穿上华丽的藏服学跳一曲锅庄，看藏民如何将智慧融入牦牛帐篷，在飘扬的经幡中聆听藏民族历史，跟着藏族阿妈学习打一碗酥油茶，亲手制作醇香浓郁的奶制品，享受一顿传统的藏式盛宴，在蓝天白云下骑马，在草原上寻找可爱的土拨鼠，跟着当地牧民赶牦牛，捡牛粪，和奔跑的野兔不期而遇；在沿途如诗的画卷中，感受来自大自然和各种动物的美妙声音，在遍地的牛羊群中，感受这块神奇土地的广阔与包容，使注重自然或者深度人文体验的客户获得独特的体验。

4. 沉浸式旅游演艺

中国旅游从观光消费转向休闲消费，对文化的体验和参与互动的需求不断提高，都促使旅游演艺不再停留在舞台上，而是要走下舞台，走到观众中间。国外传来的沉浸式演出形式奇妙地和旅游演艺发生了“化学反应”，诞生了全新的沉浸式旅游演艺，以其特有的互动体验、专属情境、艺术情调，日益受到客户们的喜爱，极大满足了消费者对文化的体验和互动两大需求，并为文旅深度融合创出新机遇。沉浸式旅游演艺已成为“必打卡”项目之一，也是定制师设计地方文化体验活动需要关注的对象之一。

2013 年问世的《又见平遥》虽没冠以“沉浸式”，但却是目前圈内公认的成功的此类演艺作品。《又见平遥》是山西省“十二五”期间由能源大省向文化大省转型跨越的重要旅游发展项目之一。沉浸式演艺不仅吸引了外地客户，也吸引了本地观众，“又见系列”占沉浸式旅游演艺票房比重达 53%，《知音号》排名第二，占比 11.4%，沉浸式演出呈现大幅增长态势。

以《又见平遥》为例，山水实景的布景进入室内，将平遥古城的元素和演出有机融合。剧场宛如迷宫，空间分割繁复，在 90 分钟的时间内需步行穿过数个主题空间。游客参与整部剧演出，或为镖师的乡亲，或为赵家的宾客，也可为旁观者。

《又见敦煌》是西北唯一的一部大型情景体验剧。观众们随着张骞、张议潮、悟真和尚、王圆箓、索靖等一个个曾出现在敦煌历史里的人物，似乎也走过了丝路，“穿越”到历史的深处，会跟随工作人员再次进入下一个场景，这里有若干个石窟，上百个表演者，每一个石窟内的底部和顶部都是玻璃制的，这里的故事被分割，在每个不同的隔间，上演着不同的故事，被不同的观众窥见不同的历史。方寸之间，观众可以看到一个个深埋在沙尘下的故事，那藏经洞中的遗书，亦如这样方寸般的窗口，通过一页页的记述，让我们于尘埃之中，窥见曾经的敦煌，曾经的盛唐。通过以上分析，我们可以看出，沉浸式旅游演艺通过对当地特色历史文化的深入发掘，真正使客户融入剧情中、“沉浸”到剧情中，让客户在“沉浸式”体验中获得愉悦感的同时，能够更好地了解当地特色文化，获得更多文化滋养。

“长江首部漂移式多维体验剧”《知音号》是武汉市文旅融合的一张新名片。表演场地是一艘同名真实轮船，它以 20 世纪初武汉民生轮船公司的“江华轮”为原型，船长 120 米，表现了武汉的城市文脉。武汉傍水而生，是一座凝聚了江河记忆的城市，水和船是最初生长记忆，是安身立命的所在。演出过程中，它将载着客户在长江上游走。没有固定的舞台和座位，观众能在剧场中自由行走，直观地感受故事所处的人文和自然环境，更可以近距离观看演员们的服饰样貌、言行举止，手持不同票面的观众可以按照对应的路线进行体验，观众不仅是演出的观看者，更是特殊任务的协助者和推进者。

正是因为科技的进步，消费的升级，VR 技术、人机交互技术、人工智能技术、全息技术等突破了原有的旅游体验局限，带来全新的旅游产品和设施设备，全面升级旅游目的地建设。定制师也可以用心观察时代和旅游消费发展的趋势，不断为定制增添“燃点”，整理出各地沉浸式旅游演艺的剧目，如山西《又见平遥》《又见五台山》，甘肃敦煌《又见敦煌》，武汉《知音号》，上海《不眠之夜》，成都《今时今日安仁》，江西《寻梦龙虎山》，陕西西安《12·12》，苏州《遇见姑苏·木渎往事》等。

除了沉浸式旅游演艺之外，还包括“吃”“游”“住”“购”等沉浸式旅游体验，沉浸式旅游不是一种由传统旅游方式表达的旅游形式，它通过全景式的视、触、听、嗅觉交互体验，使客户有一种“身临其境”的感觉，不仅是视觉、听觉体验，更是一种全新的情境体验式的旅游形式。

图 3-20 武汉“知音号”轮船内景

很多人在影视或者纪录片中感受到不同地域的文化魅力，就萌发了很多在现实中寻找那些拍摄地的想法，定制旅行产品的创意者顺势、借势推出相关主题的旅游产品。如很多电影、电视剧、歌曲MV拍摄地提供了很多品牌热门景点，带红了中国或者世界上很多旅游目的地，如跟着影视作品《罗马假日》《卡萨布兰卡》《北非谍影》《哈利·波特》《指环王》《庐山恋》《北京爱情故事》《乔家大院》《农奴》《红河谷》《觉醒年代》《山海情》等去找寻影视里的经典场景是很多客户感知目的地的最佳手段之一。同时，纪录片市场火爆，如《国家宝藏》《舌尖上的中国》《稻米之路》《茶，一片树叶的故事》《茶马古道》《第三极》《生命之盐》《跟着唐诗去旅行》《中国文房四宝》《穿在身上的中国》《布衣中国》《了不起的村落》《了不起的匠人》《花开中国》等。去影视取景地、纪录片拍摄地旅行，在现实和影像的交错中获得独特体验，感受当地人文地理和风土人情。

（二）手工艺制作体验类活动设计

1. 非物质文化遗产概念及级别

非物质文化遗产是指各国各族人民世代相承的、与群众生活密切相关的各种传统文化表现形式（如民俗活动、表演艺术、传统知识和技能，以及与之相关的器具、实物、手工制品等）和文化空间，有世界级、国家级、地方级等不同保护级别。

2003 年 10 月 17 日，联合国教科文组织第 32 届大会通过了《保护非物质文化遗产公约》（以下简称《公约》）。《公约》第四章“国际一级保护非物质文化遗产”明确了由缔约国成员选举的“政府间保护非物质文化遗产委员会”（以下简称“委员会”）提名的人类非物质文化遗产代表作名录，急需保护的非物质文化遗产名录，保护非物质文化遗产的计划、项目和活动（优秀实践名册）。

截至 2021 年 8 月，中国已有京剧、中医针灸、活字印刷术等 42 个项目入选联合国教科文组织非物质文化遗产名录（含“急需保护名录”和“优秀实践名册”）。[1]

表 3-16　中国的世界非物质文化遗产（34 项）

批准时间	遗产项名称
2001 年	昆曲
2003 年	中国古琴艺术
2005 年	蒙古族长调民歌（与蒙古国联合申报）
2007 年	新疆维吾尔木卡姆艺术
2009 年	中国传统蚕桑丝织技艺、福建南音、南京云锦、安徽宣纸、贵州侗族大歌、广东粤剧、《格萨尔》史诗、浙江龙泉青瓷、青海热贡艺术、藏戏、新疆《玛纳斯》、蒙古族呼麦、甘肃花儿、西安鼓乐、朝鲜族农乐舞、书法、篆刻、剪纸、雕版印刷、传统木结构营造技艺、端午节、妈祖信俗
2010 年	京剧、中医针灸
2011 年	皮影戏
2013 年	珠算
2016 年	二十四节气
2018 年	藏医药浴法
2020 年	太极拳
2020 年	送王船——有关人与海洋可持续联系的仪式及相关实践

表 3-17　急需保护的非物质文化遗产名录（7 项）

批准时间	遗产项名称
2009 年	羌年、中国木拱桥传统营造技艺、黎族传统纺染织绣技艺
2010 年	麦西热甫、中国水密隔舱福船制造技艺、中国活字印刷术
2011 年	赫哲族伊玛堪说唱

表 3-18　非物质文化遗产优秀实践名册（1 项）

批准时间	遗产项名称
2012 年	福建木偶戏传承人培养计划

2. 手工艺制作活动融入行程

在中国非物质文化遗产的工艺美术方面有云锦、年画、灯彩、陶瓷、

① 联合国教科文组织非物质文化遗产名录（名册），中国非物质文化遗产网 · 中国非物质文化遗产数字博物馆，http：//www.ihchina.cn/directory_list.

青铜器、景泰蓝、古钟、石印、彩塑、石雕、金银器、乐器、竹简、玉器等，那些国家一级文物默默讲述着中国古代的辉煌历史。文房四宝、梅兰竹菊、琴棋书画等文人墨客喜欢的文雅艺术，这些都可以在定制师的创意思维下散发中国传统文化应有的魅力。

定制师可以把这些手工工艺等方面的遗产巧妙融入行程中，成为活动体验亮点，使客户产生良好的体验，进而深入了解当地文化。接下来以中国陶瓷文化、西南少数民族服饰——火草衣的制作、木版年画的制作为例，阐述其活动策划理念。

中国是陶瓷的故乡，一部中国陶瓷史，就是一部形象的中国历史，一部形象的中华民族文化史。五千年沉淀下来的各个时代的文明遗物，已成为人类最宝贵的文化遗产，永世相传。体验陶瓷手工，感受一下泥土与火的艺术，让体验者感受泥土、亲近自然、自由轻松，还能提高艺术欣赏能力、动手能力和创造能力。瓷都景德镇、著名瓷器产地湖南醴陵、福建德化、山东淄博、陶都宜兴、云南建水、山东龙山等都具备创意手工旅游体验活动的良好基础，具备青花瓷、釉下彩、紫陶、黑陶等手工制作的体验环境。定制师可以收集中国有关的陶瓷技艺体验的项目，汇集成表，以备不时之需，如果客户有这样的定制需求，可以随手拈来。到各地的陶艺体验馆欣赏陶艺作品、体验陶艺制作等。或探访各地的陶瓷之城或陶瓷之乡，感受地道的陶瓷工艺。

如云南香格里拉市的尼西乡汤堆村，这里保留有古朴的藏族民风，有着 2000 多年历史的国家级非物质文化遗产尼西黑陶，烧制技艺也在这里代代相传。历史给了尼西黑陶以厚重感，也给了它日益精湛的技艺。汤堆村的村民几乎家家都会制陶，村里土陶山上特有的红土与白土给予了黑陶独特的韵味。

中国西南少数民族制作和使用火草布的历史悠久，文献记录已有 500 多年。穿着火草衣的民族众多，包括纳西族、彝族、白族和傈僳族等。火草衣采用野生植物的叶子为纺织原料，在中国纺织史上十分独特而罕见，是西南少数民族的一项重要的创造发明。火草衣不仅具有防虫、抗腐蚀、防水防晒、保暖透气、冬暖夏凉等特点，同时具有实用性、艺术性，也是稀有名贵的民族民间纺织品。火草是一种一年生的草本植物，主要生长于西南地区的箐沟和山坡上，每株仅长 5-10 片叶子，叶面宽约 2 厘米，叶子背面的网状“绒毛”就是制作火草布的主要原料。一个人得用好几天时间，走遍“九山十八箐”才能采集到能够做一件火草衣服的数万片火草叶。火草叶采集回来后，经过若干天的“洗、撕、捻、纺、拧、圆、织、漂、缝、绣”等十多道工序，最后才能做成一件成衣，有的火草衣甚至需要半年乃至一年时间才能完成。云南石林县举行了“中国石林阿诗玛文化旅游节”，客户可体验阿诗玛文化，观古老火草手工制衣，感受到非遗的魅力。客户在欣赏了石林美景之后，如果能去感受火草衣的制作过程，一定会为制作这种衣服所付出的辛勤和劳作而感动；更为先民的勤劳智慧以及丰富的想象力、创造力所折服。可供挖掘的体验活动有认识火草，了解火草采集的艰难以及火草衣工艺的绝妙与其中蕴含的智慧。

中国民间木版年画是一种民俗文化的产物，体现出中国传统的宗教信仰、审美习惯、民情风俗与哲学思想。中国木版年画有大大小小几十个产地，其中著名的有天津杨柳青、山东潍坊、苏州桃花坞、四川绵竹、河南朱仙镇、重庆梁平、河北武强等地。客户们可以在这些年画产地了解木版年画的悠久历史，欣赏年画精品，更可以自己动手描稿、刻版、印制、染色制作年画，了解年画图案中的寓意与隐喻，谐意与谐音，更加理解年画表达的美好愿望与理想，并通过描稿感受年画夸张变形的主体形象、装饰性图案化的画面处理方式，体验中国传统文化之美。

除了以上陶瓷和西南火草衣、木版年画等手工工艺体验的案例，定制师可以放眼全国，搜集很多类似的手作体验，让客户体验旅游目的地的另一面美好。如到安徽体验徽墨、宣纸工艺，到天津、无锡惠山学习泥塑技艺，到山东潍坊学习制作风筝，到苏州桃花坞学习临摹年画，到云南丽江学习东巴文字，到西藏体验绘制玛尼石，到贵州丹寨体验蜡染工艺，到云南大理周村体验扎染技艺……总之，中国手工工艺是文化典籍之外的一支活态文化，承载了民族的造物智慧，是民族文化的生动表征，是民族乡愁的载体，也是定制师策划旅游体验活动的灵感源泉，而这些旅行定制中独特的手工体验正是吸引客户的主要卖点。定制师在解读旅游目的地的文化时，要做一个有心人，多看多听，多学习，运用思维导图整理归纳，收集整理与手工工艺有关的体验活动，在将来的定制活动设计中设计出活动的“燃点”，在旅游活动设计中为留存工艺匠心、守望文化乡愁做出自己的努力。

（三）餐饮体验类活动设计

俗话说：“百里不同风，千里不同俗，万里不同食。”世界各国不同的自然地理环境、气候条件、资源特产、风土人情以及独特的历史发展经历，造就了迥异的世界各国饮食文化，展现了不同的食风食俗。除了品尝美食，了解美食原材料的生长环境、加工工艺、餐饮环境以及美食中蕴含的人文情怀，都是餐饮体验活动设计的灵感来源。

1. 品尝美食的场景体验

中国拥有博大精深的饮食文化，四大菜系、八大菜系、民族风味饮食、名特小吃、素菜文化以及茶文化、酒文化、咖啡文化等都是美食文化的主要载体。在旅游中安排体验新年包饺子、清明节制作青团、端午节包粽子的活动及制作点心等活动，体会传统习俗；在新年时期汉族客人去到回族聚居地观察回族百姓杀羊宰牛等活动；到湖南、贵州等地体验辣椒筵席；到临安五星村的农家院里煮一锅香气四溢的铜锅饭；到浙江畲族乡村感受婚嫁、祭酒等畲族特色民俗体验；到西江千户苗寨感受长桌宴……

图 3-21　贵州西江苗寨长桌宴

如果美食体验变换餐饮场景，会增加独特的体验。定制师可以策划乡村野餐、丰收季节场景野餐、烛光晚餐、山林野餐、空旷草地野餐、洞穴宴会等场景餐饮，让客户在不同的餐饮场景体验中获得一种仪式感。

如鲜龙井火锅公园（南山店）被誉为重庆最美火锅店，整个火锅公园占地 100 多亩，可以同时接纳 2000 多人就餐，该园火锅味道集“陆派火锅”与“码头火锅”于一体，打造重庆老火锅新文化品牌。满园荷花，依傍南山，为社会品质人群提供舒心的“环境火锅”社区。火锅餐桌四周和水上的建筑都是典型的古中式风格，夏天就餐是接天莲叶无穷碧的场景，可以边赏美景边品美食，有一种别样的情调，在这里“吃，不仅仅是一种味道，更是一种生活”。

人们对美食的探索从吃转向场景化体验，单纯味觉的享受已经无法满足当今客户的需求，对于年轻消费者而言，他们渴望更有代入感、互动性强的消费体验。而沉浸式餐厅或许就是实现这一要求的突破口，成为重新定义旅游餐饮的新变革。沉浸式餐厅也叫光影餐厅，主要通过借鉴影视、艺术、科学、技术和设计领域的元素创造出戏剧性的感官体验，从味觉、视觉、嗅觉、触觉等多方面带给客户全新的用餐体验。通过多台投影设备对各种形状的幕墙进行投影，将 3D 视频通过融合技术精确展现在幕墙、地面、餐桌甚至天花板上，从而形成多角度、多层次且相互衔接的影像，模拟出不同类型的虚拟场景，让客户仿佛身临其境一般，配合灯光、声音营造出更逼真的视听效果。

2. 依托美食的农活体验活动

中国自古是一个以农业立国的大国，农耕文明一直伴随中华文明的历史脚步。到乡村，到大自然中感受食物的种植、收获以及变成餐桌美食的过程，也是很多生活在城市里的人们较为青睐的体验活动，这类活动让客户回到自然中找寻乐趣，体验鲜活的农耕文明，品味醇厚的乡村味道，使客户感受大自然的馈赠。

在体验式乡村旅游中，最适宜开展与当地的民俗文化、农业生产和农副产品相结合的美食制作体验活动，通过参与种花栽树、修剪花草、除草施肥、挖地种菜、采摘瓜果蔬菜、捕鱼捞虾、放养动物、水车灌溉、石臼舂米、学做乡村风味小吃等，体验乡村生活的质朴淡雅，体验耕种收获的喜悦。

如海南澄迈市的保良古村，一个拥有 300 多年历史的古村落围绕乡土文创，打造了保良古村品牌，并策划了“稻田奇妙夜”“大自然魔法师”等活动，举办“保良古村农耕艺术节”，通过“乡土”和“艺术”的碰撞，体验农耕文化、乡野乐趣、吃大碗饭、逛古村落的奇妙之旅，用奇思妙想赋予村中老物件新生命，在还原了最纯朴的澄迈乡土风情的同时，创造了新的艺术体验。

为了展示农耕文化的悠久厚重，传承弘扬中华优秀传统文化，经党中央批准、国务院批复，自 2018 年起将每年农历秋分设立为“中国农民丰收节”。目前我国各地乡村举办的“中国农民丰收节”活动，包括采摘、农事体验、篝火、露营、民俗活动、非遗体验等乡村旅游项目，让客户深入体验乡村特色文化，如稻谷收割记、玉米收割记、花生出土记，这些独特的乡土体验是餐饮体验活动中很重要的劳动体验环节。

如在夏秋之交欣赏荷花，体验采摘莲蓬等活动。在中华民族的文化观念里，莲花被赋予了一种高贵的品格，自宋代周敦颐写了“出淤泥而不染，濯清涟而不妖”后，荷花更被誉为“君子之花”。“接天莲叶无穷碧，映日荷花别样红”，荷花凭借其艳丽的色彩、幽雅的风姿深入人们的精神世界，更以其实用性走进了人们的劳动和生活中。如果要体验与美食有关的活动，可以从莲子和莲藕两方面入手策划活动。莲子是莲花的果实，我国莲子分为红莲子和白莲子，以湖南省湘潭县产的湘莲，江西省广昌县和石城县产的白莲，福建省建宁县产的建莲，浙江省武义县宣平产的宣莲最为著名，其中广昌县、石城县、建宁县被评为中国白莲之乡。乘坐快艇采摘莲蓬，或者穿防水裤，上穿长袖外套外加袖套，手戴手套，头戴防晒遮阳帽，穿行在近两米高的荷间，寻找采摘成熟的莲蓬；或者体验剥莲蓬、去莲壳的活动，还可以对干莲蓬残荷枯叶进行采摘，体验加工插花活动。夏秋之交，大自然中的菱角、芡实、莲子悄然成熟，在客户欣赏水光湖色的同时，可以适当安排类似的体验活动。

如《稻米之路》纪录片中提到的黄岗村寨，位于贵州旅游的金三角黎从榕，黎从榕是指贵州东南苗族侗族自治州南部的黎平、从江、榕江三县。这里居住着苗、侗、壮、瑶、水等民族，是多民族的共生之地，侗、苗等少数民族人口占全部总人口的 82%。黄岗村寨旅游被置于小黄村的光环之下，但也可以借着黄金线路加入行程，安排客户体验晾晒稻禾的盛况，体验侗族如何防止鼠患，又如何充分利用稻田之水蓄养鱼苗，感受人与自然的和谐。

3. 美食制作体验活动

从一道道美食制作中，可以看到一个国家的历史和一代代人的记忆。美食制作是文化价值和文化魅力的再现。亲手制作美食，从选材、配料以及加工都能体验地域文化的魅力，另外烘焙面包、手作咖啡、调制鸡尾酒等美食制作体验更是城市生活体验的流行趋势。

江西资溪县被誉为“中国面包之乡”，2020 年举办了“第五届中国资溪面包文化节暨首届中国烘焙食品产业链发展大会”。资溪有享誉国内外近 5 万人的“资溪面包军团”，依托“中国面包之乡”品牌优势，正全力打造一条“面包 + 旅游”线路。让客户实地参观现代烘焙技术从原材料到制成食品的全过程，了解烘焙食品产业链的形成，并让它成为资溪旅游的“新卖点”。

在所有的美食制作中，都离不开油的使用。由于原料来源、加工工艺以及品质等原因，常见的食用油多为植物油脂或动物油脂，植物油常见的有菜籽油、花生油、玉米油、橄榄油、山茶油、葵花籽油、大豆油、芝麻油等等。去参观食用油原料生产基地，了解油的生产过程，在一些古城或古村落体验一下古法制作，也是美食体验活动定制的灵感之一。如到希腊伯罗奔尼撒半岛参观橄榄油制作工厂以及学习采摘新鲜橄榄，结束后品尝独特的橄榄品种以及橄榄制作成的食品，如新鲜面包蘸橄榄油、希腊奶酪佐配特级初榨橄榄油、橄榄酱、糖果和传统的橄榄利口酒等，试用各种橄榄制成的护肤品以及保养品。放眼我国，甘肃省陇南市武都区被誉为“中国油橄榄之乡”。据统计，武都区油橄榄保存面积约占全国的 60%，橄榄油产量占全国的 93%，油橄榄鲜果产量占全国的 91%，是全国最大的初榨橄榄油生产基地，也可以策划类似的旅游体验活动。

可以跟着美食等纪录片去设计餐饮活动的体验。

如纪录片《花开彩云南》中的花膳讲述的是云南的鲜花在中国文化饮食中的应用。旅行定制师在云南的旅游产品可以充分研究《花开彩云南》之《花膳》的拍摄地点，设计出独有的餐饮活动体验。从海拔 6740 米的梅里雪山，到海拔 500 米的澜沧江，山水之间，26 个民族追随着鲜花盛开的脚步，春耕冬藏，含香饮露。在这里 2800 多种花卉既是美景也是美食，融入云南人的生活中。

如跟着纪录片《面面俱到》，设计如何做凉皮、刀削面、搅团、扯面、臊子面等体验活动，使客户亲自体验食物原料选择和搭配制作，并进一步体验乡村生活，比如收割麦子、石碾面粉、翻炒辣椒，充分了解美食的地域文化基因，并在制作美食和品尝中感受不同地方的特色地域乡土人情。

如纪录片《生命之盐》不光描摹美食于舌尖的滋味，更挖掘美食背后承载的记忆与故事，在历时五年的摄制中，《生命之盐》的主创团队访遍亚洲、美洲、欧洲和非洲，几乎踏遍全球每一个著名的盐之属地，也翻遍典籍找寻古今中外每一个非凡的盐之故事，《生命之盐》分为《相依》《国命》《生存》《财富》《疆界》《回归》，盐与地球繁衍、生命哲学、历史变迁、人心情谊更具深刻性的意义表征进行交融碰撞，折射着一方水土、一个民族千百年来与大自然共同凝结出的智慧光芒。定制师可以巧妙地跟着纪录片《生命之盐》中所提到的人文地点，设计出匠心独具的盐文化活动体验线路。如《生命之盐》第四集《财富》中拍摄了大量与四川自贡井盐文化相关的历史遗存和非物质文化遗产，观众朋友不仅看到自贡市盐业历史博物馆殿阁巍峨、富丽堂皇的馆址——西秦会馆，还能见到“中国最古老的股票”——“同盛井约”等，定制师可以设计出自贡盐文化之旅的线路，让客户对自贡的传统深井凿治技艺、盐业契约、盐商会馆等有进一步的了解，领略到自贡井盐文化的独特魅力。

4. 茶文化、酒文化和咖啡文化体验活动

世界各地的茶文化、酒文化和咖啡文化丰富多彩，其产地、习俗、制作工艺都是旅游体验活动策划的基础。

我们首先以茶文化体验为例，分析一下策划思路。

茶，作为世界三大健康饮品之一，足迹遍布了整个世界。千百年来，茶文化几经传承、历练、蜕变，焕发出别样的光彩和魅力。各个地区的饮茶习俗、茶文化多姿多彩，反映了不同民族、地区、国家的多样价值理念和文化取向。

中国是茶叶的故乡，也是世界茶文化的发源地，在数千年的茶叶开发

利用过程中形成了丰富的茶文化旅游资源。

定制师可以从中国邮票里的茶文化汲取灵感，可以设计出无数条关于茶文化主题的研学、养生、生态之旅。我国是茶树的故乡，是世界上最早种茶、制茶、饮茶的国家，茶文化历史悠久、内容丰富，我国先后发行过许多与茶文化有关的邮资票品。如 1997 年发行了一套（共 4 枚）以中国茶叶为主题的邮票，有茶树、茶圣、茶器、茶会四个画面，分别是云南澜沧拉祜族自治县的一棵千年大茶树、手执《茶经》的陆羽铜像、1987 年从陕西宝鸡法门寺出土的唐代宫廷茶具中的鎏金银茶碾、明代吴门画派的著名代表人物文徵明的纪实之作《惠山茶会图》局部，着重刻画了中国茶文化源远流长的悠久历史和博大精深的丰富内涵。如果目的地是云南西双版纳、陆羽故里湖北天门市、陕西法门寺和无锡惠山，可以邮票为契机，定制旅行产品，既可以使旅游策划方案耳目一新，又可以向客户展示中国茶文化的文化魅力和丰硕成果。通过采摘茶叶、体验制茶工艺、参观茶园等活动，了解茶的历史、茶的种类、茶的栽种和生长、茶树护理等方面。涵盖了茶园观光、茶叶品鉴、茶山游览、茶室特色建筑、茶事劳作、茶俗体验、茶艺观赏等内容，这些活动使得茶文化旅游兼具体验性、教育性、娱乐性、休闲性等特点。

图 3-22　蓝天下的茶园

如何策划参与体验活动呢？

首先，在茶园观光环节设计采茶活动。茶叶产地都是我国重要的风景名胜区。大红袍的产地武夷山、西湖龙井的产地西湖群山和黄山毛峰的产地黄山等。君山银针的产地君山、蒙顶茶的产地四川雅安蒙顶山等，客户在这些美丽的茶山之中，头顶竹帽，身背竹篓，手采新茶，体验做一回茶农的快乐。

其次，可以参与茶叶包装设计，运用传统的笔墨纸张，设计出独具个人特色的茶叶包装；还可去茶厂品鉴茶叶，亲手制茶。

如广西南宁市横县种植茉莉花已有400多年历史，是全国最大的茉莉花和茉莉花茶生产基地，被新闻界和茶叶界誉为“中国茉莉花之都”，2021年南宁市“横县茉莉花茶”成功入选首批中欧地理标志协定保护名录。横县还是首个“全国茶旅研学实践基地”，茶旅研学分为“学＋游”，横县推出了莲塘圣茶谷景区、南山圣种茶博园等多条茶文化之旅线路，更以茉莉花产业为主题打造集乡村旅游、田园风情、产业升级等为一体的别具特色的茉莉小镇。

再次，可以体验茶艺表演和茶俗活动。通过观看茶艺表演的各个环节，学习挑选茶叶茶具、沏茶冲泡、茶礼茶艺等。如观看汉族的功夫茶表演，了解藏族的酥油茶、回族的八宝盖碗茶、白族的三道茶等，对茶文化的学习提升了品饮的境界，更感受到了茶艺和茶俗的魅力。如到西藏那曲、云南香格里拉等地品尝自己亲手打制的酥油茶。在与严酷的自然条件做斗争时，藏族人民创造了酥油茶文化。酥油茶由酥油和浓茶加工而成，具有御寒、提神醒脑、生津止渴的作用，是藏族人民待客、礼仪、祭祀等活动不可或缺的饮品。

最后，通过在旅游目的地的茶会活动，体会到名画《惠山茶会图》中文徵明与好友煮茶品茗、吟诗诵词的茶会情景，进一步使客户领略到我国古代文人以茶会友、清节励志的进取精神。这些实地体验的活动及学习将客户引进“茶文化”的大门，给人以美的享受和情操的熏陶，无关年龄与职业，都会沉浸在茶园或者茶山的青绿之色中。但考察茶叶的工艺等项目最适宜开展茶叶专项旅游产品。

酒在人类文化的历史长河中已不仅仅是一种客观的物质存在，而是一种文化象征。酒文化包括酒的制法、品法、作用、历史等。酒文化现象包括酒自身的物质特征，也有品酒所形成的精神内涵，是制酒饮酒活动过程中形成的特定文化形态。定制师可运用思维导图掌握中国乃至世界各地的酒文化体验项目。

咖啡在各国人民的日常生活中都占据着举足轻重的地位，它不只是一种饮品，更代表着一种生活方式和生活态度。咖啡在不同大陆传播的过程中，在不同国家衍生出不同的咖啡仪式。体验活动可以包括咖啡知识和咖啡制作等。客户可以了解不同产区的咖啡文化，如埃塞俄比亚、肯尼亚、巴西、危地马拉、哥斯达黎加、印度尼西亚等产地的咖啡特点；可以深度体验手作咖啡，学习研磨、焖蒸、冲煮、萃取等工序，将萃取好的咖啡倒入温热过的咖啡杯中；学习制作花式咖啡、摩卡和卡布奇诺、拿铁等不同类型的咖啡，感受咖啡拉花的趣味和艺术魅力。

（四）研学游学类活动设计

1. 狭义和广义的研学旅行

对研学旅行的研究，一般会追溯到古代游学，从古希腊到中国孔子周游列国的记载，游学有着悠久的历史。

2013 年 2 月 2 日，国务院办公厅印发了关于国民旅游休闲纲要（2013—2020 年）的通知，纲要中提出“逐步推行中小学生研学旅行”的设想。此后国务院、教育部等相关部门陆续出台了涉及研学旅行的多项文件，研学旅行也成了有国家优势政策扶持的重要旅行方式之一。2014 年国务院发布《关于促进旅游业改革发展的若干意见》，提出积极开展研学旅行。2016 年教育部、国家旅游局等 11 部门颁布的《关于推进中小学生研学旅行的意见》指出，中小学生研学旅行是由教育部门和学校有计划地组织安排，通过集体旅行、集中食宿方式开展的研究性学习和旅行体验相结合的校外教育活动。

无论是 2014 年国务院 31 号文件，还是 2016 年教育部的文件，都明确提出，要建立小学阶段以乡土乡情研学为主、初中阶段以县情市情研学为主、高中阶段以省情国情研学为主的研学旅行体系。以学校为单位的研学旅行本质上是以教育为主要目的，以研学内容为主题，以校外旅行为载体的“教育 +”产品。这是目前狭义的研学概念，这里的定制客户对象是教育部门和学校，课程设计要以中小学课标为依据，满足学校提高学生素质的教育理念，教育为主旅游为辅。

自研学旅行纳入中小学日常教育范畴，各地积极试点开展研学旅行，那么由教育部门和学校有计划地组织安排的研学旅游在设计和实施中要顾及很多方面，如政府、学校、学生、家长、旅行社、研学基地、研学服务机构等。

2016 年 1 月国家旅游局下发《关于公布首批“中国研学旅游目的地”和“全国研学旅游示范基地”》的通知。对于学校和教育机构更多是从学生教学出发，研学旅行的产品按研学课程分类，可以分为自然类、历史类、地理类、科技类、人文类、体验类等课程。狭义的研学旅行是以学校为单位，虽有集体精神的培育，但时间和距离有一定的限制，很难有深度和广度的知识获得体验。

广义的研学旅行自由度较高，并且适合小众定制，定制客户以家长为主，由于其时间和空间扩大化，具有更多的自主性和选择性，所以又可称之为游学旅行。参加群体不仅限于学生，也适用于终身学习大背景下各年龄层的游客。

因为定制客户要求不同，狭义的研学和广义的研学其写作格式和文案会有很大的不同。狭义研学旅游产品的定制设计要求与中小学的教学要求结合在一起，研学活动定制师要熟悉中小学教学内容和课程目标，如语文课本中出现的目的地；地理课程中讲述的中国地质地貌、江河湖泊等；历史课程中的历史遗迹和纪念地、历史事件发生地等；音乐、美术及科学等课程讲授的知识和理论；都可以去找寻设计思路，唯有如此才能得到教育部门和学校的认可。而广义的研学旅行自由度很高，不拘泥于时间和地点，符合现代社会家庭对青少年教育的素质要求，更加注重乐趣和体验度。

二者虽有定制对象的不同，但参加对象仍以中小学生为主，体验活动的设计灵感基本相同，活动设计具有某些相同性，是在旅游中学习各类知识，都是提升综合素质，注重游、学、研的结合。2016 年 12 月 19 日国家旅游局发布的《研学旅行服务规范》（LB/T054-2016）将研学旅行产品分为知识科普型、自然观赏型、体验考察型、文化康乐型、励志拓展型。知识科普型主要包括各种类型的博物馆、科技馆、主题展览、动物园、植物园、历史文化遗产、工业项目、科研场所等资源；自然观赏型主要包括山川、江、湖、海、草原、沙漠等资源；体验考察型主要包括农庄、实践基地、夏令营营地或团队拓展基地等资源；文化康乐型主要包括各类主题公园、演艺影视城等资源；励志拓展型主要包括红色教育基地、大学校园、国防教育基地、军营等资源。定制师设计课程的出发点都适合从以下角度进行创意组合：旅游 + 红色、旅游 + 非遗、旅游 + 农业、旅游 + 地质、旅游 + 科技、旅游 + 民俗等，下面着重以案例进行分析。

2. 研学类活动设计思路

（1）旅游 + 红色，进行爱国主义教育

弘扬爱国主义精神，红色旅游主题是研学旅行的热点和重点。红色旅游一直以其“寓教于游”的功能受到研学旅行市场的青睐，革命纪念地、伟人诞辰地等革命精神承载地，以及核心的纪念馆、故居、博物馆、风景名胜区都是主要的红色旅游产品。全国百余个红色旅游景点景区、十余个红色旅游重点城市和几十条主题线路业已成型，为研学旅行提供了广泛的选择空间。

在七年级人教部编版语文课本中《老山界》一文讲述了翻山越岭的艰难，定制师可以在广西桂林市兴安县设计开展“翻越老山界，走好长征路”红色主题活动设计研学课程。依托上海中共一大会址、江西井冈山、陕西延安，安徽、湖北、河南交界处的大别山，湖南韶山等爱国主义教育基地和红色旅游景区，传承红色革命文化。从课本出发，走进社会，走进自然，可以设计出很多种类型的研学旅行产品。

2021 年 7 月文化和旅游部、中央宣传部、中央党史和文献研究院、国家发展改革委联合发布“建党百年红色旅游百条精品线路”。百条线路共分为三个大类，其中包括：52 条“重温红色历史、传承奋斗精神”主题线路，重点展示中国共产党在各个历史时期重要标识和中国共产党百年来“为中国人民谋幸福、为中华民族谋复兴”的光辉历程；20 条“走近大国重器、感受中国力量”主题线路，囊括游客耳熟能详的新时代科技和建设成果，感受“国之重器”带给我们的自信和力量；28 条“体验脱贫成就、助力乡村振兴”主题线路，重点展现我国在新时代脱贫攻坚、乡村振兴、生态文明建设等方面取得的重大成果。这些内容都可成为定制师定制体验内容的思路源泉。

如上海的“开天辟地·革命启航”精品线路、“大国海陆空·科技向前冲”精品线路，沿着这两条线路，人们可以穿越历史，探寻共产党人的精神密码，感受海陆空的强国力量。为客户定制的上海“开天辟地·革命启航”红色文化研学之旅，设计的旅游内容非常丰富：手持一份《上海红色文化地图》，在上海市南京西路与西藏南路交界处登上“追寻上海红色足迹”双层观光巴士，既可抵达中共一大纪念馆站、二大会址纪念馆站、四大纪念馆站，也可以游览沿途 30 多个上海的红色旅游资源和纪念地；参观结束，品尝一根“一大会址雪糕”，再选购一些一大红色文创产品带回家。

“大国海陆空·科技向前冲”精品线路汇聚了上海市汽车博览公园、上海市洋山深水港、上海市春秋航空模拟机基地（飞培中心）等体现中国先进制造业水平的旅游资源。这条线路不仅可以让客户深入了解飞机制造流程、航空机队人员的训练情况，感受智能海洋工程的恢宏壮阔，也可体验人与自然、汽车文化与景观文化的和谐交融，真正感受到上海这座城市的魅力，即作为中国近代工业的发源地、现代工业的集聚地、先进制造业的抢滩地和全球科技创新中心的魅力。

如宁夏“红旗漫卷六盘山”和“金沙滩·山海情”两条精品线路。“红旗漫卷六盘山”精品线路的主题是“重温红色历史、传承奋斗精神”，涵盖了老一辈革命先烈浴血奋战的历史，1935 年 10 月 7 日，在打赢青石嘴战役后，毛泽东同志沿战国秦长城一路下山，8 日晚在宁夏彭阳县一户农家的土窑洞里吟出这首《长征谣》，同年 12 月在瓦窑堡润色修改成《清平乐·六盘山》，其中“天高云淡，望断南飞雁。不到长城非好汉”更是经典名句。“走一次长征路、唱一首红歌、读一遍长征史、上一堂信念课、吃一顿红军餐”成为青少年红色教育的主要体验活动。“金沙滩·山海情”精品线路的主题是“体验脱贫成就、助力乡村振兴”，集中展现了在脱贫攻坚中砥砺奋进的精神，这两条线路不仅深挖红色文化内涵，梳理历史脉络，也集中展现了改革开放和脱贫攻坚等社会主义建设伟大成就。无论在硝烟弥漫的战争年代，还是在新中国成立以来的奋斗历程中，伟大的长征精神，星火燎原，化为人心汇聚的磅礴力量，令苦瘠甲天下的西海固脱胎换骨。定制师在做定制方案的时候可以借助毛泽东诗词《清平乐·六盘山》和电视剧《山海情》拉近与学生及家长的心理距离，增加认同感；也可以引用2016年7月习近平总书记在宁夏考察时的比喻：“就像六盘山是当年红军长征要翻越的最后一座高山一样，让贫困人口全部脱贫，是我们全面建成小康社会必须翻越的最后一座高山。”

图3-23　宁夏六盘山

国防科工研学旅游产品可以分为国防教育旅游产品和工业旅游产品。国防教育旅游产品包括国家安全教育基地、国防教育基地、海洋意识教育基地、科技馆、科普教育基地、科技创新基地、高等学校、科研院所等单位。工业旅游产品包括工业园区、工业城、高新技术园区、高新技术企业等。因为国防科工旅游具有很强的知识性，开发的过程中要融生产、观光、参与、体验为一体，充分开发观光之外的参与体验项目和课程。

（2）旅游＋传统工艺体验＋民俗

感受中国传统文化、了解乡土乡情、增强文化自信也是目前研学旅行的重点。中国有八大古都，有中国历史文化名城、名镇、名村。

以学校为定制客户的研学旅行是要整合不同年级中小学生的课程研发，

重视理论与实践的结合，不能仅在旅游线路上简单增加教育元素，要根据地方特色进行乡土乡情研学活动设计，乡土文化蕴含着更多的传统因素，是中华民族传统文化中必不可少的一部分。乡土文化是指在一定的地域中，经过长期生产生活积淀而形成的特定行为方式、思维习惯与价值观念的总和，涵盖了具有地方特色的价值观念和意识。它包含民居建筑、节日庆典、宗教信仰、乡规民约、风情习俗等文化事项，蕴含着多种精神价值观和文化价值观，是中国传统文化的一个重要组成部分。在中国首批研学旅游目的地中，绍兴市着力打造“跟着课本游绍兴”研学旅行产品，曲阜市依托儒家文化资源进行研学旅行产品的开发，安徽黄山凭借丰富的自然与人文资源，开发地质景观与徽文化研学；北京海淀区打造科教旅游线路，形成了较为成熟的研学旅游产品框架。如河南是文化大省，是中华文明的重要发祥地，在这里有“唐宫夜宴”的古风遗存、“贾湖骨笛”的千年余音、“洛神水赋”的魏晋诗韵，充分挖掘乡土乡情文化，找到适合的突破点，如清明时节和河南卫视节目《纸扇书生》一起走进少林寺、嵩岳寺塔、中岳庙、老君山……共同领略中原河南大好风光，来一场文化研学之旅。定制师要确保在活动主题、地点、内容等方面进行选择时，要能够体现出当地的地域特色和文化特色，并能够将乡土知识与学校教学内容紧密联系起来。

（3）旅游＋文学艺术

这里文学艺术的范围很广，包括诗、画、歌、小说，纪录片、邮票等。分析其内涵和外延，精心为客户设计体验活动，引起家长、学校、学生的共鸣。

首先利用名诗、名篇。

研学旅游体验活动设计过程中更适合利用名诗、名歌和名篇。可以用创意性文案提炼特色：“跟着课本去旅行”“跟着唐诗宋词去旅行”等。

纪录片《跟着唐诗去旅行》全片共 5 集，《江湖》《仙山》《故人》《长安》《边塞》，分别选取李白、杜甫、王维、孟浩然、岑参五位诗人人生中最具代表性的五段旅程，跟随现代学者一起走上唐代诗人曾经漫游的旅途，来到唐诗诞生的地方，体会诗人的人生，领悟他们的内心，寻找唐诗的秘密。这是一次真正意义上的诗意之旅，也是一场发现之旅，在旅途中，唐诗的诗意和当下的现实发生了全新的碰撞。这也是一场朝圣之旅和时光之旅，千年已逝，容颜变化，但山河未改。[①] 很多定制师根据纪录片推出“跟着诗歌去旅行”的主题旅游产品，跟随唐代诗人的脚步，行走在唐诗发生

---

① 穿越千年的唐诗之旅——纪录片《跟着唐诗去旅行》即将登陆 CCTV-9. 央视网 . http：//tv.cctv.com，2019-11-11.

的路上，遇见唐诗，遇见风景。

图 3-24　江苏寒山寺古钟

如江苏以寒山寺和寒山寺中的诗碑为中心大做文章，充分利用唐代张继的诗《枫桥夜泊》，先后搞出“诗之旅”“寒山寺岁末撞钟之旅”“寒山寺中秋赏月之旅”。浙江为了更好地打造“诗画浙江”的旅游形象，推出“四条诗路”，分别为浙东唐诗之路、钱塘江唐诗之路、瓯江山水诗之路、大运河（浙江段）文化带，四条诗路创意地图，把流传千年、脍炙人口的诗句在浙江地图上一一标注，风景、文化、体验相结合，并将诗画浙江旅游形象提升到战略高度、品牌高度。体验式文化教育节目《跟着书本去旅行》就是以中小学课本或经典名著为线索，在“读万卷书”的同时“行万里路”，走近文化古迹、实地实景讲故事、身临其境受教育，触摸历史、感知文化，让陈列在广阔大地上的遗产活起来。这些都可以提供给定制师创意思维的灵感。

其次利用中国名著和世界名著。

以英国为例，感受英伦风情是常见的观光动机，但如果想感受英国贵族庄园、英国乡村风情，定制师必须掌握英国资源情况，比如英国除了工业革命的成果，除了贵族绅士的体验目的地，英国迷人的乡村风貌更是深度认识英国另一面的极佳途径，特别是英国中部的科茨沃尔德地区，拥有全英国非常迷人的乡村风光，可以使客户感受田园牧歌般的诗意生活。跟随英国文学作品如简·奥斯汀的《傲慢与偏见》《理智与情感》或者同名小说改编的经典电影来设计线路更好，因为它们全部在英国外景地拍摄，真实展现了英国乡村的风貌，田园美景足够唯美，这样就可以为客人定制出深度解读英国的经典人文旅游产品。

最后利用邮票设计体验活动。

邮票承载着一个国家、民族的历史与文化，是一个国家、民族文化印记的特殊载体，邮票一直以来被冠以“国家名片”之美誉。中国邮票的内容包罗万象，如园林、中国民居、中国历史文化名镇、中国历史文化名村、佛教名山、道教名山、名湖、古典文学名著、唐诗、宋词、元曲、工艺美术、十二生肖等，从自然到人文，从物质到精神，异彩纷呈。定制师搜集旅游目的地的邮票文化和知识，用中国邮票开发中国传统文化，设计主题旅游活动，如“跟着邮票去旅行”“邮票上的古镇名村”“邮票上的宗教名山”“邮票上的园林建筑”“邮票上的民俗”“邮票上的非物质文化”等，可以设计对着邮票找景点，搜集特色风景戳，制作纪念明信片等体验活动，参与感很强。

2021 年 5 月 19 日“中国旅游日”发行的《福建土楼》特种邮票以土楼的四季为主题，表现了振成楼、二宜楼、田螺坑土楼群、承启楼。如果针对亲子团队，以“土楼之乡”福建省漳州市华安县、南靖县和龙岩市永定区为旅游目的地，可以设计“土楼邮你才精彩”土楼邮票主题元素的景点打卡、合影、速写土楼、土楼模型制作等活动，极大地丰富旅游体验。

（4）旅游 + 博物馆 + 科普考察

文化展示和历史传承、科普教育的重要载体是博物馆和大自然。

首先，从博物馆中找寻研学主题灵感，去江南贡院等科举博物馆体验科举传承千年文脉；去中药博物馆走进自然感受中医药文化；去科技馆感受科技魅力和未来力量。博物馆中的主题探索、实物教学、动手体验等课程都是研学旅行的有益探索，也是展示博物馆馆藏、转化博物馆研究成果、传承中国文化的成功尝试。如武汉学知研学旅行服务有限公司开展的博物馆研学推出了三个主题：青铜纹饰、礼器和食器。针对不同年级的学生设计了不同主题，面向小学三四年级的学生设计“曾侯乙的餐桌”主题；面向小学五六年级学生设计“曾侯乙的神秘纹饰”主题；面向七八年级（初中一二年级）的学生设计“国之重器话礼仪”课程主题。用深入浅出的导览课程设置以及通俗易懂的教学方式共赏文物。

其次，走向户外，走向山川河流进行考察，增长知识。如由湄江国家地质公园青少年科技工作室主办的 2019 年“圆梦蒲公英 · 博物馆里过暑假”研学活动，学生分组进行化石采集、溶洞探秘、峰林科考等户外科考活动，亲自制作化石、环保酵素、水火箭、微缩景观和石头彩绘等，在做中学，学中做，培养了学生的科学探索精神。

如中科院西双版纳热带植物园结合中小学生的特点，开发大量融合西双版纳生物多样性和民族文化多样性的旅游项目，将团体活动和小组教学活动结合，吸引来自全国各地的研学学生团体，掀起研学旅游的热潮。如沙漠研学中的活动可以涉及很多方面：收集沙漠动植物标本、学习在荒漠中辨别方向、动手制作指北针、沙漠取水、沙漠露营、滑沙、探索沙漠星空、体验沙漠篝火晚会和沙漠趣味运动会等。

（5）旅游 + 生存训练 + 学农 + 学工

生存训练，劳动教育，学校教育中的学农，走进自然，走进乡间，都是青少年生命教育和生存教育的重点。2020 年教育部印发《大中小学劳动教育指导纲要（试行）》通知，指出劳动教育是发挥劳动的育人功能，对学生进行热爱劳动、热爱劳动人民的教育活动。当前实施劳动教育的重点是在系统的文化知识学习之外，有目的、有计划地组织学生参加日常生活劳动、生产劳动和服务性劳动，让学生动手实践、出力流汗，接受锻炼、磨炼意志，培养学生正确劳动价值观和良好劳动品质。

如广东东莞外国语学校初三年级组织了两天一晚的海岛研学旅行，其核心主题是生命体验。何谓生命体验？那就是让平日锦衣玉食、高床暖枕、出入车马的孩子们，好好地在孤岛上体验一番风餐野炊、帐篷露宿、舟车劳顿的生存本真；同时亦懂得在百废待兴的荒岛上追求高品质的生活理想。旅行包括四个篇章：生计篇——生存需要财经素养来拓荒，生存篇——生存需要风餐露宿来保障，生活篇——生活需要自然科学来构筑，文艺篇——品味生活，需要文艺！海岛研学旅行在让同学们掌握生活技巧的过程中，同时通过写作、摄影、音乐和舞蹈等文学艺术形式，培养学生感知美、欣赏美和创造美的审美情操。①

如中小学学校组织学生"田间学农事、体验劳动美"社会实践活动，学生们走进校外劳动教育基地体验农事劳动，感受劳动之美。依唐代诗人李绅所言"春种一粒粟，秋收万颗子"，在南方开展"体验插秧劳作"农事体验活动，通过插秧比赛等形式，使学生了解传统的农耕文化。正如《大中小学劳动教育指导纲要（试行）》明确指出的那样，劳动教育要"关注学生劳动过程中的体验和感悟，引导学生感受劳动的艰辛和收获的快乐，增强获得感、成就感、荣誉感"。通过劳动教育充分认识到劳动对于社会发展和人生进步的重要意义，崇尚劳动，尊重劳动，愿意以自己的体力和脑力劳动建设祖国、奉献社会、服务人民。强调了实现中华民族伟大复兴的重要劳动价值观：实干、奉献、奋斗、创新等。定制师要了解一些中国农民丰收节农耕文化实践教育基地、厂矿企业学工实践基地，结合植树节、学雷锋纪念日、五一劳动节、农民丰收节、志愿者日等，与乡村振兴结合，与大国工匠精神培养相结合，为中小学生打造适合年龄与个性的劳动体验，为客户定制丰富的劳动主题教育活动。

总之，定制师可以根据客户要求自由组合，根据学校和中小学课程标准进行设计，根据国家素质教育要求，根据家长全方位提升孩子素养等要求，设计出独具特色的研学线路，以祖国大好河山、秀美迷人的景色为载

① 生命原本就是一场旅行——东莞外国语学校初三级海岛研学旅行，搜狐网https：//www.sohu.com/a/277200613_725959。

体，弘扬传统，增强文化自信，陶冶学生情操，激发学生学习的兴趣，培养学生的审美意识，创新思维，锻炼学生的意志品质，使学生在轻松愉悦的氛围中实现价值观的塑造、知识的拓展、眼界的开阔以及职业生涯的科学规划，最终达到研学旅行“立德树人”的根本目的。

（五）婚庆体验类活动设计

婚庆旅游，是指以婚庆为目的，将婚庆服务和旅游服务相结合的一种主题旅游产品，按目的地与消费者需求可分为不同种类。按照旅游目的地来分，可以分为境内游和境外游，按照定制客户的需求来分，可以分为新婚蜜月游、金婚游、银婚游、纪念游等类型。

1. 蜜月旅游活动策划

新婚夫妇需求市场是婚庆旅游市场的主要市场。蜜月定制活动涵盖国内婚礼、海外婚礼、蜜月国内旅拍、蜜月全球婚拍、蜜月旅行等内容。定制师在了解客户需求之后，可以从以下几方面着手：首先选择婚礼仪式举办地和蜜月旅游目的地；其次是设计独具特色的婚礼；最后是设计独特的蜜月旅行活动。

接下来着重介绍一下如何策划独特的婚礼。

婚礼对他们来说是人生最浪漫、最温馨的时刻，他们希望在这个重要时刻留下深刻记忆，作为今后幸福生活的美好开端。为他们定制一场属于他们的与众不同的婚礼，为他们谱写一段数十载后仍能细细回味的记忆。国内特色婚礼和海外特色婚礼，可以有集体、中式、西式、民族风格；就婚礼举办地而言，可以分为教堂、城堡、庄园、农场、草坪、乡村、海边、水上、水下等。在西式婚礼中，教堂婚礼颇受年轻人的喜欢，国外如巴厘岛是一处星光闪耀的岛屿，海外婚礼的知名度较高，已举办过多场大牌明星的婚礼。巴厘岛的教堂各具魅力，如云之教堂、水之教堂、阿曼达教堂、蓝点教堂、蝴蝶教堂等。除了教堂婚礼之外，巴厘岛的特色婚礼还有水上婚礼、悬崖海景婚礼、草坪婚礼、沙滩婚礼、别墅婚礼、花园婚礼等。国内的著名婚庆城市海南三亚开发出海滨婚礼、水下婚礼、黎族风情婚礼等这些独具魅力的婚庆旅游产品，其“婚庆圣地，蜜月天堂”的旅游目的地形象深入人心。

在快速发展的中国，在经济繁荣、日新月异的今天，回归传统和历史记忆，回归民族文化，愈发成为年轻人的心理需求，“重视传统民俗、追寻文化根源”成了现代人的新时尚。传统的汉族婚礼仪式很多书籍已经充分详述，这里不再作为策划重点。定制师可以把思路放在中国少数民族的独具魅力的婚礼仪式上。在不同的民族区域有很多婚俗，体验独特的婚俗相信也是很多现代人的选择，如到海南选择黎族婚礼仪式，到大理选择白族婚礼仪式，到黑龙江选择达斡尔族婚礼仪式，到鄂尔多斯选择蒙古族婚礼仪式等。

婚礼的举办场地同样可以成为婚礼定制师的策划亮点。就举办婚礼的独特建筑而言，定制师可以为他们选择以下类型的婚礼举办地：诗情画意的仿古园林、皖南古村落或者江南古镇的某个深宅大院、土家族的吊脚楼、侗寨的鼓楼、草原的蒙古包、福建的土楼、藏族的碉楼等，如康藤·红河谷帐篷营地，藏身于红河哈尼梯田之畔，石头寨残垣断壁之中，环境独特，新人可以在此举办哈尼族婚礼仪式，之后可以在神秘的古老村寨里，参与梯田徒步、民俗工艺学习、古村落探访、梯田摄影等有趣的活动。

婚礼举办地也可以选择置身于大自然中的自然系婚礼场地，在拥有湖光山色、美好意境的自然风光中举办婚礼，远离尘嚣，远离现代化，在广阔天地中，让自然万物共同见证生命中重要的仪式，举办一场返璞归真的婚礼是现代年轻人更加追求的生活方式。

图 3-25　云南哈尼梯田

定制师如何选择这些绝美的自然风光地呢？在基础条件允许的情况下，可以把所拥有的自然景区资源进行大胆设想，自然系婚礼的场景可以变化多端，呈现出独具魅力的场景。就国内而言，可以设计出很多种类型的婚礼形式，如腾格里沙漠月亮湖的沙漠婚礼、高黎贡山和红河哈尼梯田的露营婚礼、蜈支洲岛的海底婚礼、广西环江的洞穴婚礼、九寨沟瀑布的瀑布婚礼、丽江玉龙雪山的雪山婚礼、内蒙古阿尔山的温泉婚礼、植物园的“萤火”森林婚礼、长白山的高山婚礼、呼伦贝尔的草原婚礼、青海茶卡盐湖的“天空之境”婚礼等。

蜜月婚拍也是蜜月旅游活动的重要组成部分，携程旅行网“蜜月婚拍”主题游的供应商提供了在三亚、大连、丽江、西双版纳、巴厘岛、圣托里尼、马尔代夫等地的蜜月婚拍产品，各有特色。

总之，婚礼举办地的自然风光、民俗人文风情、特色的婚礼服饰，以及蜜月旅拍，都是蜜月旅游产品的卖点，正是蜜月定制的最大亮点。

2. 婚庆旅行的活动策划

婚庆旅行的主题定制包括庞大的结婚纪念游市场，如结婚纪念日、十周年、银婚、金婚、钻石婚等及其意义（见表 3-19），可以将某些特定的旅游活动和纪念性活动结合在一起，在林海雪原、极光胜景、山林野趣、空谷幽穴、无垠草原、乡间小路、静谧森林中，独享属于亲密伴侣的旅游时光，定制一份独特的人生印记。

表 3-19　结婚纪念日及意义一览表

一周年	纸婚	最初结合薄如纸	十二周年	链婚	像铁链样扣在一起
二周年	杨婚	像杨树叶子一样飘动	十三周年	花边婚	不但坚韧而且很美
三周年	皮婚	像皮革一样有点韧性	十四周年	象牙婚	时间越久越晶莹美丽
四周年	丝婚	紧紧地缠在一起	十五周年	水晶婚	透明莹澈而光彩夺目
五周年	木婚	已经如同木质一样坚硬	二十周年	搪瓷婚	光滑无瑕但需防跌
六周年	铁婚	夫妻感情牢固如铁	二十五周年	银婚	婚姻恒久第一大庆
七周年	铜婚	坚韧而不易生锈	三十周年	珍珠婚	美丽珍贵使人艳羡
八周年	陶婚	如陶瓷样坚硬美丽	三十五周年	珊瑚婚	嫣红而宝贵
九周年	柳婚	如垂柳样摇摆不折	四十周年	红宝石婚	更名贵难得
十周年	锡婚	像锡器柔韧不易破碎	五十周年	金婚	婚姻恒久第二大庆
十一周年	钢婚	像钢样坚硬不锈	五十五周年	翡翠婚	如同无价之宝
六十周年		钻石婚	人生难得最隆重庆典		

既然是婚庆定制旅行，除了婚礼和纪念仪式活动之外，还有一个很大的活动就是旅游，该类旅游景点及活动的安排跟其他观光旅游产品有很大的区别。

首先，定制师要了解国内外主要的婚庆旅游目的地，了解其婚庆品牌之下的各种主题活动，巧妙设计到行程中，如 2020 年广州为了树立“广州婚庆旅游之都”品牌，开展了“广州，见证幸福之旅——爱 TA 就带 TA 来广州吧”主题系列活动，打造一批婚庆文化旅游网红打卡地；如 2021 年 5 月

20 日海口“山盟海誓·爱在海口”婚庆旅游节活动，在启动仪式中正式发布了海口婚庆旅游 5 大网红打卡点和 5 条精品线路，5 大网红打卡点分别为海口云洞图书馆、海口火山口公园、西海岸带状公园、海口观澜湖旅游度假区及骑楼老街，发布的 5 条精品线路主题为“世纪爱恋”星海之旅、“万年火山”誓约之旅、“面朝大海”幸福之旅、“缘来是你”情定之旅、“百年味道”浪漫之旅，分别围绕5大网红打卡点专门设计，不仅蕴含火山、草坪、沙滩、大海等浪漫唯美的元素，还以颇具性价比的价格面向广大新人。

其次，定制师还要根据年龄和所处人生阶段对目标群体做进一步细分，如新婚夫妇、有小孩子的已婚夫妇、子女已参加工作的老龄夫妇等，这些消费人群在收入水平、消费层次、个性爱好、需求特征等方面具有很大的差异，定制师要根据这些差异、特点和需求安排不一样的旅游活动，要充分考虑婚庆旅游者的意愿和习惯，考虑不同年龄群体的身体素质和经济实力，以消费者的需求为中心，关心他们的真实情感诉求，开发能够契合他们情感的婚庆旅游产品。这些定制的婚庆旅游产品既可以最大限度地满足婚庆消费者的个性化需求，又是兼具文化内涵和艺术魅力的品质旅行。

结语：定制旅行中的体验活动是亮点，是旅游文化创意灵感的再现，世界自然和人文旅游资源都可以按照不同的定制需求，通过定制师的深入挖掘和设计体验活动，使客户感受到旅游目的地的文化内涵和独特魅力，并与那些绝美的自然景色、深邃的人类文化遗产、原生态的民风民俗产生审美移情和精神共鸣，感受人之渺小、宇宙之浩渺、世界之多姿多彩，这就是旅行的意义，也是定制旅行追求的最高境界。

在文旅大融合时代背景下，须根据客户旅游需求量身定制，设计体验活动，提升客户的满意度。

三、案例分析

案例 3-7

“亲子·荷花漂流”旅游产品

7–9 月周末趣趣自然营组织的“亲子·荷花漂流”包括：玩转浙江安吉龙王村——竹简技艺、生肖年画、打麻糍体验，嗨皮荷花山——漂流清凉、水仗趣玩。这一夏日欢乐清凉亲子 1 日游活动，其活动亮点包括竹简制作、手印年画、打麻糍体验、漂流戏水等。

（资料来源：趣趣旅行网）

【案例分析】

这些活动融合了中国传统的竹筒、年画等手工工艺，又加入了打麻糍这样的餐饮体验活动，是较为成功的亲子类旅游产品。

案例 3-8

亲子研学旅行

亲子户外·九寨沟+都江堰+若尔盖草原7天6晚亲子营，自然领队导游带队+学习亲手做一道川菜，震撼歌舞剧“九寨千古情”+羊茸哈德+黄龙，两人起订。

亲子研学旅行

本案例截取了部分内容，主要是体验活动概览和每日行程中的课程设计。

（资料来源：携程旅游网）

【案例分析】

该亲子户外线路，内容丰富，在自然、历史和人文景点中各有所取，除了对景点进行描述之外，定制师对每次旅游的学习课程内容进行了详细描述，体验活动包含了手工工艺体验、地方特色文化体验、深度人文体验、美食制作体验、科普活动体验等；对涉及的课程知识链接做了说明，比如包含了地理、化学、历史等知识；并对课程的能力经验值、探索能力、阅读能力进行了评价。孩子在这些户外体验活动中既锻炼了身体，又陶冶了情操，既丰富了阅历，又增长了见识。定制师对每天日程的详细描述，对课题及探究课程的提炼与描述，符合现代家长对游学旅游的期待，他们希望通过旅游使孩子增长见识、开阔眼界的动机得到了满足，旅游体验感极佳。

案例 3-9

新疆维吾尔族婚礼旅行

10日乌鲁木齐+吐鲁番市的维吾尔族婚礼旅行，主要旅游地及景区包括阜康+吐鲁番市+喀纳斯+布尔津+鄯善+克拉玛依+吉木萨尔+富蕴+乌鲁木齐。

日程安排见表格。

表 3-20　新疆维吾尔族婚礼旅行日程安排

第一天	一场维式婚礼，开启人生新篇章	第六天	在像被打翻了调色盘的五彩滩的夕阳下拥吻
第二天	与 TA 一起登天山天池，寻找浪漫爱情传说	第七天	携 TA 之手一起穿梭在魔鬼城里面
第三天	携 TA 之手漫步绿色丛林，观浪漫夫妻树	第八天	手牵手漫步在楼兰王国消失的最后一片圣地
第四天	游览仙境喀纳斯，邮寄代表美好爱情的明信片	第九天	在炽热的火焰山，与 TA 一起观赏最大的温度计
第五天	观赏神的后花园、晨雾和星空	第十天	再见乌鲁木齐，我们会好好的

【案例分析】

该婚庆旅游产品从标题到内容，都有浓烈的浪漫气息，虽然线路中包括的景点都是新疆最具代表性景点，但由于体验活动小小的不同之处，使得整条线路别具一格，受到新人好评。

图 3-26　新疆下塔风景区

四、实训活动设计

（一）实训目标

1. 知识目标

掌握地方文化、手工艺制作、餐饮、研学及游学、婚庆等体验类活动设计思路及方法。

2. 能力目标

能根据不同类型的客户设计定制旅行产品行程中的体验活动。

3. 素质目标

通过旅游体验活动设计，培养学生创新思维。通过深入了解我国的民俗文化，激发学生的爱国情怀及增强文化自信。

（二）实训内容

（1）选择旅游目的地（新疆、福建、内蒙古、陕西、重庆等），列出手工工艺活动体验项目，完成以下实训任务：

①列出手工工艺活动体验项目；

②详述体验的内容；

③列出手工工艺契合的定制行程。

（2）选择旅游目的地（我国宁夏、海南、山东等地；日本、新西兰等国家），列出餐饮类独特的体验项目，完成以下实训任务：

①针对蜜月类型的客户，列出餐饮体验的内容，撰写介绍文字；

②针对亲子类型的客户，列出餐饮体验的内容，撰写介绍文字；

③针对研学类型的客户，列出餐饮体验的内容，撰写介绍文字；

④针对团建类型的客户，列出餐饮体验的内容，撰写介绍文字。

（3）选择旅游目的地（山东、上海、山西、甘肃等），根据中小学课本，量身定制研学体验活动，完成以下实训任务：

①以高一学生为例，设计研学体验活动；

②以初二学生为例，设计研学体验活动；

③以小学三年级学生为例，设计研学体验活动。

五、任务掌握评价

（一）学生自评

（已完成和可胜任的内容请在括号中打“√”）

（1）实训按照要求完成。 （　　）

（2）在完成实训的过程中主动查阅资料。 （　　）

（3）能设计研学旅游中的体验项目。 （　　）

（4）能设计地方文化类型的体验活动。 （　　）

（5）能设计蜜月旅游的特色体验活动。 （　　）

（6）能够把手工工艺体验、地方文化体验活动融进主题旅游产品设计。（　　）

（7）能根据不同客户类型，巧妙设计各类体验活动，打造旅游产品“燃点”。（　　）

（二）老师评价

任务七　设计宴会

一、任务分析

在定制旅行产品设计中，尤其是在为公司客户设计方案时，举办宴会是满足客户团队凝聚力、沟通能力需求的主要方式。定制师在设计宴会时主要包括以下三个方面的任务：

（1）掌握基本的中式、西式宴会设计基本原则；

（2）定制师要充分与客户进行沟通，了解举办宴会的目的、风格、出席人数，并以此来确定宴会主题、宴会场地、宴会布置风格、宴会菜单设计等要素；

（3）应根据客户的实际需求来考虑宴会活动的设计。

二、相关知识

（一）宴会设计的原则

宴会设计是围绕一个宴会主题，进行服务、活动、菜肴、环境等方面的设计，以达到宴请客人的目的。根据宴请方与受邀方的文化背景、生活习惯、行为方式等方面的差异，宴会设计大致可以分为中式主题宴会设计与西式主题宴会设计。每一种主题宴会设计都有其独特的原则，定制师应根据客人的实际需求进行设计。

1. 中式主题宴会设计原则

（1）传统化与现代化相结合

中国传统饮食文化是中式主题宴会的基础。然而，历经时代的发展与变迁，现代化元素在中式主题宴会中必不可少。传统化与现代化看似矛盾，实则这二者在动态的发展中相辅相成。在现代化的中式宴会中，可以通过对技术与美学的运用，来进行多元化的展示。例如，通过灯光、音响、投屏等现代技术手段表达宴会文化的内容，给宾客带来丰富的视听感受；再比如，将电子签到、电子投票系统引入宴会，实现与宾客的在线互动，实现更高效、可视化的参与体验。

（2）本地化与外地化相整合

中式主题宴会设计中的本地化是指，将宴会举办地当地的风土人情与特色美食设计安排在宴会当中。然而，在设计具有本地特色的宴会时，设计者应考虑到，参加宴会的宾客可能来自天南海北，各地的文化风俗与饮食习惯有所不同。宾客参与宴会的另一重要目的，是体验宴会举办地的美食文化特色。因此，设计出既能体现本地特色，又能在此基础上照顾到外地宾客的宴会文化元素与饮食元素至关重要。

（3）个性化与大众化相融合

在定制化的中式主题宴会中，由于参会宾客的背景具有多元化的特征，有些宾客甚至可能来自于海外，因此，既能让参与宴会的宾客普遍感到满意——满足大众化需求，又能体现出宴会带来的独特体验——体现个性化元素，是设计者在宴会设计中需要考虑的另一重要原则。

2. 西式主题宴会设计原则

广义的西式主题宴会包括了不同国家风格的文化活动、菜品与服务形式，例如，法式晚宴、日式宴会、英式下午茶宴会等；狭义的西式主题宴会主要指以欧美国家文化、服务、饮食为核心的宴会。

（1）注重宴会仪式感

在西式主题宴会中，通常策划者会根据参加宴会人员的身份特征，来制定服饰规则（Dress Code）。例如，在西式婚宴中，男士须穿着西装出席，而女士应避免穿着白色服饰，以免和新娘的婚纱服饰产生冲撞感。除此之外，常见的服饰规则还有商务正装（Business Formal）、商务休闲装（Business Casual），在一些鸡尾酒会上，还会要求男士穿着西装打领带，女士穿着鸡尾酒礼服（Cocktail Dress）。

（2）注重用餐流程化

在用餐仪式的流程方面，西餐宴会一般遵循以下顺序：头盘—汤—副菜—主菜—蔬菜类菜肴—甜品—咖啡与茶。遵循这种传统的用餐流程体现了策划方与宾客共同对传统习俗的重视。在用餐规则方面，西餐宴会一般采用分餐制，区别于中餐宴会将菜品放置在桌子中间供宾客分享的方式，西餐宴会中的每一道餐点都独立地被送至每一位宾客桌前。

（3）注重宴会社交性

在商务西餐主题宴会中，社交环节往往必不可少。宾客通常以此种宴会来作为拓展人脉、发展商机、寻求合作的机会。因此，在社交环节的过程中，酒水与冷餐的供应必不可少，定制师应根据宾客的实际需求，预估供应分量与持续时长。

（二）宴会设计的方法

1. 宴会主题的选择

宴会主题的选择主要需要考虑宴会举办的目的、宴会的文化背景等因素。宴会举办的目的有一般性商务交际宴会、表彰会、公司年会、婚宴等，因此宴会的主题应根据主办者希望举办宴会达成的某个目的而选择。在有些以传扬文化为目的而举办的宴会中，主办方还应考虑宴会主题所包含的文化底蕴，从一个独特、新颖的角度设定宴会主题。

2. 宴会场地选择与布置

（1）宴会场地选择

宴会场地的选择主要由宴会风格、宴会举办目的、参加宴会人数等因素决定。在大型宴会中，通常使用星级酒店配备的多功能厅，其特点是场地规模大，灯光音响设备齐全，多配有前厅，且可根据具体宴会需求调整宴席场地或会议场地。有些大型多功能厅还配备了独立的出入口。在中小型宴会中，通常使用酒店或专门场所配备的中小型会议厅，此种会议厅虽可能没有独立的出入口，但大多配备衣帽间、洗手间等，为中小型商务宴会宾客提供便利。宴会设计者应先预估赴宴人数，可据此多选择几家备选宴会厅，一一沟通后，确定下来最合适的场地。

（2）宴会场地布置

宴会场地的布置包括场地桌椅的安置以及场地内会务装饰。常见的中式宴会布局为圆桌式，而西式宴会布局多为长桌式。此外，“U”型布局（便于演讲者进行互动）、酒会式布局（只摆放桌子，不设椅子，营造轻松交流的氛围）、课堂式布局（以主讲人进行座谈会为主）等布局均为根据特殊宴会需求制定出的贴合实际的布置方式。场地内会务装饰的核心要义是向宾客传达宴会主题与体现宴会文化。例如，在公司年会中，通过座椅椅套、矿泉水瓶贴、场内电子屏展示等方式传达企业文化、公司 Logo、会议主题等。在场内会务的设计过程中，还应注意装饰物色调与灯光风格的统一，尽量避免色彩冲撞感过大、搭配凌乱。

3. 宴会台面用品布置

（1）中心装饰物设计

在宴会中，中心装饰物体现着宴会主题的核心，传达了宴会的文化内涵。在中心装饰物设计过程中，需要考虑到色彩的运用，装饰物风格的选择，装饰物的文化内涵等。常见的中心装饰物有花艺作品、糖艺作品等。

插花艺术在台面布置设计中起到了烘托氛围、衬托主题的作用。花艺设计师通过对花朵、枝茎、果实等部位的整理与修剪，使用金属、塑料等材料将其进行固定，打造出独具特色的插花作品。在宴会台面上，常见的插花造型有竖直型、球型、下垂型、半球型等，下垂型的花束主要放置在主讲桌、嘉宾席上，而球型与半球型的花艺作品主要被一个固定物托起，放置于桌面中央。在色彩运用方面，插花艺术可以为整场宴会奠定色彩基调，以此来协调其他场地布置用品颜色的选择。

糖艺作品是利用砂糖等材料，进行加工、熬制、拉糖、吹糖等工序，打造的具有鲜明艺术特色的艺术品。由于糖艺作品的可塑性强、质感清晰，且可被食用，因此其作为宴会中心装饰物不仅具有美观性，也可增强宾客的互动性与体验感。

（2）宴会餐具、台布、口布搭配

宴会餐具的材质、色彩、手感均会直接影响到宾客的宴会参与体验，无论是在中式宴会还是在西式宴会中，餐具的种类、材质、使用方式、外形等均为定制师需要考虑的设计重点。受不同饮食文化影响，中西餐进餐程序存在显著差异，这也导致了餐具种类的不同。中餐最主要的餐具是筷子，而西餐以使用刀叉为主。在材质方面，高档次的餐具一般由骨瓷制成。骨瓷是在陶瓷制作工艺中，加入动物骨粉，来提升陶瓷质感与色泽的工艺，基

图 3-27　宴会上的餐桌布置

本的骨瓷制品中骨粉含量需达 25%，高档的骨瓷器具则需含骨粉 40% 及以上。另外，在中式宴会中，根据宴会主题、主色调设计的筷套、牙签套、筷架等小型物件也会成为台面设计的加分项。

台布与口布的设计搭配原则是色彩要与宴会色调相协调，布料质地要上乘，设计款式要体现宴会主题。台布与口布二者之间也要注意色彩的叠加使用效果，好的颜色搭配能够起到渲染宴会氛围的作用。在口布的选择与设计上应注意的是，口布作为宴会设计的点睛之笔，在商务宴会中若折叠过于烦琐，则会导致与会议主题无法协调。因此，简约大方、不喧宾夺主，是台布与口布设计的另一重要原则。

4. 宴会菜单设计

宴会菜单设计应考虑到宴会风格、人均预算、菜系种类、时令食材等要素。虽然中西式宴会菜单内容差异较大，但是在菜单设计方面有三个共同的原则需要遵循。

（1）营养搭配合理

随着现代人的生活节奏加快，健康饮食已成为大众关注度非常高的主题。从营养学的角度看，人们对蛋白质、碳水化合物、维生素、脂肪等的摄入量应根据个体情况保持大致均衡。因此，在设计菜单时，既要让宾客感受到新颖独特，又要注重饮食营养健康。

（2）菜品酸碱平衡

食材的酸碱性由其消化后留在人体内的无机盐酸碱性决定，过多摄入某种特性的食材，会对肠胃功能较弱的人群产生不良影响。常见的酸性食品包括肉类、蛋、鱼类、谷物等，常见的碱性食品包括大部分水果、蔬菜等。摄入过多的酸性食品，会使胃中产生过多的胃酸，造成嗳气、酸痛，因此酸碱性食品相搭配非常重要。

（3）菜单样式考究

纸质菜单的颜色、质感、内容都会影响到宴会的品质与宾客的体验感。设计师应选用手感较好的纸张，以宴会主题为主设计菜单背景图案、菜品名称，菜品名称可富有艺术感，但要注意在菜名下方标注主要食材，供宾客参考。

5. 宴会活动设计

在宴会活动的设计过程中，最重要的环节是设计者和客户的沟通交流。设计者要了解整个宴会的流程，如致辞、颁奖、互动、开席等环节的具体安排，预估每个环节所需要的时间，最终和客户针对细节进行一一确认。在与客户确定下来最终宴会流程的方案后，应与客户沟通，进行 1–2 次模拟彩排，确保技术设备可以正常使用，各个环节衔接流畅。

三、案例分析

案例 3-10

“荷塘月色”主题宴会

1. 宴会主题选择

“荷塘月色”主题宴会以“荷花”为主元素，通过营造赏荷的微景，向宾客传达了在欣赏荷塘美景时静心、修身、养性的体验。

2. 宴会台面用品布置

“荷塘月色”主题宴会的中心装饰物采用一个透明装水的玻璃鱼缸，缸内放置水草、金鱼，在缸的中间部位放置一块花泥，并插上荷花与荷叶，在缸的底部，放置星星、月亮的小点缀物。此装饰物的设计动静结合，模拟出了荷塘边鱼儿漫游、水面映射出漫天星光与月色的美景，整个装饰物新颖、独特，打造了一个微缩景观，使宾客大饱眼福。

在餐具选择方面，“荷塘月色”宴会设计师选择了一套白色带有荷花纹路的骨瓷餐具。其中包括餐盘、味碟、碗、汤勺等餐具，其外观洁白、典雅，荷花图案尤其生动，给宾客带来极其舒适的用餐体验。

在台布、口布选择上，此宴会的台布为绿色且带有荷花图案，另搭配带有米色提花的面布，绿色与米色的结合清新秀雅，格外别致。在口布的选择上，此宴会采用与荷花颜色相似的粉红色，在主位折叠成“仙鹤”状，在客位折叠成“风荷”状，造型生动、优雅。

“荷塘月色”的菜单印有山水景观、荷花等图案，古色古香。在菜名设计上统一使用与“荷”“藕”有关的名称，例如：荷塘鱼欢、荷叶飘雪、荷叶田田、藕意天成等。在食材选择上，此宴会也采用与荷塘有关的食材，如莲藕、荷叶、莲子等。在菜品烹饪上，该宴会主要采用蒸、煮等烹饪方式，菜品口味清淡、软嫩，适合各个年龄段的宾客享用。

【案例分析】

客户公司是一家专攻厨房一体化设计的专业企业，公司致力于打造“贴近家庭生活”的厨房概念，推崇别具一格、自然、环保的设计风格。“荷塘月色”主题宴会是该公司的年会活动之一。该“荷塘月色”主题宴会的设计创意与客户企业文化相吻合。

（1）定位明确，处处体现主题元素

无论是中心装饰物、餐具、台布、口布，还是菜单设计，处处体现荷塘美景，设计师细致入微，对细节把控度高。

（2）从饮食文化中反映主题

本宴会中，设计者采用与“荷塘”有关的食材进行菜品设计，充分体现出菜品的新颖性，并将饮食与宴会主题结合起来，赋予主题文化以更生动、更富有趣味的表达。

（3）宴会既普适度高又新颖独特

“荷花”“荷塘”是在大众中熟悉度较高的主题，深受男女老少的喜爱，人们在生活中常使用与“荷”相关的制品，如莲子、荷叶等，因此，该主题具有较高的普适度。而在表达形式方面，宴会对装饰物动静结合、细节把控、菜品创新等环节都有较好的驾驭，故整场宴会设计感强，新颖独特。

四、实训活动设计

（一）实训目标

1. 知识目标

了解宴会设计的基本原则，掌握中式主题宴会与西式主题宴会的特征。理解宴会活动设计应考虑的关键点。

2. 能力目标

能根据客户的需求单，设定合适的宴会主题，选择合适的宴会场地，对配套设施、台面等进行安排与布置。

3. 素质目标

通过设计宴会，培养学生的个人审美及统筹协调能力。

（二）实训内容

某制酒公司预期在 8 月中旬召开一场酒文化品鉴宴会，宾客为公司 VIP 客户，包括 10 名知名品酒专家，100 名制酒公司全国分销商代表，20 名媒体朋友，20 名公司战略合作伙伴代表，预计参与人数 150 人，召开地点为上海市。客户公司希望通过本次活动宣传新产品。本场宴会预算为 10 万元。请根据以上信息设计一个宴会方案，可参考如下内容：

（1）请自行选择制酒公司；

（2）根据客户公司的需求选择一个宴会主题（中式 / 西式）；

（3）分析可供参考的宴会场地与宴会布置方案；

（4）制订宴会台面布置的具体方案；

（5）提供一个进行宴会菜单设计的思路；

（6）生成一个和客户沟通以上信息的最终汇报 PPT。

要求：本实训活动为小组作业，3-5 人组成小组进行设计。

五、任务掌握评价

（一）学生自评

（已完成和可胜任的内容请在括号中打“√”）

（1）实训按照要求完成。（　　）

（2）能选定合适的宴会主题。（　　）

（3）能复述宴会场地选择与宴会布置的要点。（　　）

（4）能制订宴会台面布置的方案。（　　）

（5）能简述宴会菜单设计的思路。（　　）

（6）能将宴会设计信息以 PPT 的形式向客户汇报。（　　）

（二）老师评价

任务八　设计团建活动

一、任务分析

团建活动是企业定制旅行区别于个人定制旅行的一个环节。以团队建设为主要目的，在 3-4 日的旅游行程中安排半日团建拓展活动的做法，也为越来越多的企业所推崇。设计团建活动要求设计者具备相关的专业知识和较为丰富的实操经验。定制师需要完成以下三方面的任务：

（1）理解团建活动的概念、意义与分类；

（2）理解团建活动的具体流程与步骤；

（3）能根据公司客户的需求设计团建活动。

二、相关知识

（一）团建活动的概念

团建（team building）是团队建设的简称，也可以称团队关系建设，是一个管理学范畴，即员工和公司的关系建设，是指为了实现团队绩效及产出最大化而进行的一系列结构设计及人员激励等团队优化行为。

团建活动顾名思义，即为了达成团建之目的而开展的各类活动的总称，分为广义和狭义两重涵义。广义的团建活动包含了所有以团建为目的的活动形式，包含一些较为容易组织的活动，例如聚餐、KTV 唱歌、座谈会等形式；而后文要进行详细说明的是狭义上的团建——团建拓展活动，因其具有一定专业性，需要进行细致的策划与设计，或者委托专业的拓展机构来完成，如户外徒步、溯溪漂流和定向寻宝等都属于此类。作为定制师，需要对团建活动的特点及类型有所了解，以便更好地与客户沟通，并安排更为适合的团建活动。

（二）团建活动的类型

随着时代的发展，拓展训练逐渐以各种体育项目为基础，融合各种资源、手段，形成一种全方位的培训项目，形式和内容都日益多样。

1. 根据基地、课程、人群、目的等分类

（1）野外项目

也称为野外自然拓展，是指利用纯天然的自然环境开展拓展活动，比如自然风景区、密林、竹海、水域、空旷的草坪、山体岩壁等自然环境。野外拓展的形式多样，并且成本相对较低，但在组织活动前，组织者必须熟悉场地的特点，注意对野外生存技能和知识的运用，以便于能够安全与顺利操作。野外拓展常见的项目有溯溪、扎筏泅渡、野外定向、音乐辅导、破冰与热身、攀岩、速降、沙盘模拟和军事野战等。

（2）场地项目

场地项目是指在人工修建的专门用于开展拓展培训的户外拓展训练基地进行活动，拓展设施一般为钢架结构、木质结构、混凝土结构和土方结构四种。当前比较流行的户外拓展训练基地有高空架、攀岩墙、逃生墙、军事野战战场、军训营地等。

（3）室内项目

室内项目是指利用室内环境开展拓展活动，一般多见于酒店、教室、会议中心、度假村或经专门改造的旧屋等。室内拓展的优点是不受气候影响，并且场地可以根据需要设置多媒体设备，比较适合沙盘模拟、急速六十秒、音乐治疗、室内破冰、室内拓展和桌面游戏等活动的开展。

2. 根据团建活动的形式分类

（1）高空项目

高空项目要求参与者在 9–12 米的高空拓展器材上完成攀登、跳跃、行进、下降等动作。为了确保安全，对拓展训练器材的安全性有着很高的要求。高空项目的意义主要表现在心理考验上，需要参与者向自己的能力极限发起挑战，最终跨越极限。主要项目有高空断桥、合力制胜、勇夺泸定桥、空中飞渡、高空之路、高空吊桩、高空天平、风雨绳桥、绝壁逢生、速降、高空软梯、天使之手、空中抓杠、穿越丛林、高空相依、高巨人梯、泸定桥、缅甸桥、空断桥、手吊环桥、高空秋千、一网无前、筑桥向前、高空滑杆、高空独木、空中击球、乘风破浪、野外蹦极等。

（2）低空项目

低空项目是主要借助地面拓展训练器材进行的项目。主要有法柜奇兵、信任背摔、翻越胜利墙（毕业墙）、穿越电网、泰山绳等活动。

（3）水上项目

水上项目是在风景优美的河边或者湖边借助自然环境进行的一系列在水上的拓展活动，它以运动为依托，以培训为方式，以感悟为目的。活动过程将充分挖掘参与者的潜能，并让其充分体验迎接挑战的乐趣和激情。主要项目有漂流、皮划艇、冲浪、风帆、扎筏泅渡、缅甸桥、水上钢丝绳、赛龙戏珠、水上圆桶桥、水行万里、水上秋千、水上平衡木、水上浮桥、水上铁锁桥、水球大战、水上蛇形桥、大航海时代、滴水不漏等项目。

（4）山地项目

在山地地形进行的活动，如徒步穿越（峡谷、山地、盆地、海滨、雨林等生态环境）、自然岩壁攀岩、洞穴探险、野外生存、定向越野、登山、溯溪、孤岛探寻、远足、古城识途、旷野炊烟、篝火煽情、草地野营、山地自行车等。

（5）场地项目

在专业的拓展训练场地，需要借助一定的专用器材，在一种假定的场景模拟中进行。每个项目都是结合人的身体运动结构、心理状态及培训目的经过精心设计的。主要项目有呼吸的力量、击鼓颠球、死亡爬行、风雨

图 3-28　草原上的团建活动

人生路、大脚板、挑战 150、急速 60 秒、地雷阵、雷区取水、拔河、艰难前行、罗马炮架、信任背摔、撕名牌等项目。

（6）室内项目

在室内封闭环境下举行的拓展培训项目，其意义在于培养参与者分析和解决问题的能力以及团结协作和社会活动的能力，对全面提高参与者的素质，发现和培养人才具有重要意义。主要项目有穿越电网、雷阵（狭路相逢）、盲阵（盲人方阵）、连环手（解手链）、盲人摸号、木头的体积、囊中失物、齐眉棍、哑人筑塔、枕头大战、七巧板、神笔马良等。

3. 根据团建活动目标分类

（1）时间管理类

时间是解决问题的限制因素，时间管理类拓展课程是让参与者学会恰当地管理时间，了解时间管理的重要性。主要项目有“拖延商数测验”“限时花钱”等，可通过这些项目让参与者认识自我时间管理的问题，改进时间管理方式。

（2）团队管理类

团队管理类拓展训练侧重态度、理念、思维方式等能力的训练，需要采取恰当的建构主义方式，让参与者在精心设计的学习体验中不知不觉地获取知识。除了工作所必需的专业知识以外，团队还希望参与者具有团结、忠诚、责任和奉献的精神品质，团队拓展训练通过多种活动形式，采取换位思考的方式，把学习和娱乐融合在一起，让参与者进行角色转换并全身心投入。在这些精心设计的活动中，大家将会体验到合作、凝聚力、信任的意义和重要性。

（3）执行力提升类

人员流程与策略流程之间进行连接，给予参与者更好的体验和参与方式，提高其引导、总结、执行与分享等能力。通过这类团建活动的开展，参与者将学习到如何建立企业执行力文化，分析企业执行力低的深层次原因，并在提升执行力的技能和改善执行力不足的方式和习惯方面，给出具体有效的解决方案。同时，参与者将能领会执行力的真正含义，掌握从现有能力和资源通向目标的思路和方法。

（4）沟通技巧类

根据团建活动单位的需求设计场地、水上、野外及相关室内课程，活动项目可选择罐头鞋、孤岛、盲人方阵、天梯、背摔、牵手、囊中失物、红黑博弈等。理论内容涉及沟通的障碍消除、沟通渠道的建立、沟通的环境、沟通的心理学、沟通的人际学、沟通的技巧、沟通与团队的管理等。

（5）企业文化锻造类

根据企业文化的不同设置特定的情境与项目，面对选择与挑战，面对压力与困境，将企业的价值观、核心理念等深入到员工的思想深处，获得员工真正的理解与认同。该类项目主要分为团队文化锻造类、团队激励与突破类、个人潜能与突破类、员工归属与价值观认同类、个人与团队融合类等。

（6）工作技巧改善类

将工作技巧提升融入到拓展培训中，使员工认识自身潜能，增强自信心，改进自身形象，克服心理惰性，完善性格结构，磨炼战胜困难的意志，不浮躁、不颓废，更好面对工作与生活的挑战，认识群体的作用，增进对集体的参与意识和责任心，启发想象力与创造力，提高解决问题的能力，学习欣赏别人，学会关心他人，助人为乐，关爱生命，增强自然情感沟通和表达能力，人际关系趋向和谐。

（7）领导力提升类

利用户外特殊的场地和自然环境，配合各种精心设计的团队及个人挑战项目，增加团队中的管理层人员在非工作状态下的有效沟通，形成积极协调的组织氛围；树立互相配合、互相支持的团队精神和整体意识，进而培养参与者的组织、协调、统筹、决策、沟通、激励、控制等领导才能。

（8）企业新人融入类

帮助新员工科学、理智地分析自己，快速完成从“院校人”向“职业人”的转变；在短时间内让新员工快速进入角色、融入企业，从“局外人”转变成为“企业人”，使其感受到受尊重、被关注，产生归属感，对个人在企业中的职业发展充满信心。

（9）创新思维提升类

采用全新的体验项目，利用活动专用道具，从“破”—“立”—“收”三个维度来说明创新的三个阶段；利用科学的测评，明确创新团队中的人员角色定位和分工，保证组织运营项目的正常开展，提升人员的参与程度。

通过构筑创意方法和跨越创造误区，切实帮助组织提升实际解决问题的能力。

4. 根据参与人群分类

（1）儿童

该类项目专门针对儿童喜欢钻、爬、滑、滚、晃、荡、跳、摇等天性，设计适合儿童和青少年体验的拓展训练游乐设备，让孩子们在体验互动中保持身心健康同步发展。该类项目可以让更多年龄层次的孩子体验到拓展运动的趣味性，在娱乐的同时，培养其坚持与克服困难的勇气和精神，主动积极地以他们独特的思维方式亲身实践，直接体验，提高动手能力和综合素质，通过活动去探索周围世界、认识世界、快乐成长。

（2）中小学生

该类项目专门针对现在的中学生人生观、价值观尚不成熟，可塑性强的特点，以及个性突出、自我约束力差、逆反心理强、从众心理强的特点。研究指出，一般课堂讲授式学习的吸收程度为 25%，而体验式学习的吸收程度高达 75%，体验式学习能更加有效地将资讯传授给参与者。对于自闭内向的学生，可采取“信任背摔”和“人字桥”的群体拓展训练项目结合心理疏导来予以干预；对于自卑的学生，可采取“过电网”和“高台演讲”等拓展训练模式予以干预；对于责任心不强、团队精神差的学生可采取“盲人方阵”和“风火轮”等拓展项目结合管理学方法来予以干预等。该类挑战性项目包括海难逃生、背摔、空中单杠、高空吊环、断桥、多孔桥、高空速降等。合作性项目多为团体项目，需要参与者发挥团队合作精神，掌握正确的合作方法。所有参与者均需投入其中，从而得到了解自我和提升团队的机会。合作性项目包括电网、突破雷阵、齐眉棍、解手链、解绳套、荆棘排雷、信任背摔、顶针传递、相依为命、心灵感应等。

（3）大学生

大学生素质拓展应把重点放在创新人才培养目标的实现上。素质拓展训练通过信任训练、沟通训练、领导力训练、自信心训练、心理突破训练等，全面挖掘和提升大学生的八大能力（创新、沟通、协作、应变、学习、思维、激励、领导），提高团队意识与大学生创业就业能力。活动开展方式为体验分享、团队讨论和同伴交流等。

（4）企事业单位员工

一般员工拓展培训可以挖掘个人潜能，熔炼团队，提高团队战斗力，增强团队凝聚力与执行力，让员工学会感恩，勇于承担责任，还可以增强员工对于企业的归属感与忠诚度，提高其工作积极性及激发其潜能。

（5）公务员

该类项目主要培养员工在团队活动中良好的服务意识，缜密、细致的工作作风，提高全面的沟通、协调及配合能力、分析问题及解决问题的能力，了解团队的深刻意义，了解自身价值及在团队中的重要性。推荐拓展训练项目有孤岛求生、盲人方阵、电网、七巧板、取水、排雷、数字传递、女王黑牌、搭书架等。

（6）研发人员

该类项目主要培养员工工作的计划性与严谨性，提高部门的团队沟通意识与能力，增强信息的把握与资源的合理运用能力，培养勇于创新、不断开拓的精神。推荐拓展训练项目有取水、排雷、数字传递、雷阵田、盲人方阵、筑塔、搭书架、足够高、红帽蓝帽、定式格等。

图 3-29　团建活动百人大鼓的游戏

（三）团建活动的设计

一次成功的团建活动要结合客户需求、活动地资源等做出相应的规划设计。一般而言，团建活动流程如下：活动设计→场景布置→团队破冰→挑战体验→分享回顾→总结提升。

1. 活动设计的原则

定制师在进行活动设计前，应充分了解客户需求、参与群体的年龄、行业背景，结合活动时间、地点等因素，以达成团建活动目标为核心，秉承以下原则进行策划设计。

（1）循序渐进

活动内容应循序渐进，符合心理变化过程。先从“破冰”类活动开始，拉近参与者之间的心理距离，使其快速进入状态，之后安排小项目，让参与者逐步适应，随后是团队分组项目，最后安排团队协作项目，这样可以使参与者的情绪和团队的氛围都达到一个高潮状态后收尾。

（2）连续性

各个项目间在给予一定的休息缓冲时间的同时，应保持一定的连续性，间隔时间不宜过长，确保分组活动项目切换的时间是在各组都完成的情况下进行。指导老师要全程调控团队的气氛，确保活动始终处于高涨热烈的氛围中。

（3）完整性

团建活动中，完成其中各个项目是手段，从中取得收获与感悟是目的。因此活动设计要根据活动群体的需求侧重点，安排不同分享方向的项目进行组合搭配，将完成项目后获得的感悟与实际工作和生活联系起来，使整个活动更具完整性与系统性。

2. 场景布置

场景布置也是整个团建活动成功的关键一环。根据活动内容的特点，合理地利用自然资源或固定设施，准确布置所需的器材，准备所需道具。对于相关设施、器材、道具等均要提前检查，确保活动的安全性。

3. 破冰分组

团建通常会根据活动内容与总人数，将整个团队分成几个小组（小队）进行对抗竞争，以增强体验感。在活动开始时会通过破冰小游戏，消除紧张感，拉近彼此的距离，使团队成员尽快熟悉起来。在破冰分组完成后，每组（队）一般需按以下流程执行：选队长、起队名、定口号、编队歌、画队徽、组队形。

4. 挑战体验

挑战体验是团建活动的核心内容，是让参与者接受挑战，完成项目要求的任务，从中获得收获与感悟。有的挑战体验项目侧重个人挑战，有的偏向团队协作，难度通常都在常人能力范围之内，那些看似令人望而生畏的项目，经过指导老师的提示和引导，通过自身努力大多也能够完成。

指导老师在整个团建活动中承担着重要的引导角色。指导老师首先对规则和目标用简明扼要的语言进行描述；针对不同项目的特点，要用激励、暗示、反问、沉默等不同的方式进行引导，尽可能地调动每个团队成员的积极性，让其全身心地投入到活动中去。

挑战项目的难度一般取决于活动设计，一般而言，室外高空类的项目难度要高于平地类的，体力要求高、道具多的项目也要更难些。个人项目主要是提高自信心与提供自我反省的机会；团队项目则是为了提高沟通能力、领导力和团结协作能力。

5. 分享回顾

分享回顾是指在整个活动体验完成后，在指导老师的引导下，学员们回顾自己在项目进行过程中的感想、完成任务后的感受，与大家分享得失，总结收获，使团队成员充分感受团建活动的内涵，内心深处受到启迪，共同从中学习。

进行分享回顾的人数一般根据整个活动的人数而定，在人数不多（20人以下）的时候可以采用大家轮流发言或随机发言的方式，尽可能地让每位参与者都进行表达与分享。如果人数较多，则以小组为单位，每组推选1–2名代表进行发言。

6. 总结提升

在学员完成分享后，指导老师应对整个活动及学员的发言进行总结，特别是针对活动中出现的问题，用拓展活动基础理念进行科学的剖析，主要运用鼓励与肯定的形式，使学员们对自身的能力与潜力有新的认识，在个人获得提升的同时，对今后团队共同进步也充满信心。在总结过程中，可以适当地加入故事和案例，故事的运用要依据活动的内涵进行演绎，案例则要兼具普遍性与针对性，既要运用经典案例，又可以加入些时事性内容，这样更能获得学员的认同。

三、案例分析

案例 3–11

破冰游戏

游戏名称：大树与松鼠游戏。

适合人数：全体参与（适合人数较多的活动）。

游戏场地：户外或者比较宽敞的会议室。

游戏时间：10–15 分钟，视人数和情况进行调节。

游戏音乐：节奏欢快的音乐。

大树与松鼠游戏规则：

（1）事先分组，三人一组。二人扮大树，面对对方，伸出双手搭成一个圆圈；一人扮松鼠，并蹲在圆圈中间；培训师或其他没成对的学员担任临时人员。

（2）培训师喊“咚咚咚咚咚！”所有人回答：“怎么了？”听到“猎人来了”，大树不动，扮演“松鼠”的人就必须离开原来的大树，重新选择其他的大树蹲下（不能选择相邻两侧的）；培训师或临时人员就临时扮演松鼠并插到大树当中，落单的人表演节目。

（3）培训师喊“着火了”，松鼠不动，扮演“大树”的人就必须离开原先的同伴重新组合成一对大树（不能选择相邻两侧大树组合），并圈住松鼠，培训师或临时人员就应临时扮演大树，落单的人表演节目。

（4）培训师喊“地震了”，扮演大树和松鼠的人全部打散并重新组合，扮演大树的人也可扮演松鼠，松鼠也可扮演大树，培训师或其他没成对的人亦插入队伍当中，落单的人表演节目。

【案例分析】

松鼠与大树作为热身或者辅助项目，能够很好地打破团队坚冰，营造团队气氛，锻炼团队成员的反应能力。在游戏中，学员扮演不同的角色，承担不同角色的责任，每个人都要争取使自己不要落单。游戏训练学员的反应能力与参与意愿，并通过落单的学员表演固定小节目或即兴表演的方式，引导他们形成“开放”的心态。

案例 3-12

挑战体验

项目名称：高空抓杠。

项目性质：高空个人挑战项目。

游戏规则：学员在高空安全护具的保护下，沿着扶手爬到圆柱顶端平台，并在起跳台站稳，奋力向前跃出，用手去抓或触摸单杠，任务完成。注意在站立和跳跃的过程中，不允许抓身后的保护绳和铁锁。

场地器械：动力绳 2 条（带 1 个绳套或毛巾）、铁锁 4 把、钢锁 4 把、中扁带 4 条、8 字环 2 个、安全带（半身式安全带 4 条、全身式安全带 2 条）、头盔、手套至少 6 双，一个上升器，2 条长扁带和头盔、半身开放式安全带各一个用于培训师挂、摘保护、整理箱 1 个（放学员硬质物品）、指甲刀一把。

安全布置：

（1）所有队员学习保护方法；

（2）严禁用手抓背后保护绳和铁锁；

（3）所有队员学习安全护具穿戴方法；

（4）长发队员须将头发盘入安全头盔；

（5）每名队员由两组队员保护，每组至少3人；

（6）掌握学习抓杠的动作要领：双手平伸、四指并拢，掌心向外，虎口张开，在跳跃的过程中，伸手抓杠。

培训目标：

（1）换位思考，理解领导；

（2）勇于抓住机会，了解在困难面前如何做出正确选择；

（3）无论后退是多么舒适，也不为舒适而后退；

（4）分解克服心理压力，建立挑战困难的自信心与勇气；

（5）增强自我控制与决断能力以适应不断变化的外部环境。

安全监控：

（1）如遇学员因个人原因强烈抵触，培训师不得强求其完成。

（2）学员如有严重头、颈、肩、背、腰、骶等部位伤病史或有严重心脑血管疾病及精神病、低血糖等病史，不得参与此项目。

（3）培训师应亲自为队员检查安全带、头盔，并摘、挂铁锁，特别注意：空中单杠项目只可使用CAMP（彩色）头盔。

（4）队员攀登单杠架时，速度不可过快，注意监控保护的队员随时按正确方式收紧保护绳；在一名队员完成项目过程中，不可更换保护队员；队员下降时，培训师应站在下方接应，并同时监控保护队员。

（5）培训师站位必须能同时监控两组保护队员及跳单杠队员。

（6）全身式安全带的肩带要收得特别紧，收紧肩带的方法是让穿戴者体前屈时将带收紧。

（7）训练架下严禁站人，注意提醒队员严禁脚踩绳索；当队员在跳台站立时，保护绳应略紧。

（8）要不断提醒队员不要抓保护绳索及铁锁；须使用尼龙搭扣将学员身后的两根保护绳并成一股。

（9）不允许留长指甲；长发必须盘入头盔；可提醒佩戴眼镜的队员使用眼镜绳，以防止眼镜滑脱。

（10）空中单杠的上保护距离为60–80cm；如果有必要需增加副保护。

项目控制：

（1）对所有学员顺利完成任务给予鼓励；

（2）密切注意保护学员动作的规范性，确保安全；

（3）对不同的学员，根据不同的表现采取多样化的心理辅导方式；

（4）注意培养学员的团队精神，要求每个学员自始至终保持对活动的参与；

（5）留意观察每一位学员的表现，尤其是表现突出的学员，便于总结和作为案例；

（6）善于揣摩学员心理，对有胆怯倾向的学员及早给予鼓励，消除其顾虑，以使活动顺利进行；

（7）对于长时间不跳的队员，耐心劝导，适当发动队员进行鼓励，根据情况处理，也可让其返回。

项目意义：

（1）突破个人得失观。

（2）面对机会是否能勇于出击。

（3）积极心态对过程与结果的影响。

（4）通过互相安全保护，体验队员间彼此信任、互相负责的团队精神。

【案例分析】

高空项目——空中抓杠是一个以个人挑战为主的拓展训练项目，它属于高难度项目。整个过程需要个人独立完成。机会就在眼前，似乎一跃就可以抓到，但是，是否具备勇气呢？无论成功与否都应该毫无怨言。队员要爬上高达 8 米的高空，努力跳出，并抓住前方的单杠。虽然只是短短的一跃，但经此考验的人，其潜能会得到开发。不过要想真正超越自我，首先要能清醒地认识自己。不断坚定信心，再加上自身的努力和同伴的支持，才是成功的关键。

四、实训活动设计

（一）实训目标

1. 知识目标

列举团建活动的类型。

2. 能力目标

能针对不同客户类型分类设计团建活动。

3. 素质目标

培养学生的洞察力与判断力，提高用户服务思维。

（二）实训内容

某制造业企业想组织一次 60 人左右的 3 天 2 日短途旅行（上海出发），

其中需包含半天的团建活动，以户外项目为主，希望员工间能加深了解，增强团队协作精神。请根据要求设计团建活动方案，具体要求如下：

（1）以 4-6 人为一小组进行分组；

（2）每组设计一个团建方案；

（3）细化破冰游戏、挑战体验方案（至少包含 1 项个人项目，3 项团体项目）；

（4）制作团建活动的路演 PPT；

（5）各组进行 PPT 试讲并互评。

五、任务掌握评价

（一）学生自评

（已完成和可胜任的内容请在括号中打“√”）

（1）实训按照要求完成。（　　）

（2）积极参与小组讨论。（　　）

（3）能独立承担团建活动设计方案中的部分工作。（　　）

（4）在完成实训的过程中寻找其他知识。（　　）

（5）能与团队成员合作设计出完整可行的团建方案。（　　）

（二）老师评价

任务九　组合产品资源

一、任务分析

相同的布料，服装设计师可以发挥创意，制作出风格迥异的服装。相同的食材，厨师们可以变换烹饪手法，制作出口味万千的佳肴。定制师完成定制旅游产品的设计，必然是将各项产品资源进行了组合。作为定制旅游产品设计而言，资源组合的方式不尽相同，但最终的产品需真正满足客户的定制需求。掌握一定的资源组合原则，能帮助定制师更好地建立定制的思路，在实践中不顾此失彼，不流于庸常，既有科学性又有艺术性地达成让顾客满意的目标。定制师在组合产品资源方面需要完成以下三方面的任务：

（1）熟悉资源组合的原则；

（2）综合运用相关原则进行一地组合；

（3）综合运用相关原则进行多地组合。

二、相关知识

产品资源组合具体包括以下 7 个原则，无论是一地定制旅行产品还是多地定制旅行产品，定制师在组合产品资源时需兼顾以下原则。

1. 顾客导向原则

使顾客满意从而为企业赢得利润是现代服务业的核心目标。定制旅行客户，因地区、年龄、性别、文化、职业、经历等不同，对于定制的需求各不相同。而且，客户会舍弃相对低价的跟团游，也说明他们对旅游产品有更高的品质要求，希望通过定制游让旅行的体验更加符合自己的需求。作为定制师，要坚持顾客导向原则，准确把握客户的旅游动机，在产品资源组合的过程中，最大限度地满足客户的需求，才能使定制产品对客户具有较高的效用。

2. 个性化原则

同质化的产品意味着不可避免的低价竞争。“人无我有，人有我特”，这是服务类产品在市场上取得竞争优势，获得更高利润的有效途径。随着经济的持续发展和物质文化生活水平的不断提高，人们对旅游产品的消费不仅停留在能走出家门游山玩水，走别人走过的路，看别人看过的风景，还要求玩得“有特色、有品位”，身心都能有所得。定制师对产品资源进行组合时，要力求充分展示产品的主题，让客户一方面感觉产品非常契合自己的基本需求，另一方面又感受到鲜明的特色：“新、奇、异、美”。

3. 可进入性原则

可进入性主要是指旅游交通条件。客户常住地与旅游目的地之间的交通便利性会影响客户感知到的旅游时间价值。交通条件不够通达的旅游目的地、景区（点），定制师应慎重考虑是否将其纳入产品。组合产品资源时，利用合理的路线规划和游览节奏规划，配合便捷且多样化的交通工具、选择观景价值更高的道路等方式消除旅途中的疲惫感。

除了地图上体现的地理距离，定制师也要关注客户的心理距离。旅游目的地的通信条件、治安状况、公众对于发展旅游的态度都会影响旅游可进入性。对于出境旅游，定制师还需提前让客户熟悉出入境规定及办理手续，协助客户准备好签证等重要材料。

4. 趣味性原则

定制师在进行产品资源组合时，应首先明确定制主题，围绕旅游六要素的产品资源选择时，安排各类体现主题而又各具特色的旅游项目，避免客户感到单调无趣。旅游项目之间互相搭配，充分调动客户的游兴，满足客户进行深度体验的需求。需要注意的是，趣味性不能等同于追求让客户感到刺激与兴奋，而是精神上的愉悦感。新奇的事物固然让人好奇，产生探索欲；熟悉的事物却也能令人安心，产生亲切感。作为定制师，应学会站在客户的角度换位思考，充分考虑其心理需求和身体能力，使行程张弛有度，丰富多彩，让客户感到游兴盎然。

5. 安全性原则

旅游安全是旅游活动的内在要求，是旅游目的实现的基础和保障。经历疫情后，旅游消费者的安全需求愈发凸显。消费者对于“旅游出行安全保障”“旅游目的地防疫措施”“景区安全措施”等问题的关注度比以往更高。定制师在进行产品资源组合时，要选择安全性有保障的产品和服务，把安全事故发生的几率降到最低。

6. 合理性原则

（1）线路合理

线路规划中，首先要避免的是同一线路的折返设置。走回头路，同样的沿途风景重复出现，会令客户感到乏味，且质疑线路设置不合理造成时间和金钱的浪费，势必会造成客户满意度下降。定制师在进行线路规划时，使线路呈现环形是较为理想的，如果受限于自然条件，必须走一段回头路，也应考虑是否可以变换交通体验方式，比如乘坐缆车上山、步行下山，又比如坐车去，乘船回，用多重体验抵消回头路上的单调感。

（2）择点合理

择点一方面会影响客户的旅游体验，另一方面也与旅游产品的质量和利润水平息息相关。理性的客户都不会拒绝性价比，内心都期望花最少的成本获得更多良好的旅游体验。作为定制师，要掌握好择点的尺度。定制师择点需考虑的因素主要有四个方面。

首先是客户的预算。尽量使得景点、活动等方面的成本在客户的预算内，避免因择点过多导致成本超出预算，客户因产品价格高而放弃购买。

其次是客户的偏好。对喜欢慢步调、轻松节奏的客户，可以适度减少择点数量；而对喜欢高强度、快节奏的客户，则可以适度增加择点数量。

再次是资源的特性。有些旅游资源可以走马观花，一带而过，但诸如文博类相关的一些旅游景区和体验活动，本身就需要相对宽裕的时间，仔细聆听讲解信息，观赏细节，深度体验，才能有更好的收获。

最后是客户的身体状况。对于老年旅游产品、亲子旅游产品、夏令营产品等，如果安排的景点和活动过多，节奏过快，甚至可能导致老人、儿童身体不适，造成安全事故。

（3）排序合理

排序合理性以客户的心理感受来衡量。理想的排序应使客户的兴奋度呈现递进上升，在核心景点或核心活动达到顶点。因此，一开始就把“高潮”直接释放是不明智的做法。客户的游兴应逐步被激发，定制师要充分把握客户的生理、心理和旅游资源产品之间的互动关系，在产品中合理设置高潮点的分布。

以某一天的行程来说，人体生物钟决定了客户上午精力更充沛，求知探索欲更强，感知力更佳。午餐后常常陷入困乏状态，希望平静地休息一会儿。待消化系统工作一两个小时，大脑又再度活跃。因此，上午安排较为丰富的旅游项目，午后让客户适当休息，下午再适度充实活动，是符合客户感知的合理设置，调动客户游兴的效果自然也更理想。

以完整的行程来说，把最能体现行程精华的旅游项目放在行程的最后，能让客户感到不虚此行。若客户对之前的安排和体验有所不满，最后的“高潮”还能消弭一些遗憾，甚至使客户变得宽容。把主要购物活动放在最后，有利于客户采购商品和运输商品，减少中途携带的不便，也能增强客户对行程的满意度。在有选择的情况下，把转机的航班放在去程，把直飞的航班放在回程，也能令长途旅行的客户归心似箭的疲惫身心得到关照。

7. 灵活性原则

旅游活动的执行过程中面临着许多不确定性因素，如地震、暴风雪、战争、社会骚乱、罢工等不可抗力，如客户走失、证件丢失、突发疾病、航班晚点等突发情况导致必须变更行程安排。定制旅行的客户在旅游过程中还有可能提出新的定制需求，希望定制师进行调整。定制师在进行产品资源组合时，要为各类突发情况的发生留出调整余地，要做好预案，便于在执行过程中灵活采取紧急补救措施。

三、案例分析

案例 3-13

西双版纳一地亲子 5 天 4 晚

表 3-21　日程安排

日期	日程安排
第一天	上海—景洪（春秋 9C8851，11:45-17:25，浦东 T2—嘎洒，经停长沙） 飞机抵达西双版纳首府景洪市，当地专业导游接机，送至西双版纳融创皇冠假日度假酒店入住。
第二天	景洪—勐远 乘车前往勐远仙境探秘：热带雨林及溶洞体验游（雨林轻徒步，攀爬大树，溶洞观光，溶洞探险）。午餐：在景区内坐拥田园风光的餐厅中享用当地特色美食，景中有餐，餐中有景。下午进行观光溶洞参观探险，奇峰怪石和规模宏大的溶洞群落与周围热带雨林有机结合构成了仙境中独特的自然景观。游毕乘车返回景洪市。
第三天	景洪—野象谷 乘车前往距景洪市 22 公里外的野象谷景区游览。这里是国家级自然保护区勐养子保护区、“联合国教科文组织人与生物圈保护区”，中国首家以动物保护和环境保护为主题的国家公园，是令人神往的森林公园和野象活动的景区，有动物观赏区，原始森林探险旅游区，建有蟒蛇园、百鸟园、人工蝴蝶养殖园等特色景点，有特色少数民族歌舞表演节目。期间安排繁育救助中心环保课程：与亚洲象亲密互动，雨林牧象，野象谷餐厅享用大象餐。
第四天	景洪—南糯山 乘车前往游览南糯山。南糯山是具有 1700 多年种茶历史的著名古茶区。在古茶园中徒步，感受人在画中游的美景。进行茶体验（茶自然课堂、烤茶、制茶、品鉴体验）。晚餐后，前往澜沧江畔打卡必到之地：告庄星光夜市。
第五天	景洪—上海（吉祥 HO1074 嘎洒—浦东 T2，经停武汉） 乘车前往曼掌。曼掌意为大象寨，有 500 多年的历史。古寨、古井、古树、传统民居保护完好，自然生态良好，傣族传统文化资源丰富。 村民至今保持着织锦、竹编、慢轮制陶、刻写贝叶经、造纸、傣族剪纸、制作高升、酿酒等傣族传统生活习俗。体验亲手做土陶，造纸。游毕乘车送机场，结束西双版纳之行。

【案例分析】

以上案例是上海客户的西双版纳一地亲子 5 天 4 晚定制旅行产品。客户是由 3 个家庭组成的，5 个孩子，年龄在 8–12 周岁，希望孩子能够接近大

图 3-30　西双版纳野象谷

自然。此一地行程的产品资源组合符合 7 项原则，其中可进入性和趣味性原则运用得恰到好处。

1. 产品要素组合分析

（1）酒店（体现可进入性）

西双版纳，古代傣语为“勐巴拉娜西”，寓意为“理想而神奇的乐土”。因此住宿选择拥有傣族风格建筑、热带雨林花园的酒店能让客户更好地感受目的地的环境特征。

定制师为客户选择西双版纳融创皇冠假日度假酒店。该酒店位于融创西双版纳度假酒店区，距离机场、市区均不到 20 分钟车程。傣族风情的建筑，热带植物环绕四周，质量优良的设施，热情周到的服务，营造了西双版纳的度假“天堂”。便利的地理位置，使得安排景点游览、体验当地夜市、吃风味美食都十分便利。设施中有自带东南亚风情的花园泳池、豪华室内泳池，还有萌宠动物园，客人可以与孔雀、兔子、鸸鹋等亲密接触，还有儿童俱乐部、沙池等诸多亲子玩乐设施。定制师为客户预订 43 平方米的皇冠高级房，自带独立阳台，客人可以在阳台上尽情欣赏雨林风光。酒店提供自助早餐，不仅丰盛，更有当地特色美食。

（2）景区（点）及主题活动（体现趣味性）

组合了各具资源特色的景区，并依托景区开展了丰富的适合儿童的活动。

表 3-22　景区、资源特色及主题活动安排

景区	资源特色	主题活动
勐远仙境（全称西双版纳热带雨林国家公园勐远仙境景区）	热带生物多样性最丰富、最集中，热带森林生态体系最完整的大型综合性自然保护区	小课堂：植物探索 在原始自然中认知特色植物（油料植物、香料植物等）
	岩溶地貌资源丰富，奇峰怪石和规模宏大的溶洞群落与周围热带雨林有机结合，构成了仙境中独特的自然景观	小课堂：雨林探险 认识热带雨林动植物和昆虫，了解它们与气候、水土、环境之间的相互关联

续表

景区	资源特色	主题活动
野象谷保护区	野生亚洲象	小课堂：动物天堂 沿途观察国家珍稀动植物，参与活动：繁育救助中心环保课程，与亚洲象亲密互动，雨林牧象，大象餐
南糯山	具有1700多年种茶历史的著名古茶区	小课堂：古茶体验 参与茶体验（茶自然课堂，烤茶，制茶，品鉴体验）
曼掌文化村	古寨、古井、古树、传统民居保护完好	小课堂：少数民族文化 亲手做土陶，造纸

案例 3-14

北欧四国（芬兰、爱沙尼亚、瑞典、丹麦）亲子暑期 13 日游

表 3-23　日程安排

日期	日程安排
第一天	上海—赫尔辛基 乘坐北欧航空（SK998 13:10-23:55，经哥本哈根中转）直飞航班前往世界设计艺术之都——芬兰首都赫尔辛基。
第二天	参观由一整块石头挖出来的奇观——岩石教堂、音乐大师的灵魂雕塑——西贝柳斯公园，俯览波罗的海女儿舞姿最佳之地——天文台公园、纯白色的赫尔辛基地标建筑——赫尔辛基大教堂。
第三天	10:30 乘渡轮（约 2 小时）前往欧洲保存最完好的中世纪古城——爱沙尼亚首都塔林（沿途可欣赏波罗的海景色）。这座看起来甜蜜浪漫的小城有着醇厚的韵味和令人着迷的风姿。邂逅塔林在千年时光中酿造出的千面风貌，童话般的中世纪老城一定会让您流连忘返。18:30 乘渡轮返回赫尔辛基。
第四天	前往愤怒的小鸟主题乐园玩耍。前往努克西奥国家森林公园徒步，这里我们还特别安排了亲子互动环节——寻宝采摘；在纯木制建筑国家自然中心品尝芬兰有机食材制作的西式午餐；下午前往神秘的圣诞老人度假小屋拜访圣诞老人，晚上再来一场亲子竞赛活动。
第五天	前往芬兰科技馆，寓教于乐，科学探索。让孩子们在玩中学，学中玩。下午从图尔库港口乘坐豪华邮轮驶向瑞典首都斯德哥尔摩。夜宿邮轮。
第六天	早上抵达斯德哥尔摩后登上观景台，一览全城盛景。参观著名的瓦萨沉船博物馆和斯德哥尔摩市政厅。在诺贝尔博物馆，通过生动有趣的互动体验为孩子传递科学的魅力。

续表

日期	日程安排
第七天	早餐后参观斯堪森博物馆。这是世界上最早的露天博物馆，展出从瑞典各地搬来的18到19世纪传统风格的建筑，斯堪森公园露天博物馆是世界上第一个可以体验户外生活的主题公园兼博物馆。在这里我们特别安排了亲子互动环节——线索任务，在寓教于乐中掌握生活技能。
第八天	前往瑞典风景如画的田园地区——斯科讷省。这里有海岸、森林、田野、湖泊、童话般的村镇风景。前往海滨小镇，这是一个充满乡村趣味和自然情愫的美好目的地，也是热爱当地小手工艺品和土特产的客户的天堂。参观瑞典神秘的巨石阵。
第九天	在石顶山国家森林公园，感受美得令人窒息的山光海景；锡姆里斯港五彩缤纷的童话小屋与鲜花宁静绽放的小巷，以及那些充满个性的设计，都让这里洋溢着浪漫的艺术气息；一路经典的田园风光，道路两边的麦田、风车与城堡，美好而生机勃勃，这里还特别安排了爸爸去哪儿的亲子互动环节。
第十天	前往丹麦比隆享誉世界的乐高主题公园，近50年历史的乐高主题公园会聚了色彩鲜艳、变化多端的塑料积木，为全世界儿童创造出无穷玩乐的空间。而客户能够在乐园中亲手搭建自己的作品，恰如其分地描述了乐高积木的特征，让孩子在玩耍中发挥创造力，在玩耍中学习并快乐成长。
第十一天	前往欧登塞游览。欧登塞宛如一座童话小镇，城里随处可见丹麦风格的低矮木制建筑。一排排彩色的老屋整齐有序地排列着，白色的小窗户，配着红顶高烟囱，让人感觉仿佛置身童话世界。
第十二天	早餐后前往哥本哈根参观小美人鱼、吉菲昂女神和阿美琳堡宫，午后自由购物，后送至哥本哈根国际机场办理登机手续，乘坐北欧航空（SK997 18:50–11:50）返回上海，结束愉快而梦幻的北欧亲子旅行。
第十三天	11:50 抵达上海浦东国际机场。

【案例分析】

定制行程的客户是典型的中国中产家庭，重视亲子关系和孩子教育。家长选择北欧作为亲子旅游的目的地，除了希望放松身心，增进和谐亲子关系，同时也希望孩子在旅行中激发学习兴趣，提升素质，而自身能够开阔眼界，拓宽家庭教育思路。

市场上的北欧传统旅行线路是以挪威景观为核心的四国或三国景点游览线路，以观光游产品为主。而该亲子游定制以北欧亲子相关的特色资源为依托，结合家庭亲子出行的特点，为其量身打造亲子旅行线路。方案突出童话王国特色，亲近自然，给予孩子探索机会，提升孩子专注力与创造力，体现亲子互动。此多地行程的产品资源组合符合7项原则，其中合理性原则运用得恰到好处，体现在不同目的地景区（点）资源组合和线路顺序方面。

（1）景（区）点组合

表 3-24　主要景点选择

国家	景点	亲子特色
芬兰	国家森林公园	这里有从冰河时期留下来的溪谷、沟壑、峭壁，覆盖着苔藓的裸岩以及散落在森林间的大大小小的美丽湖泊。在森林里徒步，采摘，冒险，寻宝，认识各种动植物，通过听、触、品、鉴，更深刻地了解大自然的一切。
	科学中心	在科学中心，科学知识不再是枯燥的公式、图表和数字，而是一种兴趣盎然的探索。观众可以自己动手去触摸和操作各种展品，在实践中去了解，去尝试，去体验，享受和发现科学奥秘的无穷乐趣。
爱沙尼亚	塔林老城	看到童话梦幻的红屋顶古楼，感受混搭的中世纪欧洲风情。
瑞典	瑞典博物馆	拥有百年历史的斯坎森露天博物馆是世界第一所露天博物馆，以一种“活态”的展示方式改变了传统博物馆的概念。这座博物馆是以多种传统建筑、街区、历史实物以及特定自然环境共同营造的一种开放式展示场所。
	田园海岸	作为北欧最富庶的农业区，有开阔的田野、森林、高山和湖泊，以及华丽花园围绕的城堡。
丹麦	安徒生故乡——欧登塞	丹麦是真真正正的童话发源地，这里你可以找到儿时对童话故事的憧憬。安徒生带给我们的除了童话故事，还有太多对人生、对幸福的思考。
	乐高乐园	乐高乐园是乐高的发源地，通过游戏性的活动来鼓励游戏者动手、动脑创作，激发他们的兴趣，并促进团结和共同思考。

（2）线路顺序

根据景点分布和交通的供给情况，选择从芬兰赫尔辛基入境，利用渡轮往返爱沙尼亚的塔林，再通过邮轮抵达斯德哥尔摩，再往西南方向前往丹麦，最后由哥本哈根离境。不走回头路。

图 3-31　丹麦哥本哈根尼哈文运河

四、实训活动设计

（一）实训目标

1. 知识目标

掌握产品资源组合的原则。

2. 能力目标

能综合运用相关原则进行一地组合和多地组合。

3. 素质目标

培养专注细节、系统思考的良好工作习惯，追求服务业的工匠精神。

（二）实训内容

1. 思考题

某总部位于上海的集团公司要在浙江湖州举办 200 人参会的会议。会议总共开三天，其中前两天晚餐在酒店用餐，第三天晚餐需品尝湖州特色菜。第四天会议结束后，与会人员分为两队，一队前往南浔古镇做一日游，一队前往莫干山做一日游，晚上返回上海。请思考该定制会务团资源组合需与会议组委会落实哪些细节，在做产品资源组合时有哪些注意事项。

2. 以摄影为主题，选择旅游目的地（新疆、福建、内蒙古、陕西、重庆等）

客户从上海出发，3 男 2 女。或以亲子为主题，选择旅游目的地（我国宁夏、海南、山东等地；日本、新西兰等国家），客户从北京出发，家庭 1：2 大 1 小；家庭 2：1 大 1 小；家庭 3：1 大 2 小。儿童的年龄在 8–12 周岁，有一位满 12 周岁。或以游学为主题，选择旅游目的地（山东、上海、山西、甘肃等），客户从广州出发，为 15 名 14–16 周岁的青少年。或以蜜月之旅为主题，选择旅游目的地（四川、北京或欧洲、斐济、马尔代夫等），客户从武汉出发，新婚夫妇。完成以下实训练习：

（1）将确定的产品资源进行组合；

（2）以核心产品资源为主提供两套产品组合方案并说明两套方案的特点。

五、任务掌握评价

（一）学生自评

（已完成和可胜任的内容请在括号内打“√”）

（1）能复述组合产品资源的原则。（　　）
（2）能在分析需求后完成产品资源组合的任务。（　　）
（3）对产品资源进行分析，能说出不同组合方案的优劣。（　　）

（二）老师评价

任务十　计价与报价

一、任务分析

计价与报价是指定制师在完成定制旅行产品行程设计之后，对客户所需的费用进行计算、汇总，并书面呈现给客户的过程。和客户最终确认的报价是旅游合同的重要内容。报价必须全面、准确反映定制行程方案里面的分项产品资源以及服务项目，并包含定制机构（公司）的利润。定制师报价的基本要求有以下三个方面：快速，在承诺的时限内完成定制行程方案的计价和报价；全面，紧扣定制方案中分项产品资源，不漏项，明确说明费用包含和不包含内容；准确，核算正确，与各资源供方进行过沟通确认，报价可落地。

计价与报价包括以下几方面任务：

（1）了解定制旅行的价格构成、报价流程、报价形式，会使用报价技巧，并注意报价的细节。在对客沟通中，调整后的定制旅行需求要同步反映到报价中。

（2）掌握使用公司自制的报价单和相关定制旅行平台的报价功能。一般定制旅行平台要求定制师报价和方案调整要通过平台操作完成。

二、相关知识

1. 价格构成

定制旅行产品作为一种特殊的商品，同样适用“价格 = 成本 + 合理利润 + 税金”的基本原理。定制旅行价格中的成本主要是分项产品资源以及服务项目的供应价格，主要包括大交通、房、餐、车、门票、目的地交通、导游（领队）、签证、司导用餐 / 住宿补助，个性化服务以及定制服务费等方面。定制师报价时，要根据旅游目的地和客户需求的不同，全面分析成本构成。

服务费是定制旅行利润的重要组成部分，一般是按照每人每天核算或根据定制旅行的总团费按比例加成。收取服务费的标准根据旅游目的地的远近（程）、客户类型、操作复杂程度进行针对性核算。不同的定制旅行机构（平台）对服务费收取的标准有大致范围的规定，当前大部分定制师按照总团费的 10% 进行服务费的报价。定制师也可以在分项产品资源采购成本的基础上加上利润，向客户报价。对于公司有较大采购优势的资源，一方面可以释放（让利）给游客，增强市场竞争力；另一方面可以作为公司的利润来源之一。

2. 报价流程

一般定制师的报价要经过以下几个步骤。第一，通过查阅客户需求单或对客沟通，明确客户需求，始终围绕客户对定制旅行的想法和预算进行报价。第二，与公司采购部门或资源供方联络沟通，确认服务标准、成本费用、预订要求等。第三，根据沟通落实的情况核算成本，逐项加总。第四，确定利润和报价，明确服务标准和亮点特色。第五，做出报价说明（备注），对报价的时效等细节予以说明，要考虑到相关要素的可替代方案。第六，再次核对、核查，确保准确无误后发送给客户。第七，将行程方案报价给客户后，定制师要针对客户对总报价或部分服务项目提出的异议进行沟通、分析，如需调整相关项目，要同步调整报价。

3. 报价形式

根据对客报价的表现形式可将对客报价分为分项报价、综合报价等形式。分项报价，是指针对客户的多项服务分别进行报价，针对客户的单项服务进行单次报价也是分项报价的一种。综合报价，是指根据客户的多项服务进行总体报价，而不具体细化到各个服务项目的价格。在分项报价的基础上，再汇总所有服务项目的价格，得到总报价，是定制师最常采用的报价形式。比如，《携程旅游定制旅行平台管理规范》明确要求：末次方案中要录入“费用包含”和“费用不包含”的详细内容（举例：景点大门票和小门票，酒店加床，早餐，行李额度）；要拆分大交通、酒店资源的报价，酒店报价拆分至每间夜，同酒店同房型可合并报价。

4. 报价技巧

报价是建立在客户首呼或前期对客沟通基础之上的，因此要最大程度匹配客户的旅行需求和预算。比如携程定制旅行平台的客户需求单里面有“预估人均预算”内容，定制师要根据该预算进行各项接待标准的匹配、平衡。如果游客在人均预算的基础上，还对大交通、住宿、餐饮等提出了个性化需求，在首次报价中要遵循“需求第一”的原则满足客户需求。在确定总报价的时候，可适当使用尾数定价、整数定价、声望定价等心理定价策略，也可减免个别项目的费用以表示服务诚意。

定制旅行的报价要做到“四明确”。一是，明确客户需求，始终围绕客户对定制旅行的想法和预算进行报价。二是，明确标准，各分项产品资源的费用都是和接待标准相适应的，正所谓“一分价钱一分货”，因此标明报价所含服务项目费用的同时，要明确该项目之标准。三是，明确费用，要在明确定制旅行各项成本和利润的基础之上准确报价，必须花费（消费）的项目要包含在报价中。四是，明确时效，定制旅行分项产品资源的采购和确认、出境游的证照办理往往都有时限或工作日的要求，因此报价的同时要明确报价的有效期。

5. 报价易错点（容易出现的漏洞）

报价时要特别注意分项产品资源价格的单位，定制师获取的产品资源的成本单位是不一样的。比如，机票是每人报价（元/人），酒店是每间夜报价（元/间·夜），用车是每辆报价（元/辆·天），景区门票是每人报价（元/人），导游服务是整团报价（元/团·天）。要区分定制旅行项目是整团费用、人均费用或是其他，即要区分“元”和“元/人”，算总报价时每人报价要注意乘以人数，算人均费用时整团费用要注意除以旅行人数。安排住宿时可能会出现单人入住一间房的情况，这时候就要记得加入单房差的费用。

在出境的定制旅行报价中要注意换算汇率并关注汇率变化，因为很多酒店、用车等可能是外币标价。除此以外，还要注意容易发生变动、容易引起纠纷的项目，核算成本时要牢记这些容易忽略的细节（如表3-25），以免报价错误、产生纠纷。

表 3-25　定制师报价易疏忽点汇总表

报价项目	易疏忽点	我的疏忽点	我的应对办法
大交通	机票算往返，加税金；火车票手续费，国际邮轮的港务税，是否可退改签及其费用；托运行李的费用、尺寸规定；		
住宿	是否含早餐、服务费，加床的费用、尺寸以及是否是钢丝床，单房差，入住、退房时间，个性化服务（鲜花、果盘等）		
用车	接送机 / 站的费用，用车时长、公里数的规定，进城费（古城维护费、西欧进城卫生环保费等），过路 / 桥费，司机住宿、用餐补助、小费，有无行李舱 / 行李舱的大小		
用餐	接送机当天的用餐数量，特色餐（风味餐、海鲜餐等）的差价，宜附菜单明细		
景点	特殊人群（老人、儿童等）的减免，相关证件的减免，小交通、小门票等，不入内参观的景点（外观等）		
保险	旅游人身意外伤害保险（推荐购买），国际旅行保险（办理相关国家签证时必须购买），部分国家对年龄偏大游客的险种、保额有更高要求，高风险运动保险		

（备注：编者整理）

做一做：请你根据个人思考和实习实训经历，总结分析自己在哪些项目哪些点上是容易疏忽的，又是如何避免的，补充和完善上面的表格吧！

三、案例分析

案例 3-15

首尔 5 天私人定制

以下为定制师设计的“像我一样生活在首尔——首尔 5 天私人定制毕业之旅”的对客报价部分。

机票　¥11800

2020年07月16日　上海 → 首尔
大韩航空KE895　经济舱　浦东国际机场 - 仁川机场
2020年07月20日　首尔 → 上海
大韩航空　经济舱　仁川机场 - 浦东国际机场　¥1180

成人票　¥2950 x 4 人

备注：1. 机票价格浮动，以实际出票价格为准；
2. 行李额度：托运2件，每件23KG；
3. 退改签政策：起飞前，退票费500元/张；
4. 航班是直飞航班；

酒店　¥6814

07月16入住 —07月17离店
RYSE傲途格精品酒店　¥2632

豪华双床房(含早)　¥1316x 2间

2018 年开业，造物主两张双人床房

酒店位于弘大,地理位置便捷,您仅需步行即可抵达弘大地铁站。同时,酒店还邻近诸多首尔的旅游景点：如景福宫、南大门、仁寺洞等,方便您的出行。酒店客房配有各种便利的设施,如电视机、浴衣、带淋浴的私人浴室等等,为您缔造舒适的入住体验。酒店设有健身中心,供您休闲放松、恢复活力。酒店提供 24 小时客房送餐服务。此外,您还可以在酒店内尽享美味可口的泰式美食、新鲜的咖啡及鸡尾酒,感受惬意轻松的用餐氛围。希望各位在此可以收获一段放松身心的愉悦假期。

07月17入住 —07月18离店
北村韩屋村普莱斯韩屋　¥826

¥826×1 幢

北村韩屋村普莱斯位于北村韩屋村，是金奶奶家，家中一切物品都可以用。
金奶奶还会教您和闺蜜们制作韩国美食和韩国特产泡菜。
有什么需要了解到可以随时咨询老奶奶。

图 3-32-1

07月18入住 —07月19离店
蓝房子　¥1900

¥950×2 间

躺床上可以看到首尔塔全景，是一个复式民宿。民宿总共有三张床,适合 4~6 人入住。一楼是客厅,餐厅,房间,还有一个开放式厨房。二楼有一个超级可爱的露台,可以在露台吃炸鸡喝啤酒，也可以看到首尔塔。房间里有一次性毛巾,牙刷牙膏，护发素,紧急药品。楼下有 24 小时便利店,炸鸡店,咖啡店,3 分钟到忠武路地铁站。

07月19入住 —07月20离店
麻浦格兰德酒店　¥1456

¥728×2间

性价比超高，住在酒店就能看到街景。地址:地铁孔德站9 号

■ 酒店优点:

① 离地铁近,交通便利
② 酒店设施非常新,房间很大。
③ 价格实惠
④ 生活方便,酒店后面就是条美食街,中国人很少多，可以去那找最地道的韩餐。

用车　¥3200

专车-七座的丰田阿尔法　¥800 x 4辆

备注：【车型】7座丰田阿尔法，或本田奥德赛，或丰田vellfire；【荷载】最多可乘坐6 人，携带4个24寸的行李。

【司机介绍】□从业经验：3年以上；
□当地居住时间：4年以上；
□司机职能：中文司机，负责驾驶车辆，从机场送达酒店；（协助办理入住加100元）
□服务能力：具备主动服务意识，能够及时处理突发情况。
□带团经验：具备常规团接待经验。

服务费　¥920

摄影师服务费　¥500×4天
定制旅游服务　¥3441.8
毕业季VIP限时订制服　¥1720.9

图 3-32-2

景点			
弘大VIP席位演出票（乱打秀）	290/人	4	1160
香水制作门票	100/人	4	400
SM全息体验馆+全息演唱会票	200/人	4	800
Running Man	65/人	4	260
景福宫韩服租凭（全天豪华套餐）	246/人	4	984
首尔塔景观台+往返缆车	90/人	4	360
龙山汗蒸幕	80/人	4	320
汉江音乐游船+自助晚餐	462/人	4	1848
		景点费合计	6132
餐费			
北韩居民餐（赠泡菜制作材料）	120/人	4	480
大众N Grill(闺蜜四人定制特色餐)	3592/餐	1	3592
明洞主题女巫厨房	100/人	4	400
报价：36000			

预订须知

- 本报价不含报价单所列项目以外的费用，以及报价单中标注为自理或仅供参考的项目。
- 您在付款成功后，如需更改、取消、退订，将按您所订资源的退变更条款收取费用。
- 如您中途要求更改行程(如增加景点、更改行程或者更改游览顺序)，您需要按实际费用变化情况承担所增加的地接费用。
- 如因意外事件及不可抗力，包括但不限于，航空公司运力调配、航权审核、机场临时关闭、天气原因、航空管制等，导致航班取消或延期的，我公司将尽最大努力协助您办理变更事宜，如产生差价，多退少补。
- 您在预订时，务必提供准确、完整的信息（包括但不限于姓名、性别、证件号码、国籍、联系方式，（是否成人或儿童），以免产生预订错误，影响出行。如因您所提供的错误个人信息而造成损失，我 公司不承担任何责任。
- 如需使用礼品卡支付，请提前咨询您的定制师。
- 如需发票，请联系您的定制师开具。

图 3-32-3

图 3-32　“像我一样生活在首尔——首尔 5 天私人定制毕业之旅”报价部分

表 3-26 “像我一样生活在首尔——首尔 5 天私人定制毕业之旅”的报价作业过程

项目及明细	单价（元）	数量	价格（元）
交通			
机票往返	2950/ 人	4	11800
首尔包车（商务车）	800/ 天	4	3200
		小计	15000 元
酒店			
傲途格精选酒店	1316（双床）/ 间	2	2632
北村韩屋村	826/ 幢	1	826
蓝房子	950（双床）/ 间	2	1900
麻浦格兰德	728（双床）/ 间	2	1456
		小计	6814 元
景点			
弘大 VIP 席位演出票（乱打秀）	290/ 人	4	1160
香水制作门票	100/ 人	4	400
SM 全息体验馆 + 全息演唱会票	200/ 人	4	800
Running Man	65/ 人	4	260
景福宫韩服租赁（全天豪华套餐）	246/ 人	4	984
首尔塔景观台 + 往返缆车	90/ 人	4	360
龙山汗蒸幕	80/ 人	4	320
汉江音乐游船 + 自助晚餐	462/ 人	4	1848
		小计	6132 元
餐费			
居民餐（赠泡菜制作材料）	120/ 人	4	480
大众 N Grill（闺蜜四人定制特色餐）	3592/ 餐	1	3592
明洞主题女巫厨房	100/ 人	4	400
		小计	4472 元
个性化项目			
摄影师服务费	500/ 天	4	2000 元
定制服务费			
定制服务费 10%	（15000+6814+6132+4472+2000）× 10%=3441.8		
毕业季 VIP 限时定制服务费半价减免	3441.8/2=1720.9		1720.9 元
费用合计：			
15000+6814+6132+4472+2000+1720.9=36138.9 元			
取整报价：36000 元			

【案例分析】

从图 3–32 可以看出，该报价根据订制旅行方案分别列出了机票、酒店、用车、用餐、景点和体验项目、个性化服务项目的明细和价格，并将每个项目的标准进行了细化说明。比如，机票部分，提到了航空公司和航班时间、是否直飞和“以实际出票为准”等；用车部分，提到了车型、乘坐人数、行李舱大小以及司机的详细信息；根据酒店类型不同均进行了不同侧重点的介绍。报价的最后部分，以“预订须知”的形式进行了报价说明。

从该报价的作业过程（表 3–26）可以看出，定制师针对交通（大交通和当地用车）、酒店、景点、餐费和相关服务费等六大项及其下面的小项，均详细列举了单价、数量、价格，一目了然；每一项均有费用小计且居右加粗凸显，方便检查；最后核算的价格为 36 138.9 元，取整报价 36 000 元。另外，如果部分项目有单项利润，建议在此基础上再加一列“成本”，以便核算利润。定制师报价的作业过程要注意分类归档保存，以便随时可查。

四、实训活动设计

（一）实训目标

1. 知识目标

熟知定制师的报价要求、报价流程和报价技巧；理解定制旅行的价格构成和游客人数变化对具体报价的影响。

2. 能力目标

能通过客户需求单等有效识别客户需求；能熟练应用线上资源进行成本核算；能根据不同客户需求使用不同的报价形式和报价技巧。

3. 素质目标

树立诚实守信的经营理念，正确认识价格竞争并自觉抵制“不合理低价游”；培养审慎严谨的工作态度；培养客户至上、用心服务、精益求精的职业素养。

（二）实训内容

（1）请根据以下定制师汇总的客户需求，利用携程旅行网上的机票、酒店、租车等分项产品资源的价格并查阅相关平台、网站，进行定制旅行的计价和报价。

表 3-27　李先生需求表单

客户信息	李先生
出游人数	4 成人 1 儿童（一家三口及父母）
目的地意向	山西
往返日期	8 月中旬，往返 6-8 天
费用预算	4000 元 / 人左右
餐饮与住宿要求	给出用餐地点的建议，有地方特色；两间房，城市住宿靠近市中心
大交通	飞机
证件信息	身份证齐全
景点要求	行程轻松，人文景点为主，让孩子多了解传统文化
以往旅游经历	华东五市及广西、云南、福建、新疆等省区，以及法国、意大利、瑞士、南非等国家

（2）根据“案例分析”部分“像我一样生活在首尔——首尔 5 天私人定制毕业之旅”的对客报价，完成以下任务：

①请将每项费用及总报价都换算成“元 / 人”，并调整报价说明。

②请分析：如果出行人数增加至 6 人，各项目的游客人均花费会有怎样的变化？每位游客的团费又会有怎样的变化？报价说明如何调整？

③请分组讨论，如果该团为企业奖励旅游，人数增加至 16-20 人，哪些项目、哪些细节需要重新落实？报价说明应做怎样的调整？

（3）以摄影为主题，选择旅游目的地（新疆、福建、内蒙古、陕西、重庆等），客户从上海出发，3 男 2 女。或以亲子为主题，选择旅游目的地（我国宁夏、海南、山东等地；日本、新西兰等国家），客户从北京出发，家庭 1：2 大 1 小；家庭 2：1 大 1 小；家庭 3：1 大 2 小。儿童的年龄在 8-12 周岁，有一位满 12 周岁。或以游学为主题，选择旅游目的地（山东、上海、山西、甘肃等），客户从广州出发，为 15 名 14-16 周岁的青少年。或以蜜月之旅为主题，选择旅游目的地（四川、北京或欧洲、斐济、马尔代夫等），客户从武汉出发，新婚夫妇。参照“首尔 5 天私人定制毕业之旅”的对客报价完成定制旅行方案的报价。

图 3-33 韩国汉江的首尔城市天际线

五、任务掌握评价

（一）学生自评

（已完成和可胜任的内容请在括号中打“√”）

（1）实训活动按要求完成。（ ）

（2）认真参与小组讨论，团队协作完成对客报价。（ ）

（3）能复述定制师报价的基本要求和报价流程。（ ）

（4）能根据客户需求正确、快速计价和报价。（ ）

（5）能解析产品的价格构成并根据客户要求做出调整。（ ）

（6）能对比分析同一客户需求下的不同报价。（ ）

（7）了解热门旅游目的地分项产品资源的采购成本、采购渠道。（ ）

（二）老师评价

任务十一　撰写注意事项

一、任务分析

注意事项是定制师通过以文字为主的形式告知客户出行前的准备内容，行中的注意事项以及返程后的后续工作和需注意的内容，注意事项一般呈现在定制旅行方案的最后部分。为客户撰写注意事项，让客户的旅行准备更充足、旅途更顺利，成为定制旅行产品设计中不可或缺的一个环节。定制师在撰写注意事项时应凸显准确性、时效性、规范性等，彰显定制师个性特征的内容创作不多见。对接实际工作需要，定制师应掌握注意事项的撰写方法。

二、相关知识

（一）撰写注意事项的原则

撰写旅游的注意事项一般包括以下原则：

（1）规范性。撰写事项需合乎逻辑、引用规范，不与政策法规相违背。

（2）准确性。撰写事项务必做到精准明确，没有歧义。

（3）时效性。旅游目的地的资源如景点开放时间、花季等会根据每年的天气等因素调整，注意事项要做到与时俱进、及时更新。

（4）简洁性。注意事项需简明扼要，通俗易懂，不宜长篇阔论，尽量用最少的字传递给旅游者最重要的信息。

（5）针对性。针对不同的出行人群、目的地，有着不相同的注意事项，要有的放矢，切不可为了凑数把与此行无关的事项撰写进来。

（二）撰写注意事项的方法

1. 常规写法，根据出行阶段撰写

定制师应该按照行前、行中及行后来撰写注意事项。

行前：出行前需要准备各项证件、文件、物品等。

行中：出行中在目的地需要遵循的当地规定、旅途中的安全须知等。从“吃住行游购娱”六要素来说明旅途中的注意事项，具体详见表 3–28。

表 3-28　旅游“六要素”注意事项具体内容

项目	具体内容
吃	（1）当地饮食习惯；（2）推荐特色美食；（3）饮食卫生与安全
住	（1）酒店星级；（2）用房标准；（3）酒店设施
行	（1）当地天气；（2）当地交通；（3）往返大交通；（4）途中安全事项
游	（1）景点游览信息；（2）导游司机服务；（3）尊重当地民族信仰及风俗习惯
购	（1）当地土特产及手工艺品等；（2）免税店商品；（3）退换货约定
娱	（1）有利身心健康的演出娱乐活动；（2）禁止前往有违反法律法规的场所；（3）参加极限运动注意事项

《中华人民共和国旅游法》中有规定：旅游者在旅游活动中应当遵守社会公共秩序和社会公德，尊重当地的风俗习惯、文化传统和宗教信仰。各地的规定不一，定制师可在注意事项中提前备注说明。境外定制旅行产品除“吃住行游购娱”六要素要求的注意事项外，还需撰写护照、签证及其他港澳台等证件的办理事项、出入境的规定注意事项、目的地国家需要遵守的规定等。

行后：回程后处理与此次旅行相关的工作，如退还押金，出境签证是否需要消签等。

2. 精准服务，根据客户情况撰写

（1）根据客户的年龄或性别撰写

①老年人出行注意事项：根据老年人的年纪，提前告知带好证件享受景区的门票优惠，带好常备药品、注意当地的饮食安全等。

②婴幼儿童出行注意事项：根据儿童的年龄，提醒监护人带好儿童旅途中所需物品和身份证件，告知儿童在旅途中的安全须知。

③女性出游注意事项：一般来说，女性出行准备的物品较多，如防晒物品等。注意写明各地尤其是国外部分国家对于女性出游的安全提示和禁忌等。

（2）根据客户的类型撰写

①个人定制：婚礼、蜜月、摄影、美食、购物等个人主题定制，有着不同的注意事项，可以根据各项主题来撰写不同的注意事项。

②企业定制：行程通常会安排团队集体活动，注意事项需突出集体活动所用到的物资、人员协调、着装等。

三、案例分析

出境旅游的注意事项相比境内旅游较为复杂，需要考虑的因素更多。

案例分析将以两个出境旅游目的地为例说明如何撰写注意事项。

案例 3-16

行程检查表

表 3-29 出行前准备物品一览表

日本

项目	数量	√	项目	数量	√	项目	数量	√
重要文件及资料			其他个人药品			手表		
护照			防晒霜			袜子		
签证			润唇膏			内衣裤		
身份证			护肤用品			休闲鞋		
信用卡	凸字，Visa 或 Master 标志		保湿霜 / 面膜			电子设备		
驾照	原件及国际驾照认证件		感冒药			插线板		
机票预订单			肠胃药			耳机		
租车预订单			创可贴			电脑 /iPad		
路书			杂项			GPS		
保险单			指甲刀			读卡器及数据线		
洗漱用品			干 / 湿纸巾			备用电源		
梳子			记事本 / 笔			随身 Wi-Fi	或者当地电话卡	
沐浴液、身体乳			发箍			手机及充电器		
牙膏牙刷			彩妆			相机及充电器		
剃须刀			化妆工具			储存卡		
香皂			香水			资金		
个人卫生用品			隐形眼镜			当地现金货币		
牙线 / 漱口水			隐形眼镜药水			银联卡		
吹风机			雨伞 / 雨衣			行李		
卸妆用品			保温水壶			行李箱		
洗发水 / 护发素			充气枕 / 耳塞 / 眼罩			背包		
医疗 / 健康			衣物			钱包		
消炎药			拖鞋			腰包		
止痛药			睡衣			自拍杆		
咽喉糖			首饰			水杯		

【案例分析】

针对出境旅游行前的注意事项，定制师从文件资料、洗漱用品、医疗物品、衣物、电子设备、当地现金货币等多方面详细地指导旅游者，各旅游者根据自身的需求，对照表格所列勾选即可。在境外所需的各类物品，罗列甚为详细，撰写其他目的地注意事项里的准备物品时，也可以作为参考。展现的形式采用图表，让客户一目了然。

案例 3-17

摩洛哥出行注意事项

（1）摩洛哥当地的司机一般不会说中文，会讲法语和英文。导游如果非中国人，中文也不是特别好，如有沟通障碍可联系定制师，我们为您解决。

（2）为提倡环保，摩洛哥多数酒店不提供一次性洗漱用品，牙膏牙刷拖鞋请自带。

（3）旅行中尽量不要佩戴大量的贵重首饰，名牌包包，手表等。低调出行，请时刻保管好随身贵重物品，护照、手机、相机、首饰、钱包、信用卡等等。离开酒店和餐厅前仔细检查一遍，也注意不轻信任何主动提出为您带路的小孩。尽量结伴逛古城，夜间减少出行，并避免在人多的广场或老城巷道内边走边玩手机。走路避开摩托车道。

（4）摩洛哥为穆斯林国家，为避免麻烦，请不要在公开场合饮酒，例如无酒证的餐厅、广场、海滩、咖啡厅、车厢内等等。

图 3-34　摩洛哥蓝白小镇

（5）菲斯以传统手工业出名，途中会经过各种传统手工店，店家也会热情地向大家推销他们制作的产品。虽不存在强行购买，但建议不必购买，除非您特别喜欢且价格合理的情况下，即使要买，也请尽量多多还价！

（6）当地司导有着严格的工作时间。一般是早上 8 点后开始的十个小时，在这个时间段内，您可以随时召唤。例如开始工作时间为早上 8 点，那么下班时间就是 18 点；开始工作的时间为早上 10 点，下班时间就是 20 点，超时加班需支付 100 迪拉姆 / 每小时的加班费给司机。为避免疲劳驾驶造成安全隐患，一般建议用车 10 小时内。

（7）不管是高速还是山路，为保障您的安全，请上车就系好安全带。未系安全带导致的交通罚款会导致司机被处罚。

（8）您无须额外负担司机的餐饮和住宿，不过摩洛哥延续了法国统治时期收取小费的习惯，如果司机面带真诚的微笑贴心地为您服务，也请遵照当地的惯例支付一定的小费以示奖励，参考为 100 迪拉姆 / 天，折合人民币 80 元 / 天。酒店搬运行李的服务生和餐厅的服务生的小费一般为 5–10 迪拉姆，公共卫生间小费为 1–2 迪拉姆。

（9）摩洛哥的本地电话卡售价 20 迪拉姆，流量与话费需分开充值，5G 流量为 50 迪拉姆。

（10）清真寺为信仰伊斯兰教的穆斯林最高精神向往之所，庄严神圣，所以进入清真寺参观应避免穿着吊带、短裤、拖鞋。进门需脱鞋，可拍照但不能夸张摆拍，如跳跃、功夫、瑜伽、茄子等肢体丰富的摆拍不合适。

（11）因有的居住在老城内思想比较守旧的老人或者妇女不愿被拍照或者摄像，请尽量取得他们的同意后再拍。因为有信仰，所以绝大多数的摩洛哥人还是善良和乐于助人的，如果他们过于热情，我们报以礼貌的微笑回应就好，无须过多理会。

（12）摩洛哥的小猫小狗骆驼等都属于自然繁殖，都没有打预防针，所以我们尽量少去触碰和逗玩。沙漠骆驼为单峰骆驼，先俯冲后仰再起身，落地先俯冲后仰再降落三步，为保障安全，请您在整个骑行当中抓稳扶手，为保障安全，骑行中禁止拍照，可以请牵骆驼的小哥帮忙拍。我们的每部车都备有一些急救和处理外伤的药品，如果您有需要，请向司机索取。

（13）国际航班需提前三小时到达机场，如果您需要退税，至少提前四小时到达机场，请您掌握好时间，时刻关注航班变化，不要误机。

如有未尽事宜，请随时联系您的定制师！

【案例分析】

此案例从行中方面为客户撰写了各种细节注意事项。注意事项包含了

“吃住行游购娱”六方面的具体内容，内容完整。在撰写的过程中明确，旅游者在旅游活动中应当遵守社会公共秩序和社会公德，尊重当地的风俗习惯、文化传统和宗教信仰。定制产品设计定制师用简洁明了的语言文字详细阐述，让客户一看即懂，容易接受并采纳。

四、实训活动设计

（一）实训目标

1. 知识目标

掌握定制旅行产品中注意事项的撰写方法。

2. 能力目标

能根据目的地情况准确判断哪些内容应该列入注意事项；能根据客户类型撰写注意事项，体现精准服务。

3. 素质目标

通过定制旅行产品注意事项的撰写，培养学生务实的工作态度，提高用户服务思维和以人为本的精神。

（二）实训内容

（1）定制的客户为一家五口，四川人，2 位 65 岁老人 +1 个 3 岁小朋友 +2 位成年人，7 月中旬出行，选择单一旅游目的地（北京、桂林、延吉、上海）完成以下实训任务。

①选择其中一个目的地，撰写老人、小孩出行需要准备的物品。

②四个目的地在出行的时间天气如何？分别需要携带哪些季节的服装？

③四川人喜辣，请你提醒客户四个目的地的饮食特色和注意事项。

④四个目的地有没有少数民族聚居地？在当地需要尊重哪些宗教信仰和风俗习惯？

（2）以摄影为主题，选择旅游目的地（新疆、福建、内蒙古、陕西、重庆等），客户从上海出发，3 男 2 女。或以亲子为主题，选择旅游目的地（我国宁夏、海南、山东等地；日本、新西兰等国家），客户从北京出发，家庭 1：2 大 1 小；家庭 2：1 大 1 小；家庭 3：1 大 2 小。儿童的年龄在 8–12 周岁，有一位满 12 周岁。或以游学为主题，选择旅游目的地（山东、上海、山西、甘肃等），客户从广州出发，为 15 名 14–16 周岁的青少年。或以蜜月之旅为主题，选择旅游目的地（四川、北京或欧洲、斐济、马尔代夫等），客户从武汉出发，新婚夫妇。撰写定制旅行方案中的注意事项。

五、任务掌握评价

（一）学生自评

（已完成和可胜任的内容请在括号中打“√”）

（1）实训按照要求可独立完成。 （ ）

（2）能复述撰写注意事项的方法。 （ ）

（3）能结合客户类型，分析注意事项撰写内容的不同之处。 （ ）

（二）老师评价

拓展视频：
研学定制旅行产品设计与服务（上）

拓展视频：
研学定制旅行产品设计与服务（下）

学习情境四
定制旅行产品视觉呈现

学习目标

定制旅行产品的使用说明书——定制旅行产品方案除了在内容上指向客户利益，准确、精练地将产品行程展现出来，在感官上也要力求留给客户最佳的体验。

定制旅行产品视觉呈现是指定制旅行产品方案视觉优化。视觉优化包括合理地运用图片、视频等素材，展现定制师个人风格或定制产品的排版设计以及文字凝练带给客户的阅读体验。优秀的产品方案视觉呈现无疑是让定制产品锦上添花，凸显出定制师的专业能力及职业素养。

本项目主要学习三项任务，第一项是使用图片及视频；第二项是凝练文字；第三项是排版。通过学习，需掌握使用图片及视频的方法，掌握旅游目的地介绍、定制方案特色、每日行程文案及景点介绍的文字凝练方法，掌握行程方案排版的原则及技巧。

思维导图

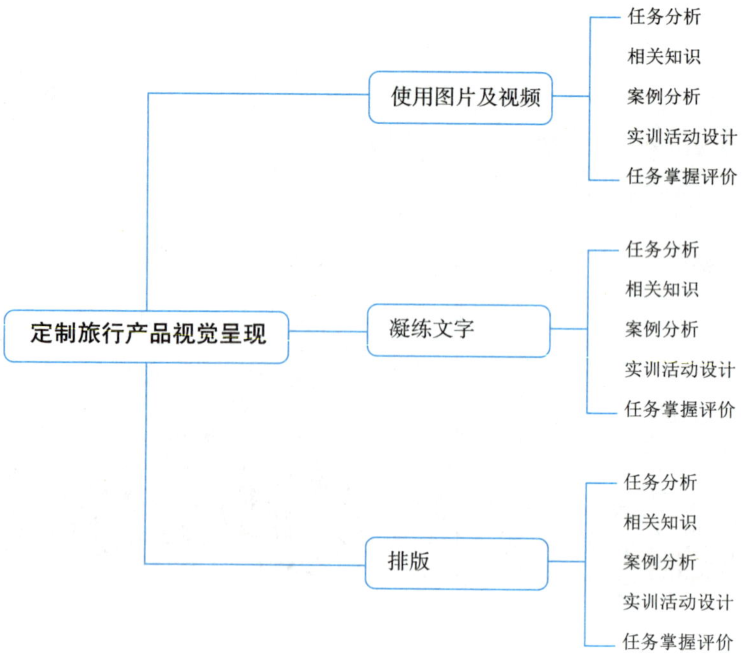

计划学时

4 学时 /32 学时

学习要求

认真完成每项任务的实训作业，客观地评价自我学习情况。在学习本章的过程中建议自学视频制作软件、图文处理软件。

任务一　使用图片及视频

一、任务分析

定制师在制作行程方案时，为了达到方案视、听效果相统一，使用图片及视频是常见的设计方式。使用图片及视频应包括以下几方面任务：

（1）了解使用图片与视频的基本原则；

（2）掌握选择定制方案图片尺寸及质量的方式，定制方案图片的编辑技巧，如何在定制方案中插入图片；

（3）在使用视频素材的过程中，应了解如何选择视频素材的格式及质量，如何利用常见的手机软件进行定制方案视频制作。

二、相关知识

（一）使用图片及视频的原则

1. 素材真实性

定制师在使用图片及视频素材时，一定要确保素材的真实性。首先，从可靠的素材库选取素材，能够有效避免虚假合成的素材。例如，景区和酒店的官方网站、iStock 中国站等知名图片素材库。其次，不过度编辑素材，虽然使用美图软件可以使素材更加引人注目，但是，过度对素材进行编辑可能会与实际风景相差过大，给客人造成较大的心理落差感。因此，定制师应掌握好素材编辑的“度”。不夸大宣传、虚假宣传，是定制旅行产品制作的重要原则之一。

2. 保护素材版权

定制师在获取素材时，需有版权意识，及时联系图片或视频版权所有方，获得使用许可。保护素材版权，不仅是相关法律法规的要求，更是对他人劳动成果尊重的体现。在咨询版权事宜时，若定制师希望能够重新对素材进行加工改造，还应注意询问素材是否能够被授权进行二次编辑。除此之外，在签订版权协议时，还应注意素材授权使用的时间段，以防协议到期后未及时进行调整。

3. 素材风格统一性

无论是图片素材还是视频素材，都应注意，选用在同一份定制方案中的素材应保持风格与质量的一致性。例如，若在一份以风景优美的山水景观为主的方案中，一大部分图片素材选用了素材库内颜色亮丽、画质清晰的图片，而因素材获取困难，剩下少部分选用的是黑白、清晰度不高的图片，这样的方案会给客人一种视觉上的落差感，最终可能导致客人的满意度不高。因此，定制师应尽可能地考虑素材的整体搭配与风格协调一致。

（二）使用图片

1. 定制方案图片尺寸及质量

定制方案图片的选取主要从尺寸、分辨率、格式等角度考虑。在尺寸方面，主要应考虑制作定制旅行方案所使用的系统是否有对图片大小的要求。例如，定制师在使用携程 V-Booking 系统制作行程方案时，一般的酒店、景点等资源的图片均可从系统自带的图片库中选择。而对于未使用此类系统的定制师来说，需通过版面图片与文字的比例确定图片素材的合适尺寸。

图片分辨率指的是图像宽高范围上的像素值，但是，并不是图片分辨率越高就越清晰，显示媒介的分辨率也影响着照片的清晰程度。因此，定制师应根据客人查看方案的设备与图片本身的分辨率来决定选用哪张图片。此外，常见的图片格式有 jpg、png、gif、bmp 等，定制师可根据其选择的方案制作系统的具体规则选择相应格式的图片。

2. 定制方案图片的编辑

当选用的图片色调灰暗、饱和度不高时，定制师可以根据整体方案风格的需求来编辑图片。必要时，还可以给图片周围配以文字说明，以此来激发客人的兴趣。常见的手机编辑图片工具有“美图秀秀”等，下面将以“美图秀秀”为例，介绍几款编辑图片的常用工具。

在“美图秀秀”的光效工具中，有智能补光、亮度调节、对比度调节、高光、暗部等选项；而在色彩工具中，有饱和度、色温、色调等选项。例如，当一张风景图片在天气阴暗的情况下被拍摄，若定制师想实现一种温暖而明亮的图片效果，那么首先可以利用亮度工具调节照片环境明亮度，之后再使用饱和度工具，调节图片颜色饱满度，最后选择色温工具，调节冷色调与暖色调的比例。

3. 在定制方案中插入图片

若定制师使用 Word 文档制作行程方案，插入图片的操作路径为：Word—插入—图片—保存图片的路径—单击已保存的图片文件—成功插入。在插入操作完成后，可根据版面设计调节图片大小与比例。

（三）使用视频

1. 视频素材的格式及质量

定制师在选用视频素材时，需要注意结合客人选择观看视频的设备、软件来设置视频的格式，常见的视频格式有 mp4、avi、rmvb 等。除了将视频保存在设备上进行展示外，定制师还可以通过选择云存储的形式进行视频分享，比如百度云。通过云存储分享视频的优点是，不占用设备的存储空间，只要有网络即可随时随地查看，分享速度快等。定制师在下载视频素材时，还应注意视频的质量。视频分辨率表示视频的画幅，应注意的是，并非分辨率越高，视频播放效果就会越好，视频分辨率应与播放设备的画幅大小保持一致。

2. 定制方案视频制作

定制师在制作方案中需要使用视频时，可以选择将主要景点的视频进行拼接剪辑，生成一个详细而完整的行程介绍视频。但是要注意，在视频中定制师可以选择性介绍景点信息，避免提前向客人介绍过多而带来的行程期待感降低。

本章节以常见的视频剪辑工具“剪映”为例，在“案例分析”部分介绍制作一个行程视频的方法。

三、案例分析

案例 4–1

利用“剪映”App 制作一个行程视频

定制师使用视频展示行程方案能够给客人丰富的视觉、听觉体验。“剪映”是一款操作简单、功能丰富的视频制作应用软件，在视频素材准备充分之后，定制师使用手机即可制作出引人注目的行程视频。右侧二维码中是一个使用“剪映”的视频教程。

剪映制作视频

【案例分析】

本视频案例主要说明了定制师在使用“剪映”App 制作行程方案视频时的步骤。

在导入多个子视频素材时，要注意将其按照希望展示的顺序进行调整，可以将本公司的 Logo 等信息放置在视频首尾。在单个视频剪辑中，可以使用“分割”工具将不需要的部分进行裁剪并随后删除。利用“动画”与“转场”工具，可以为视频的入场、出场添加特效，使每个视频素材之间的衔接更流畅自然。使用“文本”工具，可输入景点名称。利用“添加音频”工具，可以在 App 素材库中找到合适的音乐并插入音频，也可以用手机录音加入自己的解说词。最后，可以为视频设置封面，预览确认无误后导出视频。

四、实训活动设计

（一）实训目标

1. 知识目标

了解使用图片及视频的要素及原则，掌握常见的图片、视频格式，了解调整图片及制作行程视频的流程。

2. 能力目标

能在 Word 文档中插入图片；能选择合适的图片及视频素材，能使用“美图秀秀”等软件编辑图片，能利用“剪映”等视频软件制作定制方案视频。

3. 素质目标

通过相关软件技术应用的培训，提高学生的知识储备与实践能力。

（二）实训内容

以摄影为主题，选择旅游目的地（新疆、福建、内蒙古、陕西、重庆等）；或以亲子为主题，选择旅游目的地（我国宁夏、海南、山东等地；日本、新西兰等国家）；或以游学为主题，选择旅游目的地（山东、上海、山西、甘肃等）；或以蜜月之旅为主题，选择旅游目的地（四川、北京或欧洲、斐济、马尔代夫等）。完成以下实训任务：

1. 请根据所掌握的旅游资源知识，在相关网站搜索合适的图片及视频资料；

2. 请利用“美图秀秀”软件，对图片进行光效、颜色等处理；

3. 请利用“剪映”软件，对视频素材进行剪辑整合，并配以音乐；

4. 请在 Word 版本的行程方案中，插入图片。

五、任务掌握评价

（一）学生自评

（已完成和可胜任的内容请在括号中打“√”）

（1）实训按照要求完成。（　　）

（2）能掌握选择图片及视频的基本原则。（　　）

（3）能在相关网站上搜集图片及视频素材。（　　）

（4）能利用“美图秀秀”软件进行简单的图片光效、色彩编辑。（　　）

（5）能在 Word 文档的行程方案中插入图片。（　　）

（6）能使用“剪映”软件进行简单的视频编辑。（　　）

（二）老师评价

任务二　凝练文字

一、任务分析

在定制旅行方案的呈现过程中，凝练文字是基础的一环。定制师根据客户需求首呼沟通之后，在呈现的旅游方案中，要对旅游目的地介绍、景点安排、活动亮点、方案特色、行程文案、景点特色等方面进行文字的描述，这是定制师设计理念和业务能力的展示。在文字上要做到条理清晰，语言流畅，更要解读独特，突出亮点，展现出定制旅游异于常规团队的独特之处，给客户以赏心悦目、独特的阅读体验，让客户充分体验到定制旅行的魅力。

简单而言，定制师在凝练定制旅行方案时，需完成以下三个方面的任务：

（1）掌握旅游目的地的介绍技巧；

（2）掌握定制方案特色的提练方法；

（3）掌握每日行程文案及景点介绍的创作技巧。

二、相关知识

（一）文字撰写规范

定制方案是定制旅行产品展示的主要形式。定制师根据客户需求，结合目的地旅游资源情况，说明旅游行程方案特色或者亮点、线路安排，能够为客户设计提供条理清晰、逻辑清楚、行程合理、图文并茂的客户专属个性化行程方案。

定制师在凝练文字的过程中，首先要做到文字使用的规范性，避免错别字，正确使用序号、标点符号；其次注重文字写作与表述的规范性，避免政治因素等撰写雷区，特别是有关政治、宗教、国家主权等方面，禁止出现歧视性文字和语言表达；再次根据客户类别及定制主题，注意地区文化差异和年龄层次，进行创意文案写作，对设计理念、行程特色、方案特色、特别服务等方面传递正确、翔实的信息；最后做到条理清晰、简洁明了、数据准确，运用排比等修辞手法使得文案可读性强，并根据一定的写作技巧和设计理念，在“遣词造句”中彰显深厚的文化底蕴，使文案具有一定的人文情怀和艺术审美性。

（二）撰写描述旅游目的地的文案

在行程方案中，进行旅游目的地介绍的方法有简单介绍、深度解读、个性化描述等几种，主要阐述旅游目的地的形象定位和旅游魅力，以及为什么会为客户选取这样的旅游目的地。定制师个性独特的介绍会打动客户，引起客户共鸣，在一定程度上提高订单的成交率。

1. 简单介绍

定制师可以先介绍旅游目的地的地理位置，接着是旅游目的地的形象定位或客户熟知的旅游广告宣传口号等，然后再介绍主要的资源特色或景区（点），以及获得的旅游体验。

如定制师介绍“法国波尔多”时可以这样描述：

波尔多是世界上最大的美酒之乡，这里每两年举办一次的法国波尔多葡萄酒节，令全球饕客酒迷蜂拥而至。璀璨迷人的烟火秀、异彩纷呈的庆典节目及别具一格的葡萄酒主题之旅定会令你深深沉醉于波尔多法式的夏日狂欢。

如定制师介绍“黑龙江”时可以这样描述：

黑龙江是中国最东北的省份，东部的乌苏里江是我国最早见到太阳的地方。北部的漠河在夏至前后，您可以欣赏到极瑰丽的北极光。大兴安岭、小兴安岭、黑龙江、松花江、嫩江、镜泊湖、五大连池、兴凯湖等北国山水勾勒出黑土地上的独特风光。冰雪旅游是黑龙江省的特色，哈尔滨冰灯、冰雪大世界、中国雪乡、镜泊湖冰瀑、扎龙雪地鹤舞、冰河树挂等众多冰雪胜景会让您大饱眼福。滑雪运动、冰上捕鱼、狗拉雪橇、趣味冰球等妙趣横生的冰雪活动在寒冷的冬季为您的旅程增添了无限乐趣，黑龙江省的人文资源同样丰富。赫哲族、鄂伦春族、达斡尔族等少数民族风情独特，极富魅力。

如定制师可以参考美国《国家地理》《孤独星球》《中国国家地理》里面对旅游目的地的推荐介绍。美国《国家地理》杂志评选 2019 年全球最值得到访的 28 个旅游目的地，贵州梵净山位列第三，成为中国唯一入选地，美国《国家地理》杂志这样写文案介绍梵净山：“梵净山是中国最新的联合国教科文组织世界遗产地之一，非常值得一游。这是一个佛教圣地（曾经有 48 座寺庙），登山者可以欣赏各种奇特造型的山石和云海之上武陵山脉的壮观景象。红云金顶高达 2336 米，徒步需要攀登陡峭的台阶上去，两座寺庙顶上的山峰由一座桥连接起来。你也可以不步行攀登而乘坐登顶缆车，但是徒步旅行可以近距离观察梵净山丰富的生态多样性，包括一些珍稀的地方物种，比如黔金丝猴。”

图 4-1　贵州梵净山

定制师平时多收集资料，从旅游目的地官网、书籍、报刊新闻中收集对目的地的知识介绍，争取形成自己的描述风格。直白型介绍简洁明了，其中信息清楚、逻辑清晰是定制师写目的地文案的初级要求。

2. 深度解读

深度解读不仅仅停留在对表面地理位置和旅游资源的浅层次描述，而应从城市印象、城市文脉、独具特色的自然风光和人文魅力方面去解读，根据定制客户的需求，进一步挖掘该旅游目的地特色，抓住能打动客户、符合客户期许的内容进行文字描述。

介绍上海城市魅力的时候，定制师着重从东西交融、英雄城市等方面去解读上海：

上海位于长江入海口，地处中国漫长海岸线的中部，是一处极具现代气息，又不失中国传统特色的大都市。上海兼具海之浩瀚与江之富饶，早在清代嘉庆年间就被称为“江海之通津，东南之都会”，一百多年来这里一直是中国商业的中心，更是和世界联系最紧密的那条纽带，也是仅次于中国香港的购物乐园。外滩浓缩了老上海的沧桑与辉煌，您驻足于黄浦江畔，回望外滩的万国建筑，看其与陆家嘴的摩天览胜交相辉映，似乎听得见历史的回声。老商业街与现代购物中心、名人故居与摩登建筑、茶楼与酒吧、佛寺与教堂共存，上海旅游节、中国国际艺术节、进口博览会等带给您不一样的震撼，东方文化与西方文化的碰撞，昔日往事与现代都市的交织，构成了上海的别样魅力。

上海不仅有流光溢彩的世界各国的“影子”，它还有着自己的“悲壮求索”、“辉煌荣耀”与“红色血脉”，英雄儿女、革命先辈们的光荣传统，都已融入这座城市的“灵魂”里，展现在城市精神里。上海是一座红色之城，这里是党的诞生地，中国共产党人从上海“出征”，中国共产党的历史从这里开始，中共中央机关驻守上海长达 12 年，是这座城市的光荣与骄傲。

如关于西班牙的塞维利亚，携程平台定制师这样解读：“这是一个橘花飘香的城市，遍布公园街巷的橘树是它的象征，当橘花开放，塞维利亚就迎来了欢乐的四月季和圣周大庆典，这是卡门、唐璜、费加罗的舞台，一幕一幕悲喜剧以塞维利亚的街道教堂、斗牛场为背景上演，这是弗拉门戈的发源地，无论是欢乐还是悲哀，塞维利亚的舞步永远奔放有力。”这些文字具有打动人心的魅力，其展现出的艺术魅力和人文情怀吸引着怀有不同旅游需求的客户。

3. 个性化描述

定制师对目的地的个性化描述体现了定制师的文化素养和人生阅历，很容易引起客户的共鸣。通常采用提问法，引起客户思考；或者对普世价值进行描述，对现代客户的旅游需求进行深度解读，激发旅游动机，促使旅游行为的发生。

（1）目的地印象和城市印象的描述可以采取疑问法

如“为什么去这个地方？”“去这个地方之前应该有怎样的思考？”“去这个地方看什么？”

趣趣旅游网的定制师在宁波研学产品的开篇，这样描述宁波：

“我们生活在一个忙碌的年代，为了生存，都在用匆忙的脚步去奋斗，为明天奔波，很少有人会去思考：我们的昨天是什么样的，我们生活的脚下的这块土地，曾经发生过什么，我们的先人，走出去多远，留下了多少辉煌，产生过多大的影响，留给我们多少启示。明天，我们又该如何向我们的下一代自豪地介绍我们的先人？是否不用远赴东瀛，也能追溯文化渊源，一窥历史的丰富遗存？”

接下来介绍宁波：“宁波唐宋时谓明州。明州豆瓣酱漂洋过海到日本后，有了一个洋气的名字——味增。明州的工匠陈和卿受邀带领弟子一起修缮了当时毁于战火的东大寺，我们今天看到的世界文化遗产东大寺就是当时所建。陈和卿的弟子们还参与铸造了日本国宝镰仓大佛。明州天童寺是日本现今影响力最大的佛教宗派曹洞宗的祖庭。明州的茶籽在京都种植于比叡山日吉神社，为日本最古老的茶园。遣唐使们在明州登陆，从天台山带回茶籽，也带回了茶文化。明州人林净因带去了中国糕点和馒头的制作工艺，由此，他被称为日本‘馒祖’。”

定制师在自问自答中描述了本次研学线路的文化卖点，增强了宁波旅游目的地的文化含量，提升了本次旅游的意义和价值。

（2）可以悬疑切入主题

如在推荐泉州蚵壳厝的时候，这样描述：“您已见过木头搭建的木房子，也见过石头砌成的石房子，见过泥土垒成的泥土房，还有我们正在住着的混凝土砖房。但是，像这样浓郁的、具有民俗风味的蚵壳厝，你一定没见过。”用悬念法让客户对景区非常感兴趣，极富成效地吸引客户的注意力。

（3）可以引用名言、诗句描述

引用名言警句、诗词歌赋介绍旅游目的地的时候，可增加文字的审美性。在沙漠观星空、仰望星辰等亲子活动或研学活动中，引入德国伟大哲学家康德的名言：“德国伟大哲学家康德《实践理性批判》中有句永恒名言：‘在这个世界上，有两样东西值得我们仰望终生：一是我们头顶上璀璨的星空。二是人们心中高尚的道德律。’”在此基础上定制师列举出活动的价值与亮点。

定制师在描述终南山的时候，这样介绍：“中岁颇好道，晚家南山陲。兴来每独往，胜事空自知。行到水穷处，坐看云起时。偶然值林叟，谈笑无还期。这是唐代大诗人王维隐居终南山时所写《终南别业》中的诗句，诗人畅游山水间，不刻意探幽寻胜，却能随时随处领略到大自然的美好，尤其是‘行到水穷处，坐看云起时’更是表现了诗人宽广深远的人生境界，此次我们将追随‘诗佛’的脚步，寻访深山古寺，一起来感受其魅力所在。”

（4）可以从普世价值观的角度去解读旅游目的地

现代社会中，人会经历失败或者挫折、分离、痛苦等情绪，在日益紧张的快节奏生活中，工作、家庭或者人际关系带来的焦虑具备普遍性，因此要走进自然，放松自我，在旅行中找寻人生的意义。在亲子关系中，教育孩子产生的焦虑更是很多年轻父母的痛点，在旅行定制中突出改善亲子关系、交友、见识、童心、自立等，在游戏中，在自然环境中，在魅力人文中，在户外活动中增加孩子们的自立自信、乐观向上这些优良品质。这些体验活动安排的思路和初衷，会在一定程度上增加客户的满意度。

内蒙古沙漠研学中这样描述："在最原始的环境中绽放最本真的天性，释放最无邪的快乐。一起拍摄电影，一起徒步沙漠，一起漂流黄河，父母的格局决定着孩子的未来，教育子女就是最大的事业。在苍天般辽阔的腾格里，也许我们卑微如尘埃。穿越茫茫沙漠，绿洲是一个路标、一种向往，更是一种生命的从容……黄河流过岁月的涟漪，涛声诉说往事的余波。羊皮筏、西北汉，回眸一笑皱纹深处多温存……大漠孤烟，黄河落日，古往今来，逝者如斯夫……"

针对亲子团队的天目山自然之旅中这样描述："漫步山野，真正做一回山林的孩子，去发现和学习！在杭州生活是幸福的，游西湖，逛湿地，荡植物园，去自然博物馆……这里有很多自然的风景又有很多来自自然的资源。但我们的孩子越来越少有时间关注真正的自然了，又或者，当他们有机会接触自然的时候，却依旧只关注到手上的 iPad 或者手机。对于城市人而言（无论大人或者小孩），自然缺失是个普遍状态，'天地有大美而不语'，我希望带领更多的人进入自然，通过自然教育的方式、真正的自然感知与观察，让孩子及成年人真正与自然和谐共处，享受原本属于他们的自然时光！除了城市的资源，我们还能深入大山，临安天目山，属于世界级生物圈保护范围，是自然资源的富裕之地……"

如果留心观察和思索，我们可以借助观念更新的大好时机，解读旅游目的地，为客户定制独特的旅游方案。如崇尚大自然、热爱大自然、文旅融合、强身健体，独立自强、徒步健身、劳其筋骨、禅修静养、减肥瑜伽、匠心精神、怀旧与新潮、重访红色旅游目的地、故地重游、纪念奋斗岁月；等等，本章节不一一举例。

（三）方案特色提炼技巧

1. 针对景点特色和线路特色的提炼技巧

特色景点和特色线路用"非常规、稀缺性、小众化、大牌景点、精品、精华、小众、品质"等语言进行概括，然后稍加诠释。如精品线路、全景环线、热门专线等，可以用"两点进出，不走回头路，更具性价比""专业产品团队精心设计，多次优化，高品质体验行程！""用双脚丈量世界的极致体验”等等，自由组合。如诠释主题词“多样景观”里，可以运用“特色景点全打卡，让你一次玩转 ××”“囊括热搜景点”“各类自然地貌精彩纷呈”“古村古祠堂小众的风景”等文字描述。

2. 特色资源提炼技巧

方案中具有的独特资源优势（包括特色酒店、用车、餐饮、导游、特色服务等），比如在住宿安排中可以用“甄选酒店、舒适入眠、品质住宿、轻奢酒店”等词汇概括，紧接着用简短而独特的语言把住宿的特殊之处用语言描述出来。如在土耳其最有名的是卡帕多奇亚的洞穴酒店，定制师可以用“卡帕多奇亚两晚连住，充分领略热气球美景”等文字。如很多定制师安排的是特色酒店和民宿，可以用“全程安排入住轻奢酒店或特色民宿，身处景色之中，贴近自然酣畅入梦”“轻奢酒店，入住当地特色星级酒店，体验异域风情”等文字。如果是五星酒店，可以用“全程五星酒店，让你的每段旅行都舒适”等文字。

在餐饮方面可以用“特色美食、美食体验、大快朵颐”等词汇概括，如在土耳其安排“伊斯坦布尔烤鱼餐、卡帕洞穴餐、伊朗特色羊排、中式餐”等，如在天台山安排“天台山九大碗、高山蔬菜、素斋、特色小吃”等。

在用车方面，可用“高端用车”“精选车辆”等文字概括，然后再用“乘坐舒适的商务用车，为您的尊贵之旅保驾护航”“车况良好，定期检查，安全保障、放心出行”等语言，突出安全和舒适的主要特点。

在陪同人员等方面，可用“优质司导、摄影达人、建筑专家、贴心管家”等词语概括，并用以下文字进行描述：负责细心、多年驾龄、摄影助手、美食达人。

特色服务的提炼技巧：有别于常规跟团旅游的增值服务（生日或者纪念日活动、特殊人群的贴心服务等）。

（四）撰写行程文案及景点文字介绍

定制方案撰写基本完成后，首先检查以下内容：行程是否和定制主题相匹配？是否按照客户的需求对景点、交通、特殊要求进行安排？行程安排是否合理？包括景点和活动组合，时间节奏和空间分布，是否张弛有度？特殊人群的照顾是否安排就绪？检查无误后，开始着手概括每日行程及完善景点文字介绍。

1. 每日行程的提炼与升华

用一句话概括每天行程主题，提升其意义与卖点，使得客户一目了然，文字提炼彰显其文化与活动魅力，使旅游体验趋于完美。接下来分享以下案例：

如西班牙巴塞罗那深度 5 日私人定制游的 5 日行程概括为：第 1 天，上海到巴塞罗那，初识巴塞罗那；第 2 天，巴塞罗那，高迪建筑艺术之旅；第 3 天，巴塞罗那，浪漫海滨与加泰罗尼亚的人文历史碰撞之旅；第 4 天，巴塞罗那周边，罗马时代遗迹宝库，罗卡购物村之旅；第 5 天，巴塞罗那周边，世界文化遗产古城，赫罗纳、西班牙的圣托里尼、探秘怪诞艺术家达利之旅。

如从西安到仙本那的每日行程，携程定制平台定制师是这样概括的：第 1 天，“和你一起去浪漫的马来西亚”；第 2 天，“我的故事我来书写，海风吹过，你比海风还自由”；第 3 天，“出来玩也要有自己的空间，做个安静的美少女和美少男吧”；第 4 天，“沁人心底的蓝，去探索最美的岛”；第 5 天，“玻璃海的正确打开方式，阳光沙滩潜水”；第 6 天，“这片海你带不走，但玩耍的记忆你可以！”

如西宁 + 青海湖 + 敦煌 + 嘉峪关 + 张掖 8 日自由行的每日行程概括为：第 1 天，“带着梦想旅行，背包里装的是憧憬”；第 2 天，“没有信仰不会妨碍欣赏别人的信仰”；第 3 天，“新的一天使水上升的日出和希望”；第 4 天，“去寻找青海雅丹，来自魔鬼的哀嚎声”；第 5 天，“探秘千年敦煌历经磨难的艺术宝库”；第 6 天，“享受瓜州的甜蜜，放眼张掖色彩斑斓”；第 7 天，“乘着风游荡在黄金油菜花田之中”；第 8 天，“回味行程开心甘苦，加快回家的脚步”。

2. 景点文字介绍的方法

定制师要学会收集、编辑资料，针对客户的定制需求选取最恰当的语言描述，通过多阅读、多练习等方法，逐渐掌握如何在众多文字资料中提炼到所需内容，使得景点介绍的文字清晰明白，生动有趣、有内涵、有底蕴。

景点介绍的结构可以采用总分总结构、金字塔结构，并根据客户的需求调整语言风格，抓住客户的注意力，进一步激发其一探目的地的欲望。

如对国家 5A 级旅游景区宁夏沙湖的介绍：

沙湖地处贺兰山下、黄河金岸，既有大漠戈壁的雄浑，又有江南水乡的秀美。“水绕沙丘天下绝”，湖傍金沙，沙环碧水，沙水相依，巧夺天工，为西部旅游首选境地。金沙、碧水、翠苇、飞鸟、游鱼、远山、彩荷等七大资源天然组合，使其成为沙的海洋、水的世界、鱼的乐园、鸟的天堂。沙湖有四大看点，看点一：沙湖是著名的候鸟天堂。每年 3 月至 10 月，近 200 种候鸟云集于此，最多时可达上百万只，这里每年都举办国际观鸟节，这里是中国观鸟的首选之地。看点二：沙湖的芦苇。沙湖“芦荡迷津”

是全国35个王牌景点之一，沙湖芦苇联袂接踵，繁茂生长，形成了迂回的风景。看点三：沙湖大鱼头。沙湖大鱼头肉质细腻，嫩、鲜、肥、白、滑，鱼头汤味道鲜美，食过令人回味悠长。鱼头里含有丰富的胶原蛋白、维生素等，被称为天然的“脑黄金”。看点四：沙湖的综合性旅游目的地体验项目。景区先后开发了高塔览胜、迷津荡舟、滑沙索道、空中飞伞、水上驾乘等精品旅游项目。

图 4-2　宁夏沙湖湿地

如丝绸之路新北道东准噶尔史前地质旅游区的介绍：

丝绸之路新北道东准噶尔史前地质旅游区位于昌吉州吉木萨尔县城，是中国少见的巨型史前地质博物馆，在这条化石沟中出土了世界最长的恐龙化石，发现了大面积的硅化木森林以及种类繁多的古生物化石，还有古火山口、五彩湾等地质奇观，是大自然恩赐给新疆的一把考古金钥匙。

接下来以简洁明了的文字简述奇台硅化木公园，可以这样描述：“位于距今1.5亿年的侏罗系石树沟群岩层中，较为集中的硅化木遗迹有四处，其中硅化木园景区面积11.65平方公里，出露数量近千株，是亚洲面积最大、数量最多、保存最完整的硅化木化石森林，仅次于美国亚利桑那州化石森林，遗存规模位居世界第二位，是地质公园参观、游览和研究价值最高的区域。”

三、案例分析

案例 4-2

山海奇遇·贵州

亲子探索之旅“山海奇遇·贵州”酷玩森林，深入地心历险（洞穴露营、溜索、速降），布依老寨寻古，平塘探秘宇宙，赏荔波小七孔精华，品质住宿（5天4晚）。

成长是不断探索的过程。亲子探索之旅，从未经历过这么有意义的亲子旅行。

定制师从两个方面来讲。回到过去和探索未来。接下来用一段话过渡：如果人类科技发展到可穿越时空中的平行宇宙，你想去看看未来的自己，还是过去的时空？这是需要用一生寻找的答案，我们探寻的价值究竟是什么？探索是人类亘古不变的天性。从对自我的认知，到对宇宙万物的探索，自有人类文明以来，我们从未停歇，而这最有意义的亲子教育，应该是陪伴与旅行，与孩子一起踏上一段关于过去与未来的探索之旅。携手穿越过去与未来，从探索地球之外的奇妙宇宙，到远古村落的神奇文化，直至经由亿万年沉积生长而来的神秘溶洞，一起收获更多生命的启示。

接着阐述超级线路九大行程亮点，给你极致旅行体验，如任务沉浸式游览，在探索中成长，收获惊喜和大量研学知识点，人生第一次专属原生态洞穴探险挑战等。

定制师把活动亮点提炼为 6 个方面：解密天眼（感受超级科技工程的魅力，探索宇宙的起源）；世界遗产（探秘“小九寨”荔波，游玩精华风光）；别样户外（徒步穿越原始森林，感受户外体验）；布依老寨（探秘拥有 600 年历史的古寨，安排长桌宴）；轻奢住宿（贵州四星酒店 + 平塘五星酒店 + 洞穴野奢露营）；品质服务（专业持证领队带队，全程安排摄影跟拍记录）。

（选自游侠客旅行）

【案例分析】

针对贵州省的旅游资源，定制师没有去直接描述贵州的美，而是用“成长是不断探索的过程”引入定制思路，点明亲子探险之旅的内涵。从穿越过去和探索未来等角度把贵州独特的景观，包括中国天眼、溶洞、古寨等资源，从探索的角度去描述它，让人产生遐想。然后又用四个字的六点理由，并列列出，给人思路清晰，规划明确，一目了然的观感，使得那种穿越过去探索未来的旅行极致体验跃然纸上，很容易激起客户的旅游欲望和好奇心。

案例 4-3

稻草秋季运动会

【趣农场 | 中秋】稻亦道　刈稻攻稻，稻米美食，稻谷生态瓶，稻田里古人的智慧，稻草秋季运动会——趣趣喊你收水稻（自驾 . 金山 1 日）。

当车辆行驶在城市边缘，太阳的光芒普照依然热烈。大地明亮，所有的庄稼果实绽放着缤纷浓郁的色彩，要抢在严冬到来之前，把心内深藏已久的歌全部唱完。趣趣喊你收稻子，错过这一季，就要等待来年。与一粒米背后的乡村田野同在，这便是生命厚重而轻盈的质感。

推荐理由：

融入自然：和爸爸妈妈一起放下电子产品，真正地走进大自然，让眼睛、身体和心灵彻底放松。

学会珍惜：亲自动手，体验劳作的辛苦和乐趣，让宝贝们自己领悟到饭菜的来之不易，自动自发地爱惜粮食。

建立社交：是自己埋头苦干还是分工协作？是依偎着爸爸妈妈还是和新交的小朋友一起奔跑游戏？宝贝们也会有自己的社交圈。

学习技能：稻谷是怎么收割的？稻草能变出什么样的魔法？田野里还有什么有趣的小动物？全部等你来探索。

【案例分析】

开头用文学艺术性的语言，使客户置身于场景中，激发去稻田的兴趣。接着从亲近自然、学会珍惜、建立社交和学习技能等方面进行阐述，从内心深处读懂了现代社会父母的焦虑，以及对孩子户外活动的需求，精确提炼出卖点，使得秋季稻田的体验活动变得有意义和价值。

案例 4-4

提炼方案特色

如“上海出发至青海甘肃 9 天 8 晚西北大环线亲子定制游”，定制师把方案特色提炼为排比的三个“一”：“一堂行走的国家地理课；一次与千年历史对话的文化之旅；一场精彩纷呈的民族风情体验。”

为什么是一堂行走的国家地理课？“全程领略壮阔起伏的大西北自然风光：巍巍耸立青藏高原、波澜壮阔青海湖、天空之境茶卡盐湖、神秘莫测可鲁克湖、茫茫戈壁柴达木盆地、大漠风光鸣沙山月牙泉、鬼斧神工雅丹地貌、七彩斑斓张掖丹霞、一望无际祁连大草原、万亩怒放门源油菜花、天下黄河贵德清，都将一一走过。”

为什么是一次与千年历史对话的文化之旅？“在格鲁派藏传佛教圣地西宁塔尔寺喃喃的梵音中净化心灵，观看神奇的酥油花；在丝绸之路的敦煌聆听莫高窟神奇动人的壁画故事；在大漠深处的阳关遗址感受古人‘西出阳关无故人'的悲怆；在雄伟巍峨的嘉峪关前描摹横刀立马誓死杀敌的历史画卷……"

为什么是一场精彩纷呈的民族风情体验？"一路都将邂逅能歌善舞的藏族、回族、撒拉族、蒙古族等少数民族人民，将为您的旅程带来不同的民族风情体验。"

【案例分析】

这样的方案特色提炼为三个排比句，接下来的文案中对三句话进一步用文字来渲染，阐述了原因和理由，使大西北的浑厚景色和深邃人文跃然纸上，很容易激起客户的旅游欲望和好奇心。

（选自携程旅行网）

案例 4-5

提炼每日行程文案

该定制产品的文案标题是"跟着诗词游南京——探访古都金陵、筑梦百年名校"，其五日行程概括为：

第 1 天，金陵烟雨，六朝如梦鸟空啼；

第 2 天，十朝盛况，南朝四百八十寺；

第 3 天，南京民俗，飞入寻常百姓家；

第 4 天，近代风云，钟山风雨起苍黄；

第 5 天，励学敦行，少年强则中国强。

【案例分析】

这些对称的排比语言，具有较高的审美价值，融合爱国主义教育与素质教育等理念，结合教师和学生非常熟悉的经典诗句，精确提炼了每天的主题，为行程和定制方案画龙点睛，注入灵魂。

案例 4-6

景点文字介绍

南京静海寺是一个难以概括内涵的地方。郑和下西洋的宝船熏陶着静海寺香火启航，英国人挟坚船利炮将《南京条约》铸刻在静海寺铜钟上。它与中国称雄海上、率先开启大航海时代的历史机遇擦肩而过，却以中国近代第一个不平等条约的议约地“永留史册”。历史是如此吊诡，以至于我们身临此处，不知应作何感想。跟随研学导师走进静海寺，走进郑和时代，走进南京条约，走进早已逝去的明初盛世、殷鉴不远的近代风云。

【案例分析】

结合学生课本知识，在字里行间传达了爱国主义精神，引起学生共鸣，短短几句话概括出景点在中国近代史中的地位，引起同学们思考，回到过去，不忘历史，铭记那段历史时刻，在研学中激起雄心壮志，激发愿为国家为民族而努力的爱国情怀。

四、实训活动设计

（一）实训目标

1. 知识目标

复述文字凝练的具体内容及方法，掌握资料收集的方法。

2. 能力目标

能根据客户需求和定制产品类型提炼线路行程标题，撰写行程亮点、方案特色。

3. 素质目标

通过实训训练，培养学生的文字撰写能力和概括能力，因人因景而改变撰写方法。

（二）实训内容

（1）以摄影为主题，选择旅游目的地（新疆、福建、内蒙古、陕西、重庆等），完成以下实训任务：

①提炼行程标题；

②介绍旅游目的地（突出摄影主题）；

③撰写每日行程主题；

④选择一个景点，并对景点进行文字描述。

（2）以亲子为主题，选择旅游目的地（我国宁夏、海南、山东等地；日本、新西兰等国家），完成以下实训任务：

①撰写方案特色；

②介绍旅游目的地（以一封信形式）；

③撰写每日行程主题；

④选择一个景点，并对景点进行文字描述。

（3）以游学为主题，选择旅游目的地（山东、上海、山西、甘肃等），完成以下实训任务：

①撰写方案特色；

②介绍旅游目的地（突出游学内容及特征）；

③撰写每日行程主题；

④选择一个景点，并对景点进行文字描述。

（4）以蜜月之旅为主题，选择旅游目的地（四川、北京或欧洲、斐济、马尔代夫等）。

①撰写方案特色；

②介绍旅游目的地（突出浪漫元素）；

③撰写每日行程主题；

④选择一个景点，并对景点进行文字描述。

五、任务掌握评价

（一）学生自评

（已完成和可胜任的内容请在括号中打“√”）

（1）实训按照要求完成。（　　）

（2）在完成实训的过程中主动查阅资料。（　　）

（3）能复述文字撰写规范。（　　）

（4）能解释目的地介绍的三种方法。（　　）

（5）能运用总分总结构或金字塔结构进行景点描述。（　　）

（6）能运用个性化描述方法进行目的地介绍。（　　）

（7）能分析不同主题的定制产品在撰写目的地介绍时的区别。（　　）

（二）老师评价

任务三　排版

一、任务分析

定制师在设计行程方案时，要思考如何通过清晰、简洁的排版，给阅读方案的客户带来良好的阅读体验。排版应包括以下几方面任务：

（1）掌握方案排版的基本原则；

（2）使用 Word 进行排版的过程中，定制师要能够掌握文字效果、对齐方式、方案结构、图片效果、使用页眉与页脚的基本操作；

（3）在报价模块，定制师应会使用表格的形式在 Word 文档中设置报价信息；

（4）在 Word 文档编辑完成后，定制师应会将其输出转化为 PDF 文档并发送给客户。

二、相关知识

（一）行程方案排版的原则

1. 方案简洁美观

行程方案是定制师根据客户的需求，为其量身打造的旅行方案。因此，定制师要让查看行程方案的客户感到方案整体既简洁、清晰，又充分展现出目的地的风光。若排版过于复杂，则可能会让客户感到眼花缭乱，没有重点项目。

2. 方案格式统一

行程方案的格式统一是指在同一份方案中，相同层级文字的字号、文字的对齐方式、图片的呈现效果等元素应保持协调一致。一份格式统一的行程方案会让客户感受到定制师的专业度，也会赢得客户的好感。

3. 方案内容适当

在行程方案排版中，内容适当是指定制师既要注意方案内容的丰富程度，又要注意是否因为内容过多而导致方案整体过于烦琐。若方案文字内容过少、只有图片，也会影响客户查看行程方案的感受，导致客户无法充分了解行程。

（二）行程方案排版的方式

1. 使用 Word 进行排版

（1）文字效果

字体与字号是行程方案排版过程中应注意的重点之一。在选择合适的字体与字号的过程中，要保证客户在阅读时的舒适感，字体不要过于花哨，字号不要过大或过小。不同的字体会带给客户不同的感受，例如：楷体，适合古风古韵主题的旅行方案。

加粗、下划线与斜体也是常用的文字效果。字体加粗通常用于定制师想要突出的行程重点表述内容，下划线可以很好地强调与提醒客户需要注意的问题，而斜体多用于一些备注与注释处作为补充说明。灵活运用各种文字效果有利于定制师对客户阅读进行引导。

缩进、行距是调整定制方案篇幅与格式的重要工具。在中文行程方案中，通常使用首行缩进两个字符。在行距方面，行距越大，方案的篇幅就会越长。若行距过大，则客户在阅读时会感到信息分散化。

（2）对齐方式

在 Word 里，常见的对齐方式有左对齐、居中对齐、右对齐、两端对齐、分散对齐，具体的对齐方式选择应根据版面需求来确定。例如，在一般的行程方案文字描述中，使用两端对齐可以达到文字均匀分布在每行的整齐效果；而使用居中对齐可以使信息呈现在每行最中央，以此来吸引客户的目光。

（3）方案结构

标题是一份行程方案最先映入客户眼帘的模块。一个好的行程方案标题应选取合适的字体、字号、对齐方式，对行程进行高度的概括，并涵盖客户称谓、游玩时间、目的地等基本信息。

方案特色模块的位置应居于整个方案的前部，这是因为方案特色的功能是高度提炼行程特点，展示客户定制化需求的满足情况，并展示目的地风光。因此，在定制师提炼行程特点与定制化需求时，可以使用“插入项目符号”或“编号”功能，以此达到版面统一。

方案的日程模块是方案正文内容中篇幅所占比例最大的模块之一。在设置日程模块时，按照每一天的顺序进行罗列，是最为常用也是非常直观的方法。总体来看，方案日程模块可按此顺序设置：第 × 天—行程概要—交通—景点、活动信息—餐饮（穿插）—酒店。在执行此顺序时，要注意用字体、字号区分不同层级的信息，更要注重整体风格的整齐统一。

（4）图片效果

在行程方案中使用图片时，不仅要注意图片尺寸的大小与页面比例是否协调，还可以选择以文字环绕图片的方式、图片嵌入文本内容的方式来增加图文搭配的结构感。常用的文字环绕图片方式和图片嵌入文字方式如图 4-3、4-4 所示。

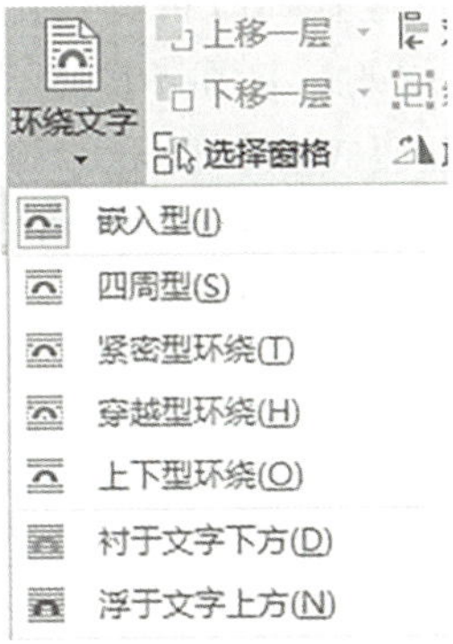

图 4-3

图 4-4

（5）使用页眉、页脚

在行程方案中插入页眉的主要目的是增加文档呈现的专业化、归属感，让主题更加突出。插入页脚也就是在方案中增加页码，此设置的主要目的是确保客户可以将多页方案信息按照正确的顺序排列，给客户的阅读带来便利。

2. 插入表格

在方案的报价模块，定制师可采用表格来罗列行程信息及相应的价格明细，此方式可达到版面清晰统一、逻辑顺畅的效果。下面将使用一张报价表格。范例图来做具体说明。

行程报价

行程报价明细（元）				
类别	项目	单价（元）	数量	合计（元）
交通	往返机票	1,670.00	2	3,340.00
	接送机服务	100.00	2	200.00
住宿	三亚悦榕庄	3,308.00	4	13,232.00
康乐	门票（鹿回头风景区）	42.00	2	84.00
	专属游艇出海游玩	2,958.00	1	2,958.00
	纯清浪漫一日游（专车专导）	400.00	2	800.00
	悦榕庄-悦榕水疗Spa	575.00	2	1,150.00
餐饮	悦榕庄-海鲜烧烤自助晚餐	468.00	2	936.00
	悦榕庄-<流浪情人湾>主题晚餐	6,000.00	1	6,000.00
	悦榕庄-别墅泳池网红漂浮下午茶	588.00	1	588.00
	悦榕庄-悦榕特色烤鱼双人餐	999.00	1	999.00
其他项	随行必备品预算	1,000.00	1	1,000.00
服务费	定制服务费	50.00	2	100.00
总金额				**31,387.00**

图 4-5

在此报价表格中，定制师将行程包含项目类别、名称、单价、数量、金额等信息一一填入表格，整体结构清晰明确，给客户带来良好的阅读体验。

3. 导出 PDF 文件

在行程方案制作完成并排版结束后，定制师应将其导出 PDF 文件后再发送给客户。这是因为，Word 文档易被修改，且在不同的电脑系统中可能因为 Word 版本的不同，打开后会发生乱码现象。因此，导出 PDF 格式的行程方案的内容、排版可以保持稳定。在 Word 中导出 PDF 文件的路径为：文件—导出—创建 PDF/XPS—选择储存地址—发布。

三、案例分析

案例 4-7

定制方案排版设计

定制行程方案

定制行程方案

TO：李先生

深圳出发至三亚 5 日 4 夜浪漫周年纪念之旅

出发日期	10月9日	出发城市	深圳
返程日期	10月13日	目的地城市	三亚
人数	2人	报价（元）	30,387.00

行程特色

行程随心定制

1 对 1 服务/量身定制/代订餐厅/接送机服务

最佳出游时间&最浪漫目的地

每年 10 月-3 月是三亚的最佳旅游时间！三亚位于中国海南岛的最南端，狭长的城市坐落在延绵数百公里的海岸线上，绝美的海滨风光令三亚成为了中国最著名的海滨度假胜地，享有"东方夏威夷"的美誉。

图 4-6

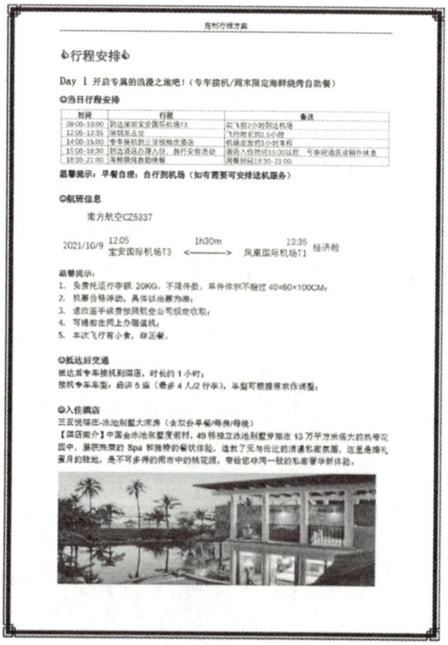

定制行程方案

行程安排

Day 1 开启专属的浪漫之旅吧！（专车接机/周末限定海鲜烧烤自助餐）

当日行程安排

时间	行程	备注
09:00-10:00	到达深圳宝安国际机场T3	起飞前2小时到达机场
12:05-13:35	深圳至三亚	飞行时长约1.5小时
14:00-15:00	专车接机到三亚悦榕庄酒店	机场出发约1小时车程
15:00-18:30	到达酒店办理入住，自行安排活动	酒店入住时间15:00以后，可参观酒店或稍作休息
18:30-21:00	海鲜烧烤自助晚餐	用餐时间18:30-21:00

温馨提示：早餐自理；自行到机场（如有需要可安排送机服务）

航班信息

南方航空CZ5337

2021/10/9 12:05 宝安国际机场T3 <——1h30m——> 13:35 凤凰国际机场T1 经济舱

温馨提示：

1. 免费托运行李额 20KG，不限件数，单件体积不超过 40×60×100CM；
2. 机票价格浮动，具体以出票为准；
3. 退改签手续费按照航空公司规定收取；
4. 可提前在网上办理值机；
5. 本次飞行有小食，非正餐。

抵达后交通

抵达后专车接机到酒店，时长约 1 小时；

接机专车车型：经济 5 座（最多 4 人/2 行李），车型可根据需求作调整；

入住酒店

三亚悦榕庄-泳池别墅大床房（含双份早餐/每房/每晚）

【酒店简介】中国金冰池别墅度假村，49 栋独立泳池别墅穿插在 13 万平方米偌大的热带花园中，屡获殊荣的 Spa 和独特的餐饮体验，造就了无与伦比的浪漫私密氛围，这里是婚礼蜜月的胜地，是不可多得的闹市中的桃花源，带给您非同一般的私密奢华新体验。

图 4-7

【案例分析】

此行程方案来自携程旅行网认证的社会化定制师。

此方案整体简洁、美观，图文比例恰当，风格协调一致。在行程标题部分，清晰、明确地表达了客户称谓、目的地、游玩时间、行程风格等信息。每层标题采用不同的字体、字号，与正文内容有所区分。在方案特色模块，定制师将图片与文字结合，充分体现出了定制服务的特色与目的地的优美风光。在行程安排模块，定制师采用表格的形式，规划出一天行程的时间线，供客户参考，此设置使行程结构更加清晰。温馨提示模块中，定制师使用“编号”功能，引起读者的注意。除此之外，方案设置页眉和页脚，使客户体会到方案良好的规划感与定制师的专业度。

四、实训活动设计

（一）实训目标

1. 知识目标

了解行程方案排版的基本原则，掌握方案的基本结构设计，掌握 Word 中不同工具对文字效果的影响。

2. 能力目标

能根据客户的需求单，使用 Word 文字效果、对齐方式、图片效果、页眉与页脚等工具进行基本的行程方案设计排版，使行程方案美观、清晰。

3. 素质目标

通过学习排版的基本原则与方法，提升学生的软件应用能力与审美水平。

（二）实训内容

以摄影为主题，选择旅游目的地（新疆、福建、内蒙古、陕西、重庆等）。或以亲子为主题，选择旅游目的地（我国宁夏、海南、山东等地；日本、新西兰等国家）。或以游学为主题，选择旅游目的地（山东、上海、山西、甘肃等）。或以蜜月之旅为主题，选择旅游目的地（四川、北京或欧洲、斐济、马尔代夫等）。设计出定制旅行产品内容后需完成以下实训任务：

（1）使用 Word 文档进行编辑；

（2）设置合适的标题，设置页眉、页脚；

（3）在方案特色模块插入文字与图片；

（4）在每日行程模块按照“第 × 天—行程概要—交通—景点、活动信息—餐饮（穿插）—酒店”的流程插入信息；

（5）选择合适的字体与字号、对齐方式；

（6）在报价模块使用表格编辑基本信息；

（7）将编辑好的行程方案转化为 PDF 文档。

五、任务掌握评价

（一）学生自评

（已完成和可胜任的内容请在括号中打“√”）

（1）实训按照要求完成。（　　）

（2）能掌握行程方案排版基本原则。（　　）

（3）能设置合适的标题、字体与字号、页眉与页脚。（　　）

（4）能在方案特色模块插入合适的图片与文字。（　　）

（5）能在每日行程模块清晰、详细地介绍行程信息。（　　）

（6）能在报价模块利用表格编辑信息。（　　）

（7）能将 Word 文档转化为 PDF 文档发送给客户。（　　）

（二）老师评价

拓展视频：
亲子定制旅行产品设计（上）

拓展视频：
亲子定制旅行产品设计（下）

学习情境五 定制旅行产品完善

学习目标

定制旅行产品完善是指定制旅行方案初稿完成后，定制师将定制产品信息反馈给客户，解答客户的疑惑，并结合客户的异议修订方案。定制旅行产品完善是定制旅行产品设计的最后环节，这项工作也体现了定制旅行产品设计以客户需求为中心的思想。

本项目主要学习两项任务，第一项是解读产品方案；第二项是调整产品方案。通过学习，需掌握与客户沟通的渠道、技巧以及如何整理客户的意见，掌握调整方案的原则及具体的方法。

思维导图

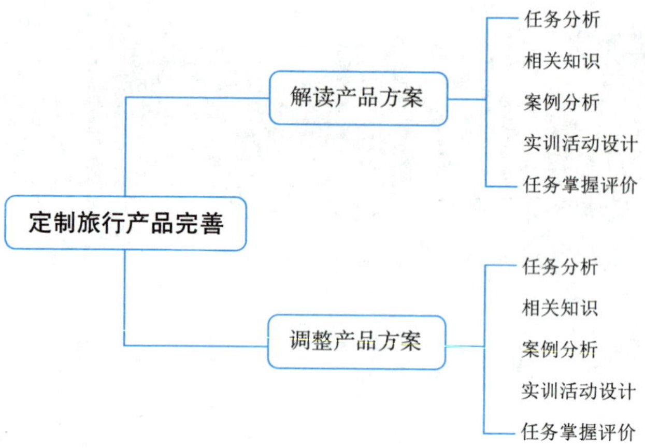

计划学时

2 学时 /32 学时

学习要求

认真完成每项任务的实训作业，客观地评价自我学习情况。

任务一　解读产品方案

一、任务分析

定制师完成定制旅游产品设计之后，将产品信息完整准确地传递给客户，获得客户真实的反馈意见。这一阶段，定制师就定制旅行产品设计方案与客户进行沟通，获得客户的理解与信任，这是将定制服务继续向前推进的基础，也是最终能与客户签订旅游服务合同的必要前提。解读产品方案主要包括以下三个任务：

（1）掌握与客户沟通的渠道；

（2）理解并运用与客户沟通的技巧；

（3）掌握整理客户意见的方法。

二、相关知识

（一）与客户沟通的渠道

根据前期与客户沟通时确认的发送方案的一种或多种渠道，将设计好的定制产品信息传递给客户。常见的渠道有：

1. 电子邮件

电子邮件是商务领域主流的沟通方式之一。电子邮件这一沟通渠道有两大作用：一是书面沟通更正式，沟通的内容可以查找、备忘，必要时还能作为法律证据；二是撰写邮件的过程中可以梳理自身思路，对沟通内容进行完善。许多客户愿意选择电子邮件的形式进行沟通，原因在于：一是可以通过查看邮件对定制方案的细节进行推敲和确认；二是可以有较充分的时间做出意见反馈，避免疏忽与遗漏。

2. 电话

电话沟通具有快速、直接的优点，但同时因为缺乏视觉信息，在沟通过程中容易出现差错，影响信息传递。定制师在进行电话沟通时应确保客户处于良好的电话沟通环境，同时结合其他沟通渠道，确保客户在电话沟通时有可视化的旅行方案可随时查看。

3. 网络即时沟通工具

网络即时沟通工具主要指微信、QQ 或 OTA 平台自身开发的即时沟通工具。这类工具除了文字聊天外，还具备语音聊天、视频聊天、文件传输等功能，不仅方便，还大大降低了沟通成本，使沟通更为立体。定制师需要注意的是，使用网络即时沟通工具时要慎用语音功能。一方面涉及客户个人信息、产品内容和价格时，使用语音会造成泄露；另一方面，让客户对于重要的信息通过反复聆听提取，也显得不够尊重。

（二）与客户沟通的技巧

定制师在利用各类沟通时需注意沟通技巧，体现自身的专业素养与礼仪。

1. 及时联系

客户往往对能够及时联系的定制师抱有更多的信赖感，因为“及时联系”本身就是重视客户的表现。同时，旅游产品资源要素的采购有很强的时效性，及时联系可以为定制师之后开展相关预订工作留有余地。因此，当定制师完成产品的初步设计和报价方案后，即可与客户取得联系。

2. 做好沟通前的准备工作

经过了前期认真细致的定制方案设计，定制师对产品本身要有足够的信心，保持充沛的热情去与客户沟通。同时对客户可能会提出的疑惑或质疑进行预测，并做好应对策略的准备。有时候，有决策权的购买者并非初次联络定制师的客户本人，如有可能，尽可能争取与“关键客户”直接沟通。

3. 善于倾听与提问

倾听在与客户沟通时不仅是一种姿态柔软的表态，更是开启沟通的关键。绝大多数情况下，定制师关于定制旅游的知识、经验都在客户之上，只有当定制师愿意倾听客户的表达，给予他们一种“被尊重”的感觉，客户才愿意将自己对于行程方案的想法真实地表达出来。

客户对于定制产品的反馈过程中，定制师要及时搜集有用的信息，引导客户进行深度的沟通，增加该客户对定制师的信赖度。比如，当客户谈论到产品价格时，定制师可以借此向客户分析产品的超值之处；当客户谈论到交通工具的舒适度时，定制师可以借此向客户对比分析不同航班方案的优劣；当客户谈论到对餐饮的偏好时，定制师可以借此谈论餐厅的位置、环境、菜肴口味等特点。定制师通过抓住客户的关注点，在沟通过程中向客户阐释自身在定制产品设计中的对于产品组合要素和最终完整方案的思考。

定制师在这一阶段向客户提问，有时是为了进一步明确客户需求，为后续方案调整寻求支持，有时则是为了让客户正确认知自身需求，接受现有方案的安排。无论哪一种目的，提问都是定制师关心客户、关注客户需求、富有诚意、乐于合作的象征。在提问过程中，定制师可以采用封闭式提问与开放式提问相结合的方法。用封闭式的问题（如：您对于非市中心地段的酒店不予考虑，是吗？）确认客户的选择意向和调整方向，用开放式的问题（如：您希望这次旅行带给您和孩子哪些感受？）更深入地全方位了解客户。

4. 学会换位思考

所谓换位思考，是需要定制师将自己假定为客户，用心体会他们的个性化需求和认知状况，关照他们在初步了解产品后会产生的各种反应。暂时放下"定制师"所谓旅游定制专家的身份定位，用耐心和包容之心真诚沟通，以帮助客户充分理解产品的优势和特点，消除疑虑，从内心真正认可定制师工作的专业价值。

5. 学会应对不同的客户

定制师面对的每一位客户除了需求不同、偏好不同，还有着自身不同的个性和背景，学会采用不同的沟通技巧，来应对不同的客户，才能取得理想的沟通效果。

（1）应对理性且注重效率的客户

一般来说，这种类型的客户说话速度较快，条理清晰，沟通中善于总结和归纳，效率高。应对这种客户，定制师首先要精神饱满，清楚、准确而有效地回答对方的问题，回答如果拖泥带水，会被对方判定为不够专业。在沟通过程中，定制师说话应注意简洁、抓住要点、避免太多无谓的寒暄与解释。定制师可以根据客户的语速适当调整自己的语速，回答问题时尽量让客户感觉到干脆利落。对于客户提出的要求，不能立即答复的，可以与之约定后续回复的时间和方式，保持持续跟进即可。通常，这类客户在做消费决策时速度也很快，不会瞻前顾后、犹豫不决。

（2）应对优柔寡断的客户

这类客户很难迅速做出决定，决策过程中对自己的判断缺乏自信，常常显得消极被动。面对这类客户，定制师需要充分掌握主动权，沟通的语气要积极自信，不断向其传递出对定制产品优点的肯定，同时强调产品的设计是充分考虑了他的需求。直至客户从内心真正认同自己所做的选择前，定制师都可以采用"我非常理解您这方面的担忧，我们在设计时也做了充分的比较，目前的这一方案是满足您需求的最优方案了"之类的话术，给予对方信心；同时不妨把定制的方案中各类产品资源的优劣分析给对方听，传递出认真敬业的专业定制师形象。必要时，也可以适当"催促"客户，例如“目前航班的舱位已经非常紧张了，您看航班是否可以先确定下来？”“这家酒店的旺季价格是我们预订价格的两倍，我们还订上了数量不多的湖景房，性价比十足，错过真的非常可惜。”

（3）应对旅行经验丰富的客户

旅行经验丰富的客户是最能准确表达需求的客户，也是最容易让定制师受益的客户。面对这类客户，定制师应该保持谦虚的心态，认真聆听，也不要吝啬给予对方真诚的赞许与肯定。这类客户往往对服务质量有明确的要求，会主动提出关键性问题。面对客户提出的意见和建议，定制师应抓住要点，与客户确认改进方向，同时对自身的定制理念、渠道优势、服务品质进行说明，给客户以选择定制的理由。

（4）应对友好体贴的客户

这种类型的客户非常愿意倾听，对定制师抱有天然的信赖，对定制师所介绍的定制方案的相关信息都怀有强烈的兴趣。沟通时机合适时，这类客户会非常认真友好地与定制师交流细节，也会提出各类问题，只要他们觉得定制师的解释说明有理有据，符合心理预期，都会给予肯定与感谢。定制师只要主动热情地为之解说，使之理解，通常他们都乐于接受。

（5）应对容易冲动的客户

这类客户天性容易激动，习惯直接表达情绪，做决策的速度也很快。定制师可以先大力强调定制产品的特色、方案的合理性、性价比方面的优势，促使其从内心快速接纳整体方案，再就细节方面的争议给予客户相应的备选方案。当客户表示不愿接受时，须应对得体，坚定地提供有力的理由，强调定制方案与客户需求的匹配性，同时也尊重客户的合理意见，必要时请求对方给予修改调整的机会。

（6）应对自以为是的客户

这类客户自我感觉良好，表现欲极强。当定制师与他们沟通时，他们总希望自己表现出在定制旅游的专业知识和经验方面并不逊色的形象。具体表现在经常打断定制师的陈述：“这个问题我了解，不必细说了。”“签证时间不必担忧，出发前再去准备好了，不行我找朋友办加急。”定制师可以适当附和他的看法，但同时在原则性问题上也必须表现出全面的专业知识，让他明白他的认知还是有限的，需要认真对待定制师的建议和说明。

6. 灵活应用心理学知识

（1）心理账户

心理账户，是芝加哥大学行为科学教授理查德·塞勒提出的概念。心理账户是行为经济学中的一个重要概念。由于消费者心理账户的存在，个体在做决策时往往会违背一些简单的经济运算法则，从而做出许多非理性的消费行为。

比如，当蜜月游的客户表示价格方案超出预算时，定制师说“蜜月旅行，就是给心爱的人创造一份美好而独特的回忆”，客户立即接受了这一价格方案。如果仅仅是自己花钱旅游，花的是生活账户，不舍得也情有可原，但给心爱的人创造美好而独特的回忆，花的是情感账户，贵一点也要花。

（2）沉默成本

沉默成本，即已经付出且不可回收的成本。在生活中，也可以指已经发生且不可收回的支出，比如时间、金钱、精力等。

比如，当客户冲动地表示干脆更换目的地时，定制师说：“旅游杂志都把这个目的地评为‘一生中必去的地方’，您的爱人和孩子已经期待了这么久，提前做了很多准备，选择的出发时间也在最适合的季节，我们也努力向您指定的这家酒店争取到了房间升级的福利。现在放弃实在太可惜了啊！”

（3）稀缺效应

稀缺效应，表现为当机会越来越少，某项资源出现短缺时，人们会比从前更想得到它。

比如，定制师可以用定制旅游资源供给企业提出的时间方面的限制（优惠政策的期限、活动促销的时间限制）、数量方面的限制（接待人数限流、有限的优惠名额）等激发客户不愿失去的心理。“本来航空公司是把我们放在等候名单上的，非常幸运，我们申请到了这个舱位”“这家米其林餐厅位置有限，通常要提前两个月预订”“这场演出的门票非常紧俏，我们预订的位置属于 VIP 席位，现在放弃去买黄牛票都没有这么好的位置了”，诸如此类的理由，会让客户更坚定地支持定制师的方案。

（4）羊群效应

羊群效应，指人们常常会根据其他人的行为来推断事物的好坏，进而影响自己的选择。

当客户在两个备选方案中犹豫不决时，定制师可以告诉他：“以往的客人，在面临同样的问题时，90% 都选择了方案 A，因为他们觉得 A 的性价比更高。”通过其他客户的选择来帮助客户快速决策。

（三）整理客户意见

在与客户的沟通结束后，定制师需要对沟通阶段客户反馈的意见进行及时的整理和分析。

作为定制师，需要对整体方案的可执行性有清晰的认知。客户的反馈意见归属于定制资源要素的哪一类，目前定制师打算该反馈意见以何种思路进行调整，调整之后会对整体方案产生哪些影响，以上这些问题，定制师均需要进行系统思考，找到调整的具体方法。定制师可以利用思维导图等工具，能够把零散的信息快速地以结构化的形式呈现出来，便于把握客户反馈意见的内在逻辑，从而找到最合适的调整路径。

表 5-1　客户反馈意见整理

客户反馈意见	客户的需求	调整后的替代方案	替代方案对整体方案的影响

三、案例分析

案例 5-1

顾先生的焦虑

定制师为来自上海的客户顾先生一家三口定制了云南亲子游行程。在与顾先生的前期接触中，定制师了解到顾先生过去几年由于工作性质的原因，陪伴孩子的时间较少，这次旅行，他希望做出一些弥补，也让一直生活在都市的儿子多一些接触大自然的机会。

图 5-1　亲子游

顾先生：我有点担心啊，万一孩子出现高原反应怎么办？

定制师：我们的行程是从低海拔开始的，丽江、塔城、茨中、奔子栏海拔均在 2000 米左右，大部分人不会出现高原反应。香格里拉和梅里虽然海拔在 3000 米以上，但根据以往的操作经验，十岁以上的孩子极少出现严重的高原反应。香格里拉和梅里的酒店都配有制氧机，我们在行程中也会给大家准备足够的便携式氧气罐。

顾先生：给孩子安排的活动具体是怎么样的？

定制师：从抵达的第二天开始，家长每一天都可以和孩子一起体验特别的亲子时光。像 DIY 植物制作、体验用石磨制作鸡豆豆浆、采摘蔬菜进行森林野炊、制作“尼西黑陶”等等。顾先生您放心，如果有任何问题，我们预订的松赞酒店的专属管家都会提供帮助。其实孩子的感受力和适应力都是超出我们想象的，好多像您这样能在繁忙的工作中抽出时间陪伴孩子去旅行的爸爸，回来之后都反馈说发现孩子在自然的环境中，运动的能力、自律性、专注力都表现得很好，超出自己的预期，不得不说顾先生您选择云南作为目的地还是非常有眼光的。

顾先生：这次丽江的酒店具体怎么样啊？我太太对酒店的要求还是有些高的。

定制师：这个您更可以放心的，我知道您太太很有艺术品位。丽江松赞林卡是白玛多吉先生设计的非藏式酒店，里面摆放有众多石雕，都是由白玛先生早期从安徽和河南收集而来。酒店结合汉唐官建特色和纳西传统院落形式建造，以砖木结构为主体，很有特色。这次给您预订的是三楼的房间，视野和采光也很好。房间备有欢迎水果、迷你吧免费饮料、热牛奶、加湿器、羽绒床被。浴室洗手盆是纯铜制作的，洗漱备品是泰国的香薰品牌爱珀琪，甜橙精油制作，气味很是清新怡人。到时候您太太一定会满意您的选择，夸您有眼光、会挑酒店的。

【案例分析】

1. 客户需求

案例中的顾先生其实是焦虑的，对于较少陪伴孩子的他来说，既担心孩子的适应能力，又担心自己是否能做好旅途的陪伴，还担心妻子对酒店是否满意。

2. 有效沟通

解决顾先生的焦虑，有耐心的回答是必要的，定制师做得很好的一点是在回答中提供了大量的细节支持，既有对行程安排、酒店设施设备的具体解释，又有其他客户的反馈，同时对于行程中的保障措施也做了说明。同时强调此次定制旅行对亲子关系、夫妻关系的好处，与客户的定制动机产生共情。

3. 案例启示

在解读方案的过程中，把握好客户心理，进行有效的沟通，帮助客户建立起对产品的信心，是定制师努力要达成的重要目标。

四、实训活动设计

（一）实训目标

1. 知识目标

熟悉与客户沟通的渠道。

2. 能力目标

能综合运用沟通的技巧完成为客户进行产品解读的任务。

3. 素质目标

培养学生主动沟通、灵活应变、系统思考的良好工作素养。

（二）实训内容

（1）思考题

题目一：一对新婚的蜜月客户，对于航班的安排不满，表示转机的安排浪费了许多宝贵时间。但限于客户的预算，直飞的选择明显不适合。作为定制师，如何在与男客户的沟通中，既表达充分的尊重又令其接受转机的安排？谈谈你的策略。

题目二：一对刚刚退休的夫妻客户，坚持认为行程中安排的景点景区数量太少，整体行程太过宽松。定制师则认为以休闲为目的的行程，太多的景点景区会导致行程较为疲惫，影响体验。如果你是定制师，你如何说服客户？谈谈你的策略。

题目三：某公司为激励员工而计划进行为期一周的云南奖励旅游，其中需要定制师在大理设计安排团建活动。在定制师与该公司人事总监进行沟通的过程中，公司人事总监认为定制师安排的户外环湖骑行活动具有安全隐患，要求定制师在方案中增加安全保障措施。若你是定制师，你会如何看待这一反馈意见？谈谈你的想法。

（2）按照事先与客户沟通的定制旅行方案反馈渠道，向客户解读已经设计好的定制旅行产品。

以摄影为主题，选择旅游目的地（新疆、福建、内蒙古、陕西、重庆等），客户从上海出发，3 男 2 女。联系人：张先生。或以亲子为主题，选择旅游目的地（我国宁夏、海南、山东等地；日本、新西兰等国家），客户从北京出发，家庭 1：2 大 1 小；家庭 2：1 大 1 小；家庭 3：1 大 2 小。联系人：李女士。或以游学为主题，选择旅游目的地（山东、上海、山西、甘肃等）。从广州出发，为 15 名 14–16 周岁的青少年。联系人：刘女士（团队成员张某某的妈妈）。或以蜜月之旅为主题，选择旅游目的地（四川、北京或欧洲、斐济、马尔代夫等）。从武汉出发，新婚夫妇。联系人：蔡先生。

张先生属于容易冲动的客户；

李女士属于自以为是的客户；

刘女士属于旅行经验丰富的客户；

蔡先生属于理性且注重效率的客户。

五、任务掌握评价

（一）学生自评

（已完成和可胜任的内容请在括号中打“√”）

（1）能分析客户的类型和特点，灵活运用沟通技巧。（　　）

（2）实训过程中遵循了把握沟通原则，系统思考。（　　）

（3）能对客户的反馈做出分析和判断。（　　）

（二）老师评价

任务二　调整产品方案

一、任务分析

作为定制旅游产品的供给方，对于定制师来说，提供的服务始终围绕客户的需求，是获得客户满意的必要前提。在完成了定制旅游产品的设计之后，通过与客户沟通，获得其真实的反馈意见，并根据反馈意见继续完善产品方案，是继续服务客户的必经之路。这一阶段的工作，是落实产品方案，取得客户最终确认的关键一环。

调整产品方案主要包括以下两个任务：

（1）掌握调整方案的原则；

（2）掌握调整方案的方法。

二、相关知识

（一）调整方案的原则

1. 目标驱动原则

定制师在调整方案时，必须以满足客户的总体需求为目标来驱动，这样才有针对性，也知道在过程中如何取舍平衡。当发现客户提出的调整方向会影响到客户核心需求时，必须与客户沟通，给出一个新的调整方案，否则调整后的方案依旧会遭受客户的否定。

2. 系统性原则

方案的调整是动态的系统工程。定制方案中的任何一个要素的变化都可能影响到项目其他要素的变化。定制师在调整方案时，需要经过反复尝试和假设，确认调整后的整个方案在执行层面是顺畅的、合理的，才有可能使调整后的方案获得良好的预期效果。

3. 成本控制原则

第一次方案的报价会在客户心中设置价格的“锚点”，当客户无从判断当前价格的高低时，自然选择与之前的方案做对比，好让自己有一个可衡量的标准。即使是对价格较为不敏感的定制旅游客户，依旧会关注方案调整后的价格变动，尤其是涉及价格上调的变化时，需要定制师解释价格上涨的原因及旅游体验上有何改善。因此，定制师需要在调整时尽量控制成本，对于不可避免的成本上涨，也需要做好后续沟通方案，让客户有很好的价格感知体验。

4. 特色突出原则

定制师对自身产品的优势要有清晰的认知与足够的自信。客户在提出反馈意见时，可能是参考了市面上的产品信息，或是同行所制定的方案。定制师要有甄别反馈意见的能力，对于客户盲目参考的情形，要与客户有充分的沟通，让客户充分了解方案的亮点、创新之处。对于客户提出的有参考意义的意见与建议，定制师则应表示赞赏并积极响应。

（二）调整方案的方法

方案调整的方法往往因客户的具体情况不同有所差异，但通常都会经历以下步骤：

1. 重新匹配产品资源

根据对客户反馈意见的分析，依据调整涉及的核心产品资源和相关产品资源，为新的方案重新匹配相关产品资源。

例如：某客户的反馈意见涉及航班时间调整。定制师调整航班后，客户抵达目的地的时间由原来的 15:30 提早到 9:30，则定制师除了重新为客户预订航班，还需要考虑客户为赶早班机而提早一晚入住出发地的机场酒店、抵达目的地机场后的餐饮、参观游览等活动的重新安排所需的产品资源。

2. 重新核算成本并报价

根据调整后的新方案所涉及的成本，进行重新核算，完成报价。

例如：某定制师经过重新匹配产品资源，整理出新方案的成本变动情况。新方案将 A 酒店替换为星级更高、地段更好的 B 酒店，B 酒店与 A 酒店存在每晚 200 元 / 间的差价；新方案中为客户的会议服务预订了空间更大、设施更全的会议室，聘请了专业的翻译人员，会议室差价 2500 元 / 场，翻译人员日薪 2000 元 / 天；新方案中为客户安排了特色餐，餐标差价 95 元 / 人。以上成本变动均需准确核算入新方案的成本，并完成对客报价新方案，保障旅行社的利润空间。

3. 重新提炼产品特色

新的方案需要重新得到客户的认可，离不开定制师对于产品特色的再次提炼。围绕更明确的客户需求，结合新方案的内容，重新提炼出能有效打动客户的产品特色。

例如：客户追加了酒店住宿的成本预算，对目的地活动的安排也有了新的设想。定制师根据客户授意，为其重新预订了云南富有少数民族风情的高端特色酒店，并将原本外出游览景点的活动改为向当地师傅学习白族扎染技艺，则定制师在产品特色中须增加住宿和互动安排的相关信息，以求在重新向客户推销时能够更为顺利。

三、实训活动设计

案例 5-2

体验巴拉顿湖需择日躲避拥堵

定制师为客户李女士一家三口定制了暑期前往匈牙利与捷克的行程。在与李女士进行电话沟通时，李女士对方案的整体安排表示满意，但同时提出，原本的出发日期需推迟一天，定制师立即据此对机票做出了调整。之后定制师在梳理行程时，发现客户抵达布达佩斯的日期由原来的周三变成了周四，根据行程，抵达后周五先进行布达佩斯市内景点游览，周六前往巴拉顿湖度周末，则客户周六周日两天大概率会堵在贯通布达佩斯与巴拉顿湖的7号高速公路上，意识到问题的定制师立即拨通了李女士的电话……

【案例分析】

1. 调整原因

巴拉顿湖是中欧最大的湖泊，景色秀丽，饭店、疗养院和别墅等设施齐全，不仅是旅游风景区，也是著名的疗养地。每年七八月，都有成千上万的游客涌向巴拉顿湖。湖区附近城市的居民也非常喜欢利用周末自驾车或者骑行摩托车前往湖区（匈牙利的高速公路旁有专门的可供摩托车骑行的车道）。周六从布达佩斯开车前往巴拉顿湖，须走7号高速公路，正好与周末的车流高峰相遇。

2. 调整方案

由于客户在匈牙利的计划停留时间不多，在有限的时间里，最便捷的方法就是调整游览顺序：抵达布达佩斯的第二天（周五）一早就前往巴拉顿湖，周六傍晚返回布达佩斯，周日再进行市区游览。这样就最大概率地降低了被困在7号高速公路拥堵的车流中的可能性，同时，因为调整游览顺序后，原来的行程中前往巴拉顿湖的安排不需要做出改变，也避免了旺季调整湖区酒店、餐厅预订的困难。同时考虑到客户带着许多行李前往湖区不太方便，定制师为李女士一家向布达佩斯的酒店申请了行李托管服务，使得他们可以轻装上阵，去体验巴拉顿湖的湖区度假。

3. 案例启示

对于客户提出的变更出发日期的要求，定制师须谨慎梳理行程安排中涉及的目的地等各类资源，对于变更后影响体验、预订难度大的资源调整须谨慎。除了如案例中的交通影响，典型的还有涉及博物馆的闭馆日、体育赛事的日期、演出剧目的变化等。

四、实训活动设计

（一）实训目标

1. 知识目标

掌握方案调整的原则。

2. 能力目标

能综合运用相关原则、方法完成方案的调整。

3. 素质目标

培养专注细节、系统思考的良好工作习惯，培养服务业的工匠精神。

（二）实训内容

1. 任务一

杭州某集团公司因来访客户变化，向定制师提出要在原本接待欧洲客户的杭州周末两日游方案基础上进行调整，除了保留必要的经典景区景点，其他安排均需围绕伊斯兰教徒的宗教习惯，充分体现对客户的尊重。如果你是定制师，将会在哪些方面做出调整？列举合适的产品要素资源。

2. 任务二

7 月 2 日，搭乘瑞安航空 FR4092 航班从捷克的布拉格乘机前往匈牙利的布达佩斯，飞行时间约 1 小时 10 分钟，经济舱特价机票仅需 260 元，无免费托运行李服务，不可退改。客户担忧该方案的乘坐体验和高昂的行李托运费用，要求定制师改为安排乘火车从布拉格前往布达佩斯。请查找相关资源，给出乘坐火车的具体方案。

3. 任务三

定制师收集到客户对于定制旅行方案的初稿异议，请继续完善定制旅行产品，并对初稿及完善稿进行对比分析。

（1）以摄影为主题，选择旅游目的地（新疆、福建、内蒙古、陕西、重庆等），客户从上海出发，3 男 2 女。联系人：张先生。客户异议：报价过高。

（2）以亲子游为主题，选择旅游目的地（我国宁夏、海南、山东等地；日本、新西兰等国家），客户从北京出发，家庭 1：2 大 1 小；家庭 2：1 大 1 小；家庭 3：1 大 2 小。联系人：李女士。客户异议：调整一个活动体验项目，可以让家长与孩子更好互动。

（3）以游学为主题，选择旅游目的地（山东、上海、山西、甘肃等）。客户从广州出发，为 15 名 14–16 周岁的青少年。联系人：刘女士（团队成员张某某的妈妈）。客户异议：因为家长不陪同，如何让行程更安全。

（4）以蜜月之旅为主题，选择旅游目的地（四川、北京或欧洲、斐济、马尔代夫等）。客户从武汉出发，新婚夫妇。联系人：蔡先生。客户异议：更换航班，另外酒店的罗曼蒂克氛围不够。

云南路书
（节选）

五、任务掌握评价

（一）学生自评

（已完成和可胜任的内容请在括号中打“√”）

（1）能根据客户的异议，冷静分析，重新调整产品资源。（　　）

（2）实训过程中做到了把握资源组合原则，系统思考并完成产品资源组合的任务。（　　）

（3）能对产品资源进行分析，对比不同组合方案的优劣。（　　）

（二）老师评价

参考文献

一、中文参考书目

［1］徐郅耘，龙睿 . 定制旅行服务与技能［M］. 上海：上海交通大学出版社，2020，112–114.

［2］陈远莉 . 体育旅游定制发展研究［M］. 成都：西南财经大学出版社，2020，102–113.

［3］叶小鱼，勾俊伟 . 新媒体文案创作与传播［M］. 2 版 . 北京：人民邮电出版社，2021.

［4］文能载商 . 新媒体文案炼成记［M］. 北京：清华大学出版社，2018：151–187.

［5］奇普・希思，丹希・思 . 行为设计学：打造峰值体验［M］. 北京：中信出版集团，2018.

［6］赵爱华，邹凯 . 旅行社计调业务［M］. 北京：高等教育出版社，2020.

［7］黄丽华 . 邮轮概论［M］. 青岛：中国海洋大学出版社，2018.

［8］韩军 . 酒店管理概论［M］. 武汉：华中科技大学出版社，2017.

［9］尚永利，米学俭，王国瑞 . 旅游计调师操作标准教程［M］. 北京：旅游教育出版社，2018：48–52.

［10］熊晓敏 . 旅行社 OP 计调手册［M］. 北京：中国旅游出版社，2007：113–114.

［11］李金芬，周红伟 . 拓展训练［M］. 北京：中国水利水电出版社，2010.

［12］张祥斌 . 团队拓展训练游戏［M］. 北京：清华大学出版社，2018.

［13］刘澜江，郑月红 . 主题宴会设计［M］. 北京：中国商业出版社，2005.

二、期刊论文

［1］2019 年我国沙漠旅游行业存在的问题分析，旅游产品趋于多元化［J］. 华经产业研究院，2020（11）.

［2］马牧青 . 非物质文化遗产对旅游有六大“催化”作用［J］. 旅思马记，2016（10）.

［3］单文君 . 休闲宴会基本概念浅析［J］. 现代商业，2016（6）.
［4］王志芳 . 中餐主题宴会设计分析［J］. 邢台职业技术学院学报，2013（6）.
［5］王光辉，林润泽，朱忠芳 . 中餐主题宴会设计浅析［J］. 漳州职业技术学院学报，2017（3）.
［6］卢德君 . 中餐主题宴会设计实例分析——以荷塘月色为例［J］. 佳木斯职业学院学报，2019（3）.

三、网站

［1］携程旅游定制旅行平台管理规范 .http：//max.book118.com/html/2019/1022/7066055044002065.shtm，2019-10-23.
［2］中国赴欧洲定制游报告：热衷办婚礼、看球赛、品美食 . 旅行社资讯网 .2018-04-18.
［3］小邦度假 . 西双版纳亲子——徒步穿越、自然科考、雨林探险，让孩子学无止境［EB/OL］. 2021-03-30.
［4］海外地接联盟 LPRO. 今年暑假来一次幸福的北欧亲子联盟［EB/OL］. 2018-03-07.
［5］COCO. 周末酒店暑期定制 6 天 5 晚松赞顶奢亲子游，一价全包，玩遍小众秘境［EB/OL］. 2019-06-17.
［6］《旅游景区分类》团体标准 . 中国旅游景区协会，2019-11-21.

四、其他

［1］雒树刚 . “非遗 + 旅游”——非遗进景区的重要意义！
［2］卢子戏 . 私家旅行的最佳解决方案 .YOLO 友路同行 .
［3］定制师必须知道的精选目的地和独家活动 . 路书 .2020-09-16.
［4］定制师一定要抓住的文旅营销新风向 . 路书 .2020-12-16.
［5］究竟哪里才是欧洲的购物天堂？欧洲旅游委员会 .2020-10-16.
［6］国内工业旅游痛点及发展建议 . 蓝裕文化 .2021-04-27.
［7］超强碎片化平台集锦，定制游应赢在起跑线！定制师来了 .2017-09-11.